DER WERWOLF

Dr. Wilhelm Hertz

—

WERWÖLFE UND
TIERVERWANDLUNGEN IM MITTELALTER

Rud. Leubuscher

DER WERWOLF

Dr. Wilhelm Hertz

———

WERWÖLFE UND TIERVERWANDLUNGEN IM MITTELALTER

Rud. Leubuscher

Impressum:
2. Auflage.
© 2018 Matthias Wagner
Herstellung und Verlag: Bod – Books on Demand, Norderstedt.
ISBN: 978-3-74609-930-9

DER WERWOLF

Beitrag zur Sagengeschichte

von

Dr. Wilhelm Hertz

Homo homini lupus.

Stuttgart, 1862

Inhaltsverzeichnis:

I. Kapitel.

Der „Werwolf" – Etymologie des Begriffs.

Der Name Werwolf, unrichtig Währwolf geschrieben, hat den älteren Erklärern viel Kopfzerbrechen verursacht. Wolfeshusius in seiner Schrift De Lycanthropis erklärt Werwölfe auf verschiedene Weise; Happelius, Relationes curiosae, Hamburg 1687, T. III. p. 493: „Wahrwölffe, die von Unsinnigkeit so eingenommen seyn, daß sie eben das thun, und die Leute anfallen, als wan sie wahrhaftige Wölffe wären." In Haubers Bibliotheca Magica 29. Stück 1742 wird aus der Nordschwedischen Hexerei oder Simia Dei p. 102 die Erklärung Wahr-, Gefahr-, Fahrwölfe angeführt. H. J. Fischart in der Übersetzung der Daemonomania Bodins p. 122 leitet das Wort von dem französischen garou (loup-garou) und dieses als „von den Teutschen Francken her behalten" und Garaus, „von wegen ihrer Grewlichkeit, darmit sie Alten unnd Kindern den Garauß machen, oder soviel als Fahrauß von den geschwinden Außfahrten dieser Wölff. Daher auch etliche für Wehrwolff Fahrwolff, Wahrwolff und Gwarwolff sagen, vermeinend es komme von Gefahr oder Gewar, das ist von Sorg unnd Hüten, wie es dann nicht so gar ungereimt lautet: unnd auf diese weiß Bestünden der Frantzosen Wörter alle mit dem G. V. W. und Gw. in Teutscher Etemelogy."

Die letztere Ansicht vertritt auch eine Deutung des englischen werewolf in einem Manuskript der Bodleiana zu Oxford (Nr. 546). „Es gab einige, die Kinder und erwachsene Menschen fraßen und kein anderes Fleisch aßen, so daß sie von dieser Zeit an entzückt waren von menschlichem Fleisch, es desto mehr haben wollten; und sie wurden werewolfes genannt, weil Menschen vor ihnen auf der Hut („be war") sein sollten."[1]

Ein neurer englischer Gelehrter leitet das Wort von war, wer Krieg[2] ab (Brief an Lord Cawdor, der Ausgabe des altenglischen Gedichts William and the Werwolf von Madden, Lond. 1832, vorgedruckt).

---

[1] Halliwell, *Dictionary of Archaic and Provincial Words.* Lond.1855, I. p. 15, v. acharmed.

[2] Ein altenglisches Wort *warwulf* existiert allerdings, das Mathäus von Westminster mit *lupus belli* übersetzt, *Annals of Scotland* I. 279, note. Es bezeichnet eine Wurfmaschine, welche Edward I. bei der Belagerung von Stirling benützte. Peter Langtofts *Chronicle*, published by Th. Hearne, Oxford 1725, II. 326 hat ein Wort *ludgare* oder *lurdare*, was nach Lord Hailes mutmaßlicher Berichtigung eine verdorbene Lesart von *loup de guerre* ist. Annals II., 346. Grose in seinem *Glossary of provincial words* erinnert an eine von Procop in *De bello Gothico* L. I. c. 27 erwähnte Kriegsmaschine *lupus*, welche er mit der Edwards I. für identisch hält; Du Cange v. *Lupus* hält jedoch den *lupus* Procops für eine bloße Verteidigungsmaschine. Jamieson, *Etymological Dictionary of the Scottish Language,*

Die älteste richtige Erklärung findet sich bei Gervasius Tilburiensis, Otia Imperialia (um das Jahr 1211), herausgegeben von F. Liebrecht, Hannover 1856, p. 4. „Die Engländer jedoch sagen werewlf, denn were bedeutet auf englisch Mann, wlf Wolf." Dieselbe wiederholt Verstegan, Restitution of Decayed Intelligence, Antwerp. 1605, p. 236. Somner, Dictionarium Saxonico-latino-anglicum, Oxon. 1659. 2. Wachter, Glossarium Germanicum. Lipsiae 1737. 2. v. werewulf u.A.

Wer heißt Mann, g. vair, altn. ver, alts. wer, ags. ver, ahd. wer, sanskr. vira heros, lat. vir, lith. wyras, altpreußisch wirs, walisisch gwr, irisch fair, fear. Das Wort ist uns noch erhalten in Wergeld – werigelt, und verborgen in Welt – ahd. weralt, mhd. werlt; das in Starkenburg und Oberhessen als Familienzuname vorkommende „Werwatz" ist eine ganz ähnliche Komposition wie Werwolf, Watz ist der Eber (isl. hvatr das Männchen von den Tieren überhaupt), das Wort wird als Schimpfname für einen gefräßigen Menschen gebraucht. Weigand in Wolf's Zeitschrift für deutsche Mythologie, Göttingen 1853. I. p. 5. Eine verdorbene Lesart von Werwolf ist das hin und wieder vorkommende bärwolf, Wachter, Glossarium Germ. – berwolf, Camerarius, Operae Horarum subcisivarum, Frankof. 1615, I. p. 327 – berwulf, Schambach und Müller, Niederländische Sagen, Göttingen 1855. p. 182 u.s.w.

Werwolf heißt also Mannwolf, ein Wolf, der eigentlich ein Mensch ist.[3]

2. Kapitel.

Bibliographie der zum Thema erschienenen Schriften – verschiedene Erklärungstheorien

Noch größeren Aufwand von Scharfsinn als der Name hat jedoch die Sache in Anspruch genommen. Mit der Hexenfrage war auch das Ob und Wie der Wolfsverwandlung Gegenstand der lebhaftesten Diskussion geworden. Wir haben aus den letzten drei Jahrhunderten eine ganze Reihe von Monographien über den Lycanthropus und die Tierverwandlung: Wolfeshusius, De Lycanthropis, Lipsiae 1591. 4. - Claude Prieur, Dialogue de Lycanthropie ou transformation d'hommes en loups vulgairement dits Loups-Garous, et si telle se peut faire, Louvain. 1596. 8.

Edinburgh 1840, II. v. *warwulf*. Dieses Wort hätte also, wenn die Übersetzung des Mathäus nicht auf einem Mißverständnis beruht, nichts mit der Vorstellung vom Werwolf zu schaffen.

[3] Das germanische Wort premiert in der Zusammensetzung den Begriff Wolf, das griechische *lykán-thropos* umgekehrt den Begriff Mensch.

- Chauvincourt, Dicours de la Lycanthropie ou de la transmutation des hommes en loups. Paris 1599. 8. - Nynauld, De la Lycantropie, Transformation et Extase de Sorciers. Paris 1615. 12. - Fortunius Licetus, Ulisses apud Circen, Dialogus de quatruplici transformatione hominum, Utini 1636. 4. - Die von Wolfg. Ambros. Fabricius am 26. Februar 1649 in der Aula zu Straßburg verteidigten Thesen von der Lykanthropia, Argentorati 1649. - Mei, De Lycanthropia, Wittenb. 1650. 4. – Ziegrae, Disputatio contra Opliantriam, Lycanthropiam etc. Witteb. 1650. 4. – Niphanius, De Lycanthropia, Witteb. 1654. 4. - Thomasius, De transformatione hominum in bruta, Lips. 1667. 4. - Jac. Fr. Müller, De transmutatione hominum in lupos, Lips. 1673. 4. - Reinhardi Therantropismus, Witteb. 1673. 4. - Schelwig, De Lycanthropia, Gedani 1679. 4. - Seligmann, De dubiis hominibus, in quibus forma humana et brutina mista fertur, Lips. 1679. 4. - Lauben, Dialogi und Gespräche von der Lyanthropia oder der Menschen in Wölff Verwandlung, Frankfurt 1686. 12. - Philosophische Abhandlung von dem Entstehen, der Natur und dem Aufhören der Waarwölfe, Danzig 1746. 4. In der neuesten Zeit erschien Leubuscher, Ueber die Wehrwölfe und Thierverwandlungen im Mittelalter, Berlin 1850. 8.

Außerdem ist wenigstens die Berührung der Frage in keinem der unzähligen Bücher über Zauberei und Hexenwesen versäumt worden. Ich erwähne hier von den mir zugänglichen: Malleus Maleficarum, Pars. I, Quaestio X. - Liechtenberg, Hexenbüchlein, das ist ware Entdeckung und Erklärung oder Declaration fürnämlicher Artikel der Zauberey, durch J. Wecker an tag geben 1575. 8. ohne Pagination. - Joannes Wierus, De praestigiis Daemonum, Basil. 1583. 4. De Lamiis Liber, Cap, XIV. - Bodin, De la Demonomanie des Sorciers, Paris 1587. 4. - De Magorum Daemononmania, Francof. 1603. 8. - Übersetzt von Fischart, Vom Außgelassenen Wütigen Teuffelsheer, Straßburg 1591. fol. - Des weyland Hochgelehrten Johannis Bodini Daemonomania oder außführliche Erzehlung des wütigen Teuffels, im andern Theil von Remigius, Daemonolatria, Hamb. 1698. 8. Lib. II. C. I. - Binsfeldius, Tractatus de Confessionibus Maleficorum et Sagarum, Augustae Trevirorum 1591. 8. p. 178. Übersetzt: Tractat von Bekanntnuß der Zauberer und Hexen, Trier 1590. 12. fol. 47. - Peucerus, Commentaria de praecipuis divinationum generibus, Servestae 1591. p. 166. - J. R. (Jacobus Rex), Daemonologie in Forme of a Dialogue, divided in three bookes, Edinb. 1597. 4. Third Booke, Chap. I. - R. V. (R. Verstegan) A Restitution of Decayed Intelligence in antiquities, Antwerp. 1605. 4. p. 237. - Boquet, Discours des sorciers, seconde Edition, Lyon 1608. 8. Chap. LIII. - De l'Ancre, Tableau de l'Inconstance des Mauvais Anges et Demons, Paris 1613. 4. L. IV. Discours II. : De la Lycanthropie. Übersetzt: Wunderbahrliche Geheimnussen der Zauberey darinn auß der Vhrgicht und Bekenntnuß vieler underscheidlicher Zauberer und Zauberinnen die vornembste Stück, so bey solchem Teuffelswesen umbgehen, beschrieben werden, gedrückt i. J. 1630. 4. - Kornmann, De miraculis vivorum, Francof. 1614. 12. p. 202. - Camerarius, Operae Horarum subcisivarum, 1615. 4. Centuria prima. Cap, LXXII. - Cervantes, Persiles y Sigismunda L. I. c. 18. - G. H. (George Hakewill), An Apologie of the Power and Providence of God in the Government of the World. Oxf. 1627. fol. L. I. C. I. Sect. 5. - Boissardus, Tractatus posthumus de Divinatione et Magicis Praestigiis, Oppenheimii. fol. p. 54. - Praetorius, Gründlicher Bericht von zauberey und zauberern, Frankf. 1629. 4. p. 74. - Praetorius, Anthropodemus Plutonicus, das ist eine neue Weltbeschreibung, Magdeb. 1666. p. 255: Von Thier-Leuten. - Dannhauer, Theologia Conscientiaria. P. 2 fol. 462. - Frommann, De Fascinatione magica. fol. 752. - Gödelmann, Von Zauberern, Hexen und Unholden, übersetzt durch Nigrinum, Frankf. 1692. 4. 2. Buch. 3. Capitel. - Gockel, Von dem Beschreyen und Verzaubern, Frankf. u. Leipz. 1717 p. 27. Schauplatz vieler Ungereimten Meynungen und Erzehlungen von Tharsandern. 14. Stück. Berlin u. Leipz. 1738 Nr. 49; Von Weer-Wölfen. - Hauber, Bibliotheca Magica. 29. Stück. Cap. CCXLIII. Curiose Erzählung von den Währ-Wölffen. Anno 1742.

Es würde zu weit führen, wollte ich alle Erklärungstheorien dieser gelehrten Herren hier einzeln besprechen. Ich kann mich ohnedies um so kürzer fassen, als schon Leubuscher im zweiten Teil seiner Abhandlung die wichtigsten Ansichten zusammengestellt hat. Nur Wenige nahmen eine substantielle Umwandlung des menschlichen Körpers an; darunter Bodin gestützt auf Aussprüche der Philosophen Pomponatius, Theophrastus Paracelsus, Fernelius und Thomas von Aquino,[4] ferner Liechtenberg in dem Kapitel „Wie sich die Hexen in Thier verkören", der sich bemüht, seinen Lesern die Sache durch folgendes Bild klar zu machen: „Wie ein Hafner auß eim Leym ein Krug, ein Kachel oder ander Geschirr, und wieder zerbrochen machen mag, also ist dem Geyst und der Hexen. Der Geyst ist der Meister, die Hexen der Leym, und auff solich weiß wirt auß der Hexen ein Katz, Wolff, Geiß, u.s.w. und wirt da der Person nichts genummen, noch hinzu gesetzt. Sonder wie der Leym in die, dann in die andere Form geknettet wirt, also beschicht auch das, seynd ding den Geistern möglich und bekannt."

Die meisten übrigen Schriftsteller leugnen diese wirkliche Verwandlung, hauptsächlich gestützt auf Augustin[5] und das Konzil von Ancyra (i. J. 381), welches ausdrücklich verfügt: „Jeder, der daher in irgendeiner Art glaubt, daß es geschehen

---

[4] Fischarts Übersetzung p. 126
[5] *De civitate Dei* L. XVIII. c. 16, 17, 18. S. auch Agrippa ab Nettesheim, *De incertitudine et Vanitate omnium Scientiarum et Artium*, Hagae Comitum 1662. C. XLIV. p. 149.

könne, daß irgendeine Kreatur sich in etwas Besseres oder Schlechteres könne verändern oder in eine andere oder ähnliche Gestalt verwandeln, außer durch den Schöpfer selbst, welcher alles geschaffen hat, und durch den alle Taten sind, dieser ist durch jenen Zweifel untreu und ärger denn ein Heide."[6]

Die Wenigsten aber sind es, welche sämtliche Berichte von Tierverwandlungen für Lug und Trug erklären, wie z.B. Hauber a. a. O. III. 288.

Ich will die Resultate der weniger frivolen Untersuchungen in Kürze zusammenfassen: Es liegt im Geist jener Jahrhunderte, welcher in der Hexenbulle des Papstes Innocenz VIII. (Summis desiderantes vom 5. November 1484) und im Hexenhammer (1489) die Herrschaft des Teufels auf Erden proklamierte und ihm zu Ehren in allen Ländern Europas Scheiterhaufen qualmen und Schaffotte triefen ließ, - es liegt in diesem finstern Geist, daß der Satan, von dessen Macht selbst die ersten Männer der Zeit sich nicht frei mache konnten,[7] auch in der überwiegenden Mehrzahl jener Schriften, welche die Wissenschaft repräsentieren sollten, die Hauptrolle spielte. Man unterschied so: entweder erscheint der Lycanthropus nur sich als Wolf oder er erscheint auch so den anderen. Im ersten Fall sind seine Sinne durch teuflische Phantasmata, durch Vermengung der „viererlei Säfte" zerrüttet; im letzteren Falle lassen sich vier Erscheinungsweisen unterscheiden:

Der Teufel, der nur zu täuschen, nicht zu schaffen vermag, verblendet die Augen der übrigen Menschen, daß sie in dem Lycanthropen wirklich einen Wolf zu sehen meinen, obgleich dieser seine Menschengestalt nicht verändert hat.

Der Teufel umhüllt den Menschen mit einem Wolfsfell, das er ihm völlig anzupassen versteht.

Der Teufel umhüllt ihn mit einer Wolfsgestalt aus verdichteter Luft.[8]

Der Teufel versenkt ihn in einen tiefen Schlaf und vollbringt indes in Wolfsgestalt die Taten, welche der Schlafende nur träumt.[9] Das letztere galt für wahrscheinlicher als die wohl auch zuweilen aufgestellte Ansicht, die Seele verlasse den Leib und schweife mit einem wirklichen oder scheinbaren Wolfskörper umher.

In den drei ersteren Fällen erklärt sich von selbst, warum die Wunden, welche dem Werwolf beigebracht werden, sich bei dem rückverwandelten Menschen an

---

[6] Can. XXVI. Quaest. V – Wolfeshusius, *De Lycanthropis* p. 16. Joh. Wagstaffs ausgeführte Materie von der Hexerei p. 66. *Schauplatz ungereimter Meinungen*, 14. Stück p. 582, Cardinal Boronius, *Annales Ecclesiastiques*, Vol. IV. sagt ein Gleiches von einem Konzil zu Rom im Jahre 382. Siehe auch *Jus Canonicum*, Causa XXVI. Quaestio V. Cap. 12.

[7] man denke an Luthers Teufelsglauben und Teufelshalluzinationen

[8] S. Elichius, *Daemonomagia*. C. 12.

[9] S. Sennertus, *Institutiones Medicinae*, Venet. 1611, fol. L. II. P. 3. Sect. I. C. 7

derselben Stelle finden; im letzteren Fall bringt der Teufel bei seiner Zurückkunft dem Schläfer die Wunden an der Stelle bei, wo er sie selbst empfangen hat.

Damit haben wir das Wesentliche beisammen, was das sechzehnte und siebzehnte Jahrhundert im Verständnis unserer Werwolfsage geleistet haben, und es mag dies zur Befriedigung der ersten Neugierde genügen. Aus der neueren Zeit, wo man den Streit über die Möglichkeit und Wirklichkeit der Tierverwandlung hinter sich hat, sind u. a. folgende Ansichten über die Sage zu erwähnen: Keysler in seinen Antiquitates Selectae Septentrionales et Celticae, Hannoverae 1720. erklärt den Glauben an Tierverwandlung aus einer Wahnvorstellung delirierender Kranker und schreibt einer falschen Auslegung von Daniel, Kap. 4. v. 22 ff., wo von dem tierischen Leben Nebukadnezars erzählt wird, viel von diesem Aberglauben zu. - Wachter in seinem Glossarium Germanicum führt die Wolfsverwandlung auf alte Kultusgebräuche, auf die Fellbekleidung der Priester bei heiligen Festen zurück.[10] Dieser Ansicht neigt sich J. Grimm zu, Deutsche Mythologie. p. 997. 1047. – Mr. Herbert[11] bezieht die Sage auf alte Menschenopfer und vermutete, das periodische Werwolfsein sei identisch mit dem periodischen Essen des Menschenfleischs bei Opfern. - Dunlop, History of Fiction, übersetzt von F. Liebrecht: Geschichte der Prosadichtungen, Berlin 1851, p. 429, findet in seiner oberflächlich rationalistischen Weise den Grund dieser Vorstellung im Betruge vermeintlicher Zauberer, welche vorgaben, derartige Verwandlungen bewirken zu können und sich vielleicht zu diesem Zweck in Wolfsfelle hüllten. - Pluquet in seinen Contes populaires – de l'arrondissement de Bayeux, Rouen 1834. p. 15 hält die Werwölfe für waldflüchtige Verbrecher. - Leubuscher, der Mediziner, leitet nach Vorgang Böttigers,[12] Calmeils,[13] u. A. die Vorstellung vom Werwolf aus einer Geisteskrankheit, aus der Dämonomanie ab. - Hanusch in seinem Aufsatz „Die Werwölfe oder Vlkodaci" in Wolfs Zeitschrift für deutsche Mythologie 1859 IV. p. 193 ff glaubt im Werwolf den alten riesenhaften wilden Jäger zu erkennen.

Es scheint mit vor allem mißlich, nur von einer dieser Anschauungen aus die Sage erschöpfend erklären zu wollen. Sie ist zu alt und zu verbreitet, um so einfacher Natur zu sein. Ihre Quellen verlieren sich im pfadlosen Dunkel unvordenklicher

---

[10] Wachter führt die Betrachtung mit folgenden Worte ein: „Wenn die Sache aus den Bräuchen der Menschen möge beurteilt werden, daß Wölfe aus den Menschen werden und aus den Wölfen Menschen, so ist dieses sehr gewiß und aus der Erfahrung der Jahrhunderte erwiesen worden."

[11] Dies ist der Name des Gelehrten, welcher den oben angeführten Brief an Lord Cawdor geschrieben hat (Dasent, *Popular Tales from the Norse*, Edinb. 1859, p. LX).

[12] Älteste Spuren der Wolfswut in der griechischen Mythologie, *Kleine Schriften*, herausgegeben von Sillig, Bd. I. Dresden und Leipzig 1837, p. 135 ff.

[13] *De la folie*, Paris 1845, übertragen von Leubuscher, *Der Wahnsinn in den vier letzten Jahrhunderten*, Halle 1848. 8.

Zeit, und ihre Bäche haben sich seitdem bald getrennt, bald vereint durch so mannigfaltigen Boden, unter den verschiedensten Himmelsstrichen fortgewühlt, Farbe und Fülle nach Beschaffenheit ihres Bettes und ihrer Zuflüsse wechselnd, daß es überhaupt schwer werden möchte, aus ihren jetzigen Bestandteilen ihren Ursprung und Lauf historisch darlegen zu wollen.

3. Kapitel.

Einführung in die Werwolfsagen – Ursprünge und Entstehung der Tiersagen – Religiöse Hintergründe – der Wolf als Symbol

Ich werde im Folgenden versuchen, die einzelnen Werwolfsagen der verschiedenen Völker, soweit sie mir zugänglich waren, zusammenzustellen, und halte es dabei für eine wesentliche Erleichterung des Verständnisses, dieselben nicht als ganz besondere Erscheinungen, sondern im Zusammenhange mit den mannigfaltigen übrigen Sagen von Verwandlungen der Menschengestalt aufzufassen. Ich denke jedoch nicht daran, die schwierige Frage über den Ursprung der Sage lösen zu wollen, sondern bin überzeugt, der Sache mehr zu nützen, wenn ich die Kenntnis des reichhaltigen Materials zu fördern suche, welche jeder endgültigen Deutung, sofern eine solche überhaupt möglich ist, vorangehen muß. Nur mit wenigen vorausgeschickten Bemerkungen glaube ich die Gesichtspunkte andenken zu müssen, von denen aus nach meiner Meinung die Sage zu betrachten wäre.

Die Naturvölker übertrugen die schöpferische Freiheit ihrer Phantasie in das Leben der Natur, und wie sie im dichterischen Spiel der Gedanken Vorstellungen der verschiedensten Art verbanden, so fielen ihnen auch in der realen Welt die äußeren Schranken der Dinge, und die verschiedensten Gestalten und Wesen gingen ineinander über, da sich der Glaube des Volks bei seinen Vorstellungen mit der inneren poetischen Wahrheit begnügte. Der Rangunterschied zwischen Mensch und Tier war nun überhaupt unserem Geschlecht in der Urzeit noch nicht zum klaren Bewußtsein gekommen. Der einfache, im innigsten Verkehr mit der Natur lebende Waldbewohner fand zwischen sich und seinen tierischen – feindlichen oder freundlichen – Nachbarn so viel Gemeinsames in Bedürfnis, Lebensweise, Leidenschaften, Lust und Schmerz, Krankheit und Tod, daß sie ihm nicht anders als ebenbürtig, als Seinesgleichen erscheinen mußten. Doch bei gereifterer Beobachtung wurde ihm neben dieser Verwandtschaft ein geheimnisvoll Fremdartiges[14] im Tiere fühlbar, die Tiere waren ihm so vielfach an Kraft, Gewandtheit, Kunstfertigkeit überlegen, er konnte von ihnen in Freundschaft und Feindschaft so mancherlei lernen, was ihm nutzte; dabei sah er die Tiere in stummem, scheuem Selbstgenügen und bei aller Regsamkeit sicher ihre Ziele verfolgen, ohne daß er erlauschen konnte, woher ihnen diese Klugheit und Sicherheit käme. So ahnte er denn darin eine Macht, höher als der Mensch, eine unheimliche, ehrfurchtgebietende Naturgewalt, das Wirken eines verborgenen Geistes. Aus dieser Empfindung und Anschauung entsprang die Vergöttlichung des Tieres – das Tiersymbol, und jenem Gefühl der Verwandtschaft die Vermenschlichung des Tiers. - Tiersage, Tierfabel und der Glaube an die Seelenwanderung.

Beide Anschauungen aber gingen nebeneinander her, ohne sich zu beeinträchtigen; von beiden aus kann man den Glauben an die Tierverwandlung ableiten. Der einfachste Weg ist der vom Gefühl der Verwandtschaft aus; die Phantasie findet so viel Menschenähnliches im Tier, daß sie in ihm eine menschliche oder doch halbmenschliche Seele ahnt und es so zum verwandelten Menschen macht oder wenigstens zu einem Wesen, das noch zum Menschen werden kann und soll.[15] Doch führt dies eher auf die Annahme eines allgemeinen Naturgesetzes (wie bei den Indern), als auf den Glauben an sporadische willkürliche Tierverwandlungen hin. Dort strebt im Ganzen das Tier nach Menschentum, hier steigt der einzelne Mensch zur Tierheit wieder hinunter. Daher werden wir, so nahe es auch zu liegen scheint, im einfachen Verwandtschaftsgefühl zwischen Tier und Mensch nicht den Hauptgrund des Glaubens an Gestaltentausch zwischen beiden zu suchen haben. Der Grund liegt tiefer, in eigentümlichen religiösen Vorstellungen, in der sinnlichen Symbolisierung göttlicher Kräfte und Eigenschaften.

---

[14] Die Tiere sind in der Tat das Unbegreifliche: es kann sich ein Mensch nicht in eine Hundsnatur, soviel er sonst Ähnlichkeit mit ihr haben möchte, hinein phantasieren oder vorstellen; sie bleibt ihm ein schlechthin Fremdartiges. Hegel, *Philosophie der Geschichte*, sämtliche Werke, Bd. IX. p. 258

[15] Ich erinnere an die merkwürdige Vermenschlichung der Schlangen in Indien, so z.B. das Gedicht „Das Schlangenopfer" in Holtzmanns *Indischen Sagen* II. 127. In Armenien glaubt man, wenn eine Schlange am Berg *Ilanagh* oder *Handagh* (Schlangenberg) 25 Jahre alt geworden, ohne daß ein Mensch sie gesehen, so erhält sie die Kraft der Verwandlung, sie wird zum Drachen, pers. *eischdaha*, und vermag ihren Kopf in den jedes anderen Tieres zu verwandeln, so Menschen und Tiere zu ihrem Verderben täuschend. Erreicht aber die Schlange ein Alter von 60 Jahren, ohne je von einem Menschen gesehen und gestört worden zu sein, so nennt man sie auf persisch *lucha* (Ausdehnung) und dann erhält sie die Kraft, sich, so oft und so lange sie will, in jedes Tier, ja in jeden Menschen zu verwandeln. Haxthausen, *Transkankasia*, Leipzig 1865, I. 125. – Siehe ferner die alte Volkssage, daß die Störche sich in Menschen verwandeln, die jedoch in ihrer Gestalt noch viel Storchenähnliches haben, Gervasius, herausgegeben v. Liebrecht p. 157 u. A.

Dem Gott, der ursprünglich selbst in Tiergestalt gedacht worden war, wurde auch nach seiner Vermenschlichung die Fähigkeit erhalten, sich in die Gestalt eines jeden beliebigen Naturwesens zu verwandeln. Den Übergang hierzu bildete die Verbindung von Tierischem und Menschlichem in der Darstellung des Gottes (wie bei den Ägyptern und Assyrern). Um einen Zweck zu erreichen, der in menschlicher Gestalt unerreichbar schien, wählte die Gottheit in Mythos und Sage vorzugsweise Tiergestalt und zwar entweder die eines ihrem eigenen Charakter besonders entsprechenden oder doch ihrem augenblicklichen Vorhaben am besten dienenden Tieres. Am häufigsten erscheinen so die Götter, wenn sie sich verbergen oder eine schnelle Fahrt machen wollen.[16] Diese Eigenschaft, ursprünglich also ein göttliches Vorrecht, wurde durch die Gnade der Götter auf ihre menschlichen Söhne und Lieblinge übertragen. Unter diesen waren die Priester, welche häufig von dem der betreffenden Gottheit heiligen Tier ihren Namen hatten; so hießen die Priester des Poseidon Stiere; die des Lupercus Crepi (ältere Form für capri Böcke); Eddén – Bienenkönig – hieß der Oberpriester der ephesischen Diana;[17] melíttai – Bienen – hießen die Priesterinnen der Demeter; „Bärinnen der Artemis" hießen die Jungfrauen in Athen, welche sich dieser Göttin weihten. Dies wurde bei religiösen Festen nicht selten durch die Fellbekleidung der Priester versinnlicht; so trugen die Jünglinge, welche dem Zeus auf dem Berg Oeta opferten, Widderfelle; so schlangen sich die nackten Luperci beim Fest der Lupercalien Bockfelle um die Lenden; so warfen die Mänaden Pantherfelle über; so hüllten sich die Mithraspriester in verschiedene Tiermasken[18] u.s.w.

Die heiligen Tiere waren der Gottheit liebste Diener; darum glaubte der Mensch, sich die Gottheit besonders günstig zu stimmen, wenn er ihr in Gestalt ihrer Lieblinge entgegenträte. Dabei wurde aber wohl zugleich dem Volksglauben nahegelegt, daß die Gottheit ihren menschlichen Dienern die göttliche Gabe der Tierverwandlung wirklich verliehen habe. Aus dem Kreis der Priester gingen die Zauberer hervor, welche sich die wunderbaren Eigenschaften, die sonst nur als Geschenk der Gottheit erlangt wurde, durch Erkenntnis und Beherrschung geheimnisvoller Naturkräfte selbst aneigneten und anderen mitteilten. Dies wurde mehr und mehr als ein Abfall vom Göttlichen betrachtet, und die bösen Mächte kamen mit ins Spiel. Die Tierverwandlung wurde eine besondere Kunst der Zauberer, und das Unheimliche, das schon jenen Kultusgebräuchen innewohnte,

---

[16] Ich erinnere nur an die häufige Verwandlung der Athene bei Homer.

[17] Pausanias VIII. 13, 1.

[18] Martinus, *Die Verehrung des Mithras durch wilde und tierische Verkleidungen* L. II. c. 35. – Unsere Maskeraden lassen sich unzweifelhaft auf Vermummungen bei religiösen Festen zurückführen.

kam nun vollends zur unbeschränkten Geltung. Auch die angeborene Fähigkeit der Verwandlung, welche ursprünglich ein besonderer Segen der Gottheit war, verkehrte sich nun zum Fluch, und ihr Besitzer galt als ein vom Schicksal aus der Menschengesellschaft verwiesenes und daher derselben feindliches Wesen.

Betrachten wir nun speziell den Wolf, so erscheint er, - das unersättlich mordgierige, bei Nacht und zur Winterszeit besonders gefährliche Raubtier, - als das natürliche Symbol der Nacht, des Winters und des Todes.[19] Daher gehörte er vor allem den unterirdischen Mächten, den Erd- und Unterweltsgöttern an. Diese, welche man als die furchtbarsten am eifrigsten sich zu versöhnen suchte, wurden mit ganz besonderer Ehrfurcht betrachtet, und ihre Heilighaltung ging auch auf ihr symbolisches Tier, den Wolf, über, dem selber ein gewisser Kultus zukam.[20] Spuren dieser Heiligkeit des Wolfes haben sich mannigfach in alten Gebräuchen und im Aberglauben der Völker erhalten.[21]

---

[19] Der Wolf war Symbol alles Feindlichen (Artemidor *Oneirocritica* II. 12) Schon sein Blick wirkte nach dem Volksglauben verderblich: Wenn man bei der Begegnung eines Wolfs von diesem zuerst gesehen wird, so wird man stumm; umgekehrt hat der Mensch nichts vom Wolf zu fürchten. Platos Staat, übersetzt von Prantl, Stuttgart 1857. Anm. 12. „So der Wolff zum ersten den menschen ersicht, so erstaunet der mensch davon, und stehet ihm die red. So aber der mensch den Wolff zum ersten mal ersicht, so erstaunet der Mensch davon, und stehet ihm die red. So aber der mensch den Wolff zum ersten ersicht, so erstaunet der Wolff, zittert von Forcht und schrecken." Gesner, *Thierbuch*, übers. von Forer, Heidelb. 1606. Fol. 154 S. – Hakewill, *An Apologie of the Power* etc. p. 10. – Fr. Pfeiffer, *der Alten Weiber Philosophey* Nr. 38, in Wolfs *Zeitschrift für deutsche Mythologie* III. 312. – Basile, *Pentamerone*, übers. von Liebrecht, Breslau 1848, I. 90, 400 – Passow, *Griechisches Wörterbuch* v. Lýkos.

[20] Grimm, *Deutsche Mythologie*, 3. Ausgabe p. 46. – Wolf in seiner *Zeitschrift für deutsche Mythologie* I. 70 nennt den Wolf ein Opfertier; dies ist jedoch sicher unrichtig. Geopfert wurden von den Quadrupeden überhaupt fast ausnahmslos nur pflanzenfressende Haustiere. – Man scheut sich, den Wolf bei seinem Namen zu nennen, besonders in den Zwölften (den Nächten zwischen Weihnacht und Erscheinungsfest); *Schauplatz ungereimter Meinungen*, 14. Stück, Berlin und Leipzig 1738, p. 591. – In der Grafschaft Mark nannte man ihn Höltink – Hölzing, Holzhund; Wöste, *Volksüberlieferungen*, Iserlohn 1848, p. 49. – In den Wolfssegen heißt er *walthund, wallhund, feldhund*, Wolf, *Zeitschrift für deutsche Mythologie* I. 279, II. 117. – Die Inselschweden nennen ihn *skôfâr* Waldvater, *han gâ grâ* den alten Grauen, *skôbítare* Waldbeißer, *gâ grâhunn* alten Grauhund, *skôhynn* Waldhund, auch Goldfuß oder Graufuß; Rußwurm, *Eibofolke oder die Schweden an den Küsten Ehstlands und auf Runö*, Reval 1855, II. 200. – Die Kurländer reden den Wolf, wenn er ihnen begegnet, höflich an; Sprengel, *Beiträge zur Geschichte der Medizin*, Halle 1791, I. Bandes 2. Stück, p. 67. – Bei den Esten heißt er Graurock; Kreutzwald, *der Ehsten abergläubische Gebräuche*, St. Petersburg 1854, p. 120. – Bei den Letten *mescha deews* Waldgott; Kreutzwald, *Mythische Lieder* I 19 und § 388. – S. auch Grimm, *Reinhart Fuchs*, Berlin 1834, I. V.

[21] So wurde früher in Estland, wenn der Weg, den die Braut aus ihrem Heimatort in das Dorf des Bräutigams nehmen mußte, durch einen Wald führte, daselbst ein Speiseopfer für die Wölfe ausgesetzt. Kreutzwald, *Der Ehsten abergläubische Gebräuche, Weisen und Gewohnheiten* von J. W.

Der Wolf ist aber nicht allein das raubgierigste, er ist auch das schnellste, rüstigste unserer größeren vierfüßigen Tiere. Diese seine Rüstigkeit, seine wilde Kühnheit, seine grausame Kampf- und Blutgier verbunden mit seinem Hunger nach Leichenfleisch und seinen dadurch angeregten nächtlichen Besuchen der Totenfelder und Schlachtfelder macht den Wolf zum Begleiter und Gefolgsmann des Schlachtengottes. Er wird gedacht als der Freund jeder kühnen Tat und seine Begegnung ist den Unternehmenden Glück verheißend.[22]

Boecler, St. Petersburg 1854, p. 37. – Wenn die Wölfe heulen, so sagt man in Estland, sie klagen Altvater ihren Hunger, und er wird ihnen dicke Wolkenstücke herabwerfen, die sie als Nahrung genießen. Dies geschieht besonders in der Christnacht, denn da darf kein Geschöpf Hunger leiden. a. a. O. p. 122. – Auch von dem irischen Heiligen Mardhog wird erzählt, daß er Wölfe speiste. Wolf, *Zeitschrift für deutsche Mythologie* I. 330, 357. – Dies erinnert an die nordischen Wolfsmütter, siehe Grimm, *Deutsche Mythologie* p. 1014, und weist auf wirkliche Speiseopfer hin, die in uralter Zeit den Wölfen dargebracht wurden.

[22] Siehe über Angang des Wolfes, Grimm, *Deutsche Mythologie*, 1079. Wolf, *Deutsche Sagen*, Nr. 376. Gervasius, herausgeg. von Liebrecht, p. 223, Nr. 41 u. A. – Das Geheul des Wolfes im Gebüsch ist siegverheißend, *Sigurdharkvidha* II. 22. Doch kündet er auch Krieg und Pest und Teuerung an. Die gute und die böse Seite des Wolfs spielen überhaupt im Aberglauben der Völker beständig durcheinander. Im Griechischen, Lateinischen und Deutschen sind Namen, mit Wolf zusammengesetzt, von guter Vorbedeutung: Lykiskos, Lyciscus, Wolfram, Wolfgang u.s.w. Der Wolf schützt besonders vor Zauber. Einem Serben, der Wuk (Wolf) heißt, kommt keine Hexe bei. Grimm, *Deutsche Mythologie* 1093. – Wolfbiß schützt vor Behexung (daher wohl der ahd Name Wolfbizo); man schneidet an Lamm und Ziege den Wolfsbiß aus, räuchert und bewahrt ihn als heilkräftig. Grimm, d. M. 1093. Wolfsrüssel ist Amulett gegen Zauber und wird an die Türe genagelt, Lauben, *Dialogi von der Lycanthropia* p. 85; in Frankreich der ganze Wolfskopf, Le Loyer, *Discours des Spectres*, Paris 1608, p. 834. Dagegen wer von einem Vieh ißt, das der Wolf erwürgt hat, der kann nicht verscheiden, es sei denn, daß der Wolf vorher tot wäre. Fr. Pfeiffer, *Der Alten Weiber Philosophey*, a. a. O. Nr. 76. Nach serbischem Volksglauben wird ein Kind, dessen Mutter von solchem Fleisch gegessen hat, mit einer Wunde geboren, die man *vukojedina* – Wolfsbiß – nennt. Grimm, *Deutsche Mythologie* 1093. – Wolfstritt segnet die blühende Saat in der Grafschaft Mark, Wolf, *Zeitschrift für deutsche Mythologie* I. 384. – Es war altrömischer Brauch, daß die Braut vor dem Eintritt in's Haus des Bräutigams die Türpfosten mit Fett oder Öl bestrich, hier wurde das Wolfsfett von einigen als besonders heilsam empfohlen, indem ihm eine abwehrende Wirkung zugeschrieben wurde („nicht, daß irgendeine schlechte Medizin hineingetragen werde"). Preller, *Römische Mythologie*, Berlin 1856, p. 585. – Das Wolfsfell hat Heilkräfte gegen Trübsinn, Fieber und Epilepsie; *Edda, Hrafnagaldr.* 8. Grimm, *Deutsche Mythologie* 1123, 1125. Gegen das Fraischlein oder die fallende Sucht hilft auch des Wolfs gedörrte Zunge, Lauben 32. Aus einem gedörrten Wolfsschlund trinken, macht gesund, a. a. O. – Wessen Bienen durch eine Wolfsgurgel fliegen, der bekommt fette Schwärme. Müller, *Beiträge zur Geschichte des Hexenglaubens*, Braunschweig 1854, p. 60. – Der Genuß von Wolfsfleisch macht mord- und rachgierig, so geben Högni und Gunnar dem Guthorm von einem Wolf, einem Wurm und einem Geier zu essen, damit er den Mut erlange, Sigurd zu töten. *Brot af Brynhildarkvidha.* 4.

Wie aber in der Naturanschauung die schlimmen Seiten des Wolfes seine besseren bei weitem überwogen, so wurde er auch für die ethische Anschauung vorzugsweise das Symbol des feindseligen Bösen. Denn alle Zerstörung ist für die naive Naturbetrachtung ein Übel und die Wirkung eines bösen oder doch zürnenden Gottes. Diese Symbolik findet sich besonders in der Mythologie, welche vor allen anderen von ethischen Ideen durchdrungen ist, in der germanischen. Hier ist der Wolf der Abkömmling der den Göttern und Menschen feindlichen und gefährlichen Riesen; der stärkste und furchtbarste derselben ist der Sohn Lokis, des bösen Gottes. In die christliche Sage übertragen wurde der Wolf das Tier des Satans.

All diese Vorstellungen haben auf die Entwicklung der Werwolfsage eingewirkt. In der ältesten Naturreligion wurde die Gottheit des Todes und der winterlichen Erde selber als Wolf gedacht und erhielt in dieser Gestalt blutige Sühnopfer und zwar vor den übrigen Göttern Menschenopfer. Ihre Priester trugen wohl in der Vorzeit Wolfsfelle und hatten nach dem Volksglauben die Gabe, sich in das Tier der Gottheit zu verwandeln. Hirpi, Wölfe, hießen z.B. die Priester des sabinischen Unterweltgottes Soranus.

Fernerhin war der Wolf als das schnelle, kampfgewandte Tier zum raschen Zurücklegen weiter Wege und zur Erlegung von Feinden besonders geeignet. Daher nahmen die Götter und die zauberbegabten Menschen zu solchen Zwecken Wolfsgestalt. In diesem Fall muß also der Wolf nicht notwendig zu der Gottheit, die seine Gestalt wählt, in innerer Verwandtschaft stehen, sondern diese Gestalt dient derselben rein äußerlich als untergeordnetes Mittel zum Zweck.

Durch die Bedeutung aber, welche der Wolf außer seiner natürlichen Gefährlichkeit für die ethische Symbolik hatte, erhielt die Wolfsverwandlung überhaupt einen unheimlichen diabolischen Charakter. In der späteren Zeit hieß der Teufel selber der Erzwolf, Archilupus,[23] und erschien auch häufig in Wolfsgestalt.[24] Und wie des

---

[23] So heißt er z. B. in einem französischen moralisierenden Gedicht aus dem sechzehnten Jahrhundert: *Les loups ravissans ou doctrinal moral* par Robert Gobin, gedruckt in Paris nach 1520 in 4. S. Mone, Reinhardus Vulpes, Stuttg. et Tüb. 1832, p. 311. *Lupus vorax* bei Ditmar von Merseburg p. 253; Grimm, *Deutsche Mythologie* 948.

[24] Böse Geister lieben es, durch Tier- und Menschengestalten zu täuschen; die guten Geister verwandeln sich nicht in Tiere, noch in Frauen. De l'Ancre, *Tableau de l'Inconstance*, Paris 1613, p. 3. – Ein Teufel erscheint in Wolfsgestalt auf dem Grabe Peters, der die Sekte der Massalianer gegründet :

„Petrus Massalianorum, oder Lycopetrianorum, (was sowohl von Phundaitac als auch Bogomil gesagt wurde,) welches Vorzeichen an ihm haften blieb, und der sich selbst als den Christus bezeichnet und versprochen hat, nach seinem künftigen Dahinscheiden wieder zu erstehen, und welcher nahe bei Lucopetrus geboren ist, von woher er auch seinen Beinamen *Lycopetrus* – „Wolfspeter" – hatte, wurde wegen solcher Anmaßung durch höchstes Recht auferlegt, gesteinigt zu werden; die

Teufels einziges Ziel und Streben Verderben ist, so treten nun auch beim Werwolf alle andern Interessen vor dem Drang nach Mord und Zerstörung zurück; er nimmt die Tiergestalt an, einzig und allein um Schaden zu stiften. Der Werwolf wird wie die Hexe des Teufels Diener und ist an die Bedingungen des Teufelspaktes gebunden. Er steht unter dem Schutz und der Bewachung seines Herrn. Mehrere Werwölfe bekannten, daß, wenn sie nach Raub auszogen, der Teufel in Wolfsgestalt unter ihnen war (Boquet Discours etc. p. 340).

Dies mag wohl in den Hauptzügen die Entwicklung sein, welche die Werwolfsage aus religiösen Vorstellungen genommen hat.

Von großem Einfluß auf die Sage war aber fernerhin eine alte Rechtsvorstellung, welche den friedlosen Mörder mit dem Wolf zusammenstellte und diesen zum Symbol des Verbrechens und der damit verbundenen Strafe der Ächtung machte. Dieser Vorstellung werden wir bei Griechen und Germanen begegnen.[25]

4. Kapitel.

Lykanthropie als Geisteskrankheit

Die Geisteskrankheit der Lycanthropie, in welcher der Mensch sich zum Wolf verwandelt wähnt, tierische Bewegungen und Laute nachahmt und mord-

---

schlechtesten seiner Mitgesellen, welche ebenso verabscheuenswert wie diese Leiche waren, saßen nach einem Zeitraum von drei Tagen in Erwartung der Auferstehung dabei, wie er ihnen diese selbst versprochen hatte, da erschien es, als käme ein böser Dämon mit dem Aussehen eines Wolfes aus den Steinen hervor." S. Jacobi Tollii *Insignia Itineraria, quibus continentur Antiquitates Sacrae Trajecti ad Rhenum* 1696. 4. p. 115. — Im Angelsächsischen und Altfranzösischen wird der Teufel geradezu *werewulf* und *garou* genannt. Die Teufelsmasken sind: Rabe, Fuchs, Katz, Hund, Bär, Wolf, Schwein; Philander v. Sittewald, *Wunderliche und Warhaffte Gesichte* 1656, II. 769. Philander meint auch, daß „Tyrannen, Verfolger, Räuber und Mörder, weil sie in ihrem Leben als Löwen, Bären, Wölfe sich erzeiget, nach ihrem Leben mit dergleich gestalten Teuflen wiederumb gepeinigt werden." a.a. O. I. 254. Wolf, *Zeitschrift für deutsche Mythologie* I. 406. — Besonders starke und freche Wölfe wurden im Mittelalter allgemein entweder für verwandelte Teufel oder für Werwölfe gehalten. S. Geiler v. Kaisersberg, *Emeis*, bei Stöber, *Zur Geschichte des Volks-Aberglaubens*, Basel 1856, p. 31. — Von den Wölfen, welche im Jahre 1542 in großen Scharen die Straßen von Konstantinopel unsicher machten, bis Sultan Suleyman mit den Janitscharen gegen sie auszog, wurde allgemein geglaubt, daß sie Werwölfe gewesen seien. Fincelius, *De mirabilibus*, L. II. Bodin, *Daemonomania*, Francof. 1603, p. 238. Fischarts Übersetzung 121. — Die gewöhnlichen Wölfe, sagt Bodin a. a. O. p. 238, gehen mehr auf Tiere, die Werwölfe fallen vorzugsweise Menschen an.

[25] Über die Rolle, welche der Wolf in der germanischen Tiersage spielt siehe die Einleitung J. Grimms zu seiner Ausgabe des *Reinhart Fuchs*, Berlin 1834.

süchtig lebende Wesen anfällt, ist bis jetzt bei der Erklärung unserer Sage über Gebühr in den Vordergrund gerückt worden. Daß der Wahn des Kranken mit dem allgemeinen Glauben an Tierverwandlungen in Zusammenhang stehe, soll keineswegs geleugnet werden; aber der erstere verhält sich zum letzteren eher wie die Wirkung zur Ursache als umgekehrt. Denn wenige Fälle ausgenommen, wo der krankhaften Einbildung etwa ganz zufällige, individuelle Anlässe zu Grunde lagen, muß doch wohl angenommen werden, daß der Kranke zuvor an die Tierverwandlung glauben oder wenigstens von ihr wissen mußte, ehe er sich selbst in ein Tier verwandelt wähnte. Abgesehen ferner davon, daß die Seltenheit der Krankheit zu der allgemeinen Verbreitung der Sage nicht im richtigen Verhältnis steht, so ist nicht einleuchtend, wie dadurch, daß der Kranke sich für einen Wolf ausgab und als solcher benahm, auch die Übrigen ihren eigenen Augen zum Trotz überzeugt werden konnten, daß er wirklich in einen Wolf verwandelt sei. Nur wenn ihnen, wie dem Kranken, eine solche Verwandlung zum Voraus möglich schien, konnten sie seine Erzählungen für wahr und sein Benehmen für eine Bestätigung derselben halten. So diente die Lycanthropie zur Befestigung des alten Werwolfglaubens wie das Ausgraben unverwester Leichen den uralten Glauben an wiederkehrende Tote bekräftigte.

Was schließlich den Vorgang, die Art und Weise der Tierverwandlung betrifft, so sind hier a priori die folgenden Fälle denkbar:

Entweder verläßt die Seele bei der Annahme fremder Gestalt ihren eigenen Körper, oder sie bleibt darin.

Im ersten Fall bedient sie sich teils eines äußeren Mediums, indem sie in einen andern schon vorhandenen seelenleeren Körper hineinfährt, teils erscheint sie selber in einer ihr von Natur zukommenden oder selbstgebildeten eigenen Gestalt.[26]

---

[26] Die Seelen lebender Menschen schweifen häufig in Tiergestalt umher, während ihr Leib schlafend liegt; König Guntrams Seele als Schlänglein, Grimm, *Deutsche Sagen*, Berlin 1816, Nr. 428, nach Paulus Diaconus, *De gestis Langobardorum* III. 34. Wolf, *Hessische Sagen* p. 195. Grimm, *Deutsche Mythologie*, 1036. – Seele als Wiesel, Grimm, *Deutsche Sagen*, Nr. 455 (Seele als blauer Dunst bei Maurer, *Isländische Volkssagen*, Leipzig 1860, p. 81, gehört hierher wegen ihrer Wanderung über die Schwertbrücke) Seele als Fliege, Müller, *Siebenbürgische Sagen*, Kronstadt 1857, Nr. 154. Beiträge zum Hexenglauben in Siebenbürgen p. 58, - als Käfer, Meier, *Schwäbische Sagen*, Stuttgart 1852, Nr. 201; - als Mistkäfer, Rußwurm, *Eibofolke*, Reval 1855, II. 208; - als Spinne, Meier Nr. 202, - als Flaumfeder, Bechstein, *Sagenbuch* p. 604, - als weißes Mäuschen, Wolf, *Hessische Sagen* Nr. 95, - als rotes Mäuschen, Grimm, *Deutsche Sagen* Nr. 247. Meier, *Schwäbische Sagen* I. p. 175, - als schattenartige Maus, die in einem Pferdeschädel umherkriecht und zu den Nasen- und Augenlöchern hinausschaut, während dem Schläfer träumt, er durchwandere ein prächtiges Schloss mit hohen Fenstern, Schambach und Müller, *Niedersächsische Sagen*, Gött. 1855, Nr. 246. – Seele als Henne nach serbischem Glauben, Grimm, *Deutsche Mythologie*, 1031, - als Katze, Grimm, *Deutsche Sagen* Nr. 249.

Im zweiten Fall wird die Verwandlung des Körpers entweder durch die auf wunderbare Weise ermöglichte mechanische Anpassung einer Tierhülle oder ohne dieselbe direkt durch wunderwirkende Zauberkräfte hervorgebracht.

Das Gesagte gilt sowohl für die freiwillige, als auch für die unfreiwillige Verwandlung.

Für sämtliche Fälle finden sich Beispiele in den Sagen, zu denen wir nunmehr übergehen.

5. Kapitel.

Die Tiersagen in Indien

Obgleich wir in Indien keiner eigentlichen Werwolfsage begegnen, so ist doch jenes Land der Phantasie der fruchtbarste Boden für den Glauben an Verwandlung und Vertauschung der verschiedenen Naturformen. Wir finden in der Bedenperiode, wo noch die naive Versinnlichung geistiger Begriffe vorwaltete, tierische Symbole der Gottheit, wie z.B. die weißen Kühe der Himmelsgötter, welche der finstere Dämon Bala stiehlt und dafür von Indra erschlagen wird.[27] Im indischen Epos erscheinen Götter und Dämonen in Tiergestalt, so in dem uralten Märchen des Mahabharata, wo dem König Usinara, während er an der Jamuna opfert, eine von einem Habicht verfolgte Taube Hilfe suchend in den Schoß fliegt. Der Habicht appelliert an des Königs gerühmte Gerechtigkeit und verlangt, daß er ihm, der dem Verhungern nahe sei, nicht seine von der Natur für ihn bestimmte

---

Hiermit hängt die Sage vom Alp zusammen. Zu erinnern ist auch an die Vorstellung, daß der Mensch einen Wurm im Leibe habe und sterben müsse, wenn dieser herauskrieche, bei Seifried Helbling *zadelwurm*, Grimm, *Deutsche Mythologie*, 1112. – In der Normandie hält man die Irrlichter für die Seelen von Mädchen, die mit Geistlichen in sträflichem Umgang leben; das Mädchen muß an einen abgelegenen Ort gehen, seine Kleider abziehn und sich nackt auf den Boden legen, dann fliegt seine Seele als *fourolle* aus. Bosquet, *La Normandie romanesque*, Paris 1845, p. 247. Schon bei Plinius (*Historia naturalis* VII. c. 52) schweift die Seele des Hermotinius umher, während sein Leib leblos liegt. Siehe die *mannahugir* bei Maurer, *Bekehrung des norwegischen Stamms*, München 1855, II. 67. Seelen der Abgeschiedenen als Vögel, s. Haxthausen, *Transkankasia*, Leipzig 1856, I. 1335, aus Armenien; im bretonischen Lied von Bran, Villemarqué, Barzaz-Breiz, Paris 1846, I. 208. Übers. V. Hartmann und Pfau, *Bretonische Volkslieder*, Köln 1859, p. 260. Wolf, *Deutsche Märchen und Sagen*, Nr. 56. Grimm, *Deutsche Mythologie* 788. Gervasius, herausgegeben v. Liebrecht, Hannover 1856, p. 114 ff.

[27] Ernst Meier, *Indisches Liederbuch*, Stuttg. 1854, p. 22. Weber, *Allgemeine Weltgeschichte*, Leipzig 1857, Bd. I. p. 205. Indra selbst als Stier gedacht, Mannhardt, *Germanische Mythen*, Berlin 1858, p. 36 ff.

Nahrung vorenthalte. Der König erklärt dagegen, daß er noch weniger einen Schutzflehenden ausliefern könne, und erbietet sich auf des Habichts Vorschlag, von seinem eigenen Fleisch so viel herzugeben, als die Taube wiege. Er schneidet sich nun ein Stück Fleisch nach dem anderen vom Leib, aber die Taube wiegt schwerer und schwerer, so daß der König endlich selber auf die Waage steigt. Da gibt sich der Habicht als Indra, der König des Himmels, und die Taube als Agni, des Feuers Gott, zu erkennen, die herabgekommen sind, um Usinaras Tugend zu prüfen, und der pflichtgetreue König steigt mit ihnen zur Götterwohnung leuchtend auf.[28]

Später aber, als mit der Entwicklung der brahmanischen Religion und Philosophie die Lehre von der Seelenwanderung zur allgemeinen Geltung kam, wurde der Glaube an Verwandlungen zur Grundlage eines naturphilosophischen Systems. Die sinnliche Vielheit der Götter wurde in die geistige Einheit der Brahmas eingeschlossen, ohne sich jedoch in dieselbe aufzulösen; sie blieben als Mittelglieder zwischen den Menschen und Brahma, als Welthüter und selige Genien in den Himmelslüften schweben.

Brahma ist das geheimnisvolle Wesen, das allein von Anfang war, und nur durch eine innere Täuschung – Maja – ist die Mannigfaltigkeit der Dinge aus ihm hervorgegangen,[29] daher alles Irdische nichtig ist wie ein Irrtum, alle Gestalt flüchtig wie ein Traumbild. Teile, Funken seines Wesens sind die Seelen, welche sich, alle Stufen der Naturerscheinungen durchlaufend, aus der Starrheit der Steinwelt in der Pflanze zur Empfindung, im Tiere zum Willen und zur freien Bewegung, im Menschen zur Erkenntnis ihres Wesens entwickeln. Jeder Körper ist nur das äußere Zeichen der inneren Lebensentwicklung der Seele; der Weise streift ihn ab wie ein

---

[28] Holtzmann, *Indische Sagen*, Stuttg. 1854, I. p. 277 ff.

[29] Die spätere Philosophie hat die verschiedenen lebenden Wesen aus eben so vielen Verwandlungen der in zwei Schöpferwesen geteilten Gottheit hergeleitet. So heißt es in dem *Upanishad Brihadaranjaka*: „Diese Welt war früher Geist, menschliche Gestalt tragend, und nichts war außer diesem Wesen, Puruscha genannt. Er fühlte aber keine Freude, weil er allein war, er wünschte sich ein Anderes und wurde augenblicklich ein solches: Mann und Weib in Umarmung; daraus entstanden menschliche Wesen. Da dachte aber seine weibliche Hälfte zweifelnd: „Wie kann er, da er mich aus sich selbst hervorgebracht, (blutschänderisch) mir nahen? Ich will eine Verhüllung annehmen." – Sie wurde eine Kuh, nun wurde aber Er zum Stier, und die Sprößlinge waren Rinder. Sie verwandelte sich in eine Stute und Er in einen Hengst, dann wurde Sie Eselin und Er Esel, und das einhufige Geschlecht entsprang ihrer Verbindung. Sie wurde Ziege, Er Bock; Sie ein Schaf, Er ein Widder, und Ziegen und Schafe waren die Nachkommenschaft. So zeugte er alle existierenden Paare bis zu den Ameisen und den kleinsten Insekten. Da wußte Pradschapati: „Ich bin der Bildner aller Wesen, dieses Alles habe Ich vollbracht." – Darum heißt er der Erzeuger."

Windischmann. *Die Philosophie im Fortgang der Weltgeschichte*, Bonn 1832, Thl. I. Abth. 4 p. 1622 f.

Kleid; die höchste Frucht aller Büßungen ist nicht mehr geboren werden, ist das Eingehen oder vielmehr Zurückgehen aus der „schrecklichen Welt des Seins" in die ewige Ruhe Brahmas. Wer aber die erforderliche Reinheit und Vollkommenheit noch nicht erlangt hat, der wird nach dem Tode in einen neuen Körper eingehen und zwar je nach der Größe der an ihm haftenden Schuld in einen Körper von gleicher oder von niedrigerer Stufe. Als Beispiel dienen folgende Stellen aus dem 12. Buche von Manu:

Der Mensch geht in die Starrheit (Steine, Felsen, Metalle) durch die bösen Handlungen, die aus dem Leib kommen; er geht in Vogel- und Tierheit durch jene der Rede; er geht in die untersten Menschenklassen (Tschandala, Sudra) durch die des Herzens.

Der Mörder eines Brahmanen geht in die Joni (Mutterleib) eines Hundes, Ebers, Esels, Kamels, Stiers, Widders, Schafs, einer Antilope oder eines Vogels, eines Tschandala oder Pukkasa (Schlangenfänger). Wer Getreide gestohlen, wird eine Ratte; wer Messing gestohlen, wird eine Gans; wer Wasser gestohlen, wird eine Ente; wer Honig gestohlen, wird eine Schmeißfliege; wer Milch gestohlen, wird eine Krähe; wer Saft gestohlen, wird ein Hund; wer geklärte Butter gestohlen, wird ein Wiesel. Ein Antilopen- oder Elephantendieb wird zum Wolf; ein Pferdedieb zum Tiger; ein Obst- oder Wurzeldieb zum Affen; ein Frauendieb zum Bären; ein Wasserdieb zum Vogel Stokaka u.s.w.

Für den Inder ist also das Tier der Träger einer noch an sich unentwickelten oder einer verbrecherischen und dadurch zur Unentwickeltheit zurückgesunkenen Menschenseele. Im letzteren Falle hängt dieselbe häufig noch durch die Erinnerung mit ihrem früheren menschlichen Dasein zusammen, und wir haben somit eine unwillkürliche aber bewußte Tierverwandlung, welche durch Tod und Wiedergeburt vermittelt wird.

Aber nicht allein die gesetzmäßige Wirkung einer inneren ethischen Notwendigkeit ist es, was die Wiedergeburt und Zurückwerfung in eine niedrigere Existenz bedingt; sondern sehr häufig ist diese die Folge eines Fluchs, den ein Gott oder ein bußkräftiger Mensch (oft wegen geringer Schuld) ausgesprochen hat, und der nun wie eine freie Schicksalsmacht wirkend von seinem Urheber selbst, wie meistens geschieht, nur beschränkt, aber von keinem Wesen der Welt aufgehoben werden kann. Dieser Gewalt des Fluchs sind selbst die Götter unterworfen. So wandeln nicht nur verfluchte Dämonen auf Erden in Tiergestalt, wie der im Eberfell herumschweifende Asura Angâraka und der ganz ähnliche Chandavikrama, sondern auch Bewohner himmlischer Regionen werden wieder in die Qual eines irdischen Daseins und nicht selten in eine schreckliche Gestalt herniedergezwungen, so die zur menschenfressenden Rakschafi verwandelte Dienerin des Kuvera, so der

Yakscha, der die Tochter eines frommen Mannes in der Ganga baden sah und sofort in Liebe erglühend sich mit ihr nach Art der Gandharver vermählte und dafür von ihren erzürnten Angehörigen zur Wiedergeburt als Löwe verwünscht wurde.[30] Die Macht des Fluchs war ein Hauptmotiv der indischen Poesie, ich erinnere nur an Dasaroth im Ramayana, an Kalidasas Sakuntala und Meghaduta.

Aus der Anschauung des Leibes als eines Kleides mußte aber mit Notwendigkeit auch die Anschauung hervorgehen, daß es dem bußkräftigen Weisen und fernerhin dem zauberkundigen oder einfach willensstarken Menschen möglich sei, auch innerhalb der Schranke dieses Lebens den Leib abzulegen und sich einen andern anzueignen. Dies geschah vor allem dadurch, daß die Seele ihren eigenen Leib verließ und in einen anderen, dessen Seele entwichen war, einging.[31] Die indischen Märchen bieten hierfür zahlreiche Beispiele: Die Brahmanen Vyâdi, Indradatta und Vararuchi kommen nach Ayodhya, um vom König Nanda eine große Summe Geldes zu erbitten. Sie sind aber kaum in der Stadt angelangt, als der König stirbt. Da sagte Indradatta, der in Zauberkünsten wohl erfahren war: „Ich will in den Körper des eben verstorbenen Königs hineingehen; Vararuchi soll dann als Bittender zu mir kommen, und ich werde ihm das Geld gewähren, Vyâdi aber mag unterdessen meinen Körper bewachen, bis ich zurückkomme." So geschah es; der kluge Minister des Königs jedoch, Sakatala, durchschaute den Betrug, und da ihm daran lag, statt des unmündigen Sohnes des Nanda einen Mann auf dem Thron zu haben, gab er Befehl, alle Leichname in der Stadt zu verbrennen; so wurde der Leib Indradattas dem wachthabenden Freund weggenommen und verbrannt, und der Brahmane mußte nun, seiner Kaste beraubt, im Leibe des Toten fortleben. Man hieß ihn Yogananda, weil er durch Zauber — yoga — zum König Nanda geworden war.[32] Siehe ferner die Fabel des Pantschatantra, wo ein Buckliger, der als Possenreißer einen König begleitet und diesem seinem Herrn, als sich derselbe in den Leib eines toten Brahmanen versetzt hat, seinen zurückgelassenen Leib stiehlt, aber bald entlarvt und überlistet wird.[33] Sankaracharya, der berühmte Religions-

---

[30] *Somadeva Katha Sarit Sagara*, herausgeg. von H. Brockhaus, Leipzig u. Paris 1839, p. 38 - 45, 153.

[31] Ihr eigener Leib lag indessen leblos gleich einem Leichnam. So läßt selbst Vischnu, als er sich in einem Menschen verkörpert, seinen Götterleib in einer Höhle des Mern zurück. Bensey, *Pantschatantra*, Leipzig 1859, I. p. 264. Während die schönen Himmelsmädchen, die Vidyadharis, in Folge eines Fluchs auf Erden hausen, ruhen ihre göttlichen Leiber in der goldenen Stadt auf diamantenem Lager. *Somadeva*, Brockhaus p. 150.

[32] *Somadeva*, Brockhaus p. 13.

[33] *Pantschatantra* Bensey II. p. 124. Ganz ähnlich ist das persisch arabisch-türkische Märchen vom König Papagei. *Tausend und Eine Nacht*, übersetzt von Weil, Stuttg., 1838, I. p. 120. Vierzig Veziere, übersetzt von Behrnauer, Leipzig 1851, p. 321. Keller, *Li Romans des sept Sages*, Tüb. 1836, p. CLXXVI. u. A.

lehrer, wird im Kapitel der Liebe, da er bis dahin keusch gelebt hat, von der Frau des Mandan Misr niederdisputiert, fährt darauf in den Leib eines eben verstorbenen Königs, besorgt dessen Angelegenheiten im Harem und kommt mit so reichen Erfahrungen zurück, daß er die Frau im zweiten Wortkampf besiegt.[34]

Nicht selten ist auch die freiwillige Vertauschung der Leiber unter Lebenden, hauptsächlich unter Personen verschiedenen Geschlechts. So ist der Panduide Sikhandin im Mahabharata eigentlich ein Weib, das mit einem Diener des Schätzegottes Kuvera Gestalt und Geschlecht getauscht hat; so oft er daher im Kampfe dem schrecklichen unnahbaren Greis Bhischma begegnet, senkt dieser lächelnd seine Waffe und wendet sich ab, weil er mit keinem Weib kämpfen will.[35] Dabei kommt häufig der humoristische Zug vor, daß das ursprüngliche Weib, nachdem es seinen Zweck erreicht hat, dem Mann sein Geschlecht wieder zurückgeben will, diesen aber in seiner Frauengestalt schwanger findet und so den Rücktausch nimmer eingehen mag.[36]

---

[34] Dieses und ähnliche Beispiele bei Bensey, *Pantschatantra* I. § 39

[35] Holtzmann, *Indische Sagen*, I. p. 49.

[36] Bekannt ist die Erzählung von Teiresias, der dadurch Weib wurde, daß er zwei Schlangen sich begatten sah oder eine weibliche Schlange tötete, und seine Entscheidung des Streits zwischen Hera und Zeus über den Geschlechtsgenuß. Apollodor. *Bibliotheca* L. III. C. 6, 7, et Heyne p. 210. Ganz wie er sich für das weibliche Geschlecht als das bei weitem bevorzugte entscheidet, wünscht der indische Radscharschi Bhangaswana, den Indra beim Bad in ein Weib verwandelt hat, auf Anfragen des Gottes, Weib zu bleiben, weil dieses mehr Liebesgenuß habe als der Mann. — Man sehe weiter Manus Kind, Ida, das abwechselnd einen Monat Mann, einen Monat Weib ist, und ferner Bensey, *Pantschatantra* I. § 9. Auch in Deutschland finden sich noch einzelne Sagen von Geschlechtsverwandlung, so wird nach westfälischem Glauben jedes Mädchen, das unter einem Regenbogen durchläuft, ein Junge, wie die wilde Johanne in Gravenhorst bei Münster. Colshorn, *Märchen und Sagen*, Hannover 1851, Nr. 54. Kornmann in seiner Schrift *De miraculis vivorum*, Francof. 1614, hat p. 41 ff. ein langes Kapitel „Vom Geschlechtswechsel“. Spuren desselben Glaubens finden sich auch im Norden und zwar in der Gestalt, daß sich Männer je in der neunten Nacht um den Lüsten zu fröhnen, zum Weibe machen, siehe eine Stelle aus der *Nials-Saga*, C. 121 bei Maurer, *Bekehrung des norwegischen Stamms zum Christentum* München 1855, II. p. 66 und den Vorwurf, den Sinfjötli dem Gudmundr macht, *Helgaquidha Hundingsbana* I. Str. 37, 38. Die Möglichkeit einer durch Teufelskunst zu bewirkenden Geschlechtsveränderung hat auch den Kirchenvätern und den Inquisitoren zu denken gegeben. Siehe De l'Ancre, *Tableau de l'Inconstance des mauvais Anges et Demons*, Paris 1613, p. 254 mit einer Stelle aus Augustin: „Und in der Tat sagt mir meine Vernunft, daß es schwierig scheine, daß aus dem Geschlecht des Mannes ein Weib werde: umgekehrt allerdings verhält es sich nicht so. Denn um die Sache aus der Natur zu ziehen, ist das männliche Glied innerlich anders gestaltet als außerhalb, was dem weiblichen Ort sehr schwierig nachzugestalten ist: Werden aber die weiblichen Orte in einer Art ungestalten Penis hinausgetrieben, so geschieht dies selten, kann aber dennoch leichter geschehen, als man glauben möge.“

Außer dieser Anschauung von der wandernden Seele ist jedoch auch bei den Indern der Glaube heimisch, daß der Leib, ohne daß die Seele ihn verlasse, seine Gestalt durch Umwerfen eines Gewandes oder Aussprechen eines Zauberworts verwandle. So erscheinen die himmlischen Tänzerinnen, die Apsarasen,[37] mit Vogelhemden. Doch hängt das Tragen der verwandelnden Tierhemden nicht immer von der Willkür ab, sondern ist häufig angeboren oder angeflucht. Hierher gehört z.B. ein indisches Märchen, das in den mannigfaltigsten Formen bei allen Völkern wiederkehrt: Der Schlangensohn, der Schlangenbräutigam, der als Schlange geboren wird, nach Vermählung mit einer Jungfrau seine Schlangenhaut zeitweise ablegen darf und durch die Verbrennung der letzteren erlöst wird.[38]

Als Beispiel für die Verwandlung durch bloße Zauberkräfte ohne fremden Leib und fremde Hülle ist hier ein buddhistisches Märchen anzuführen, dessen Gegenstand gleichfalls allen Völkern gemein ist: das Märchen vom Zauberlehrling, der seine Meister im Wettstreit der Verwandlungen besiegt.[39] Auch bei den übrigen Orientalen, nicht allein indogermanischen, sondern auch semitischen und mongolischen Stamms finden sich ähnliche Erzählungen die Menge. Nebukadnezar (Daniel IV.) ist wohl mit Unrecht hierher gerechnet worden, da bei ihm von keiner wirklichen Verwandlung die Rede ist. Reiche Ausbeute bieten die Märchen der Scheherasad in Tierverwandlungen durch böswillige Zauberer.

6. Kapitel.

Die Tiersagen bei den Samojeden und den Tartaren, der Wolf bei den Ägyptern – der sich in eine Hyäne verwandelnde Buda in Abyssinien

In den von Castrén gesammelten samojedischen Märchen verwandeln sich zwei Jadibes (Zauberer) in Gänse. - Sieben Mädchen baden in einem Waldsee, ein Samojede raubt eines ihrer Gewänder, darauf fliegen sechs (es ist nicht gesagt, in welcher Gestalt) von dannen und die siebente bietet sich ihm zur Frau an.[40]

---

[37] Ebenso die persischen Peris, Bensey a. a. O. I. p. 263

[38] Siehe über die zahlreichen verwandten Erzählungen Bensey, *Pantschatantra* I. § 92.
Als Gegenstück s. das Märchen von der Affenbraut, *Asiatic Journal* 1833, XI. 206 – 14. Woycicki, *Polnische Volkssagen und Märchen*, Berlin 1839, p. 143 ff. Bensey a. a. O. I. p. 261.

[39] Aus den *Vetalapanchavincati* bei Bensey a. a. O. I. 411.

[40] Castrén, *Ethnologische Volkssagen über die Altaischen Völker*, St. Petersburg 1857

Auch in der tatarischen Heldensage kommen Flughemden vor; so hat Alten Argh (Goldmädchen) ein Gewand mit Adlerschwingen, das vorne mit zwölf Knöpfen geschlossen wird. In der Geschichte von Katac-Chan hat dessen jüngere Tochter Kesel Djibäk ein Gewand mit Schwanenflügeln und fliegt mit denselben von Zeit zu Zeit zu den sieben Kudais, den Göttern, die oben im hohen Himmel wohnen. Die sieben Kudais haben sieben Töchter, und auch diese fliegen mit Schwanengewanden umher; Kesel Djibäk spielt mit ihnen und schwimmt mit ihnen auf dem Goldsee. Ein Gewand mit Adlerschwingen hat auch Kümüs Arga. Alten Bürtjuk fliegt als eiserne Schwalbe, Tasol als Falke. Das Mädchen Kubaiko fliegt als Schwalbe. Das hilfreiche Füllen in der Geschichte von Ak-Chan ist bald ein schönes Mädchen, bald ein Knabe. Ein seltsames Zauberwesen ist Bürü-Chan, der Wolf-Chan, Herr über 600 Wölfe, er ist hellglänzend weiß, goldhaarig, von drei Klaftern Länge, ihm sind 70 Chane untertan, er kann als Wolf und als Mensch leben. Der Knabe Altenkök fängt ihn in einer Schlinge und fordert von ihm auf den Rat eines grauhaarigen Greises die Katze, welche er in seinem Zelte hege; als sie der Knabe nach Hause gebracht, verwandelt sie sich in ein schönes Weib; denn sie ist die Tochter des Wolfsfürsten, der nun seinem Eidam reiche Hochzeitgabe schenkt. Ein Mädchen streift als schwarzer Fuchs unheilstiftend umher; drei Helden ziehen aus, sie zu fangen, und peitschen sie zu Tode. In den beiden letzten Sagen sind Anklänge an den Werwolf nicht zu verkennen; doch ist alles noch zu ungeheuerlich und formlos, um auf bestimmte Anschauungen einheitlich hinzuweisen. Soweit Castrén.

Völlig entwickelt ist dagegen die Werwolfsage in Armenien. Dort glaubt man, daß es Weiber gebe, die in Folge schwerer Sünden von Gott damit gestraft sind, daß sie sieben Jahre lang in Wölfe verwandelt werden. Es tritt dann in der Nacht ein Geist mit einem Wolfsfell zu der Frau und befiehlt ihr, es anzuziehen. Sowie sie dies getan, entstehen in ihr entsetzliche Wolfsgelüste; Anfangs kämpft die menschliche Natur dagegen, aber bald gewinnen jene die Oberhand, und nun frißt das Weib die eigenen Kinder, dann die der Verwandten nach der Nähe des Grades, zuletzt fremde Kinder.[41] Jedes Schloß, jede Türe springt von selbst auf, wenn das Ungeheuer kommt. Es wütet nur des Nachts; sowie der Morgen naht, wird es wieder zum Weibe und versteckt das abgeworfene Fell sorgfältig. Einst sah ein Mann einen Wolf, der ein Kind ergriffen hatte, fortspringen; er verfolgte ihn eilig, konnte ihn aber nicht erreichen. Endlich gegen Morgen entdeckt er auf einer Stelle die Hände und Füße eines Kindes und Blutspuren, diese leiten ihn in eine nahe Höhle, wo er ein Wolfsfell verborgen findet. Er macht rasch ein Feuer an und wirft das

---

[41] Dies sind Züge, die auch der Vampirsage eigentümlich sind.

Fell hinein. Da erscheint plötzlich ein Weib und jammert und heult ganz entsetzlich und springt um das Feuer und will das brennende Fell herausziehen. Aber der Mann verhindert es und kaum ist das Fell verbrannt, so ist auch das Weib im Rauche verschwunden.[42] Diese Sage ist den europäischen und speziell den slawischen Werwolfssagen so nahe verwandt, daß es fast scheinen möchte, als ob sie von Rußland oder Griechenland her in Armenien eingewandert wäre.

Bei den alten Ägyptern war der Wolf ein besonders heiliges Tier und zwar gehörte er dem Amenti, dem Gott des Westens und der Unterwelt. In einem von Herodot II. c. 122 erzählten Festgebrauch erscheint er als Psychopompos und verrichtet also das Amt des Anubis. Osiris selbst nahm einmal Wolfsgestalt an, als er dem Horus gegen den Typhon zu Hilfe kam.[43] Zwei Städte waren nach dem Wolf genannt: Lykópolis in Unter-Ägypten und é Lýkon polís in Ober-Ägypten; dort finden sich noch Wolfsmumien. Da der ägyptische Wolf sehr klein und träge ist, so fällt er häufig mit dem Schakal zusammen, wie auch beide den gleichen Namen – seb[44] – führen. Auf den Bildwerken sind sie schwer zu unterscheiden. Auch die Ägypter glaubten an Seelenwanderung; Sagen von verwandelten Menschen sind mir nicht bekannt.

Merkwürdig ist der Glaube in Abyssinien, daß die Budas, die als niedrigste Kaste verachteten Eisen- und Tonarbeiter, die übernatürliche Gabe hätten, sich in Hyänen oder andere Tiere zu verwandeln. Als solche plündern sie die Gräber und niemand wird wagen, bei einem Buda getrocknetes Fleisch zu genießen. Auch werden ihrem bösen Blick alle Konvulsionen und hysterischen Zufälle,[45] die in Abyssinien so häufig sind als anderswo, zugeschrieben. Sie tragen als Abzeichen einen goldenen Ohrring, welchen Mr. Coffin nicht selten auch an den Ohren erlegter Hyänen gefunden hat. Als Augenzeuge erzählte Mr. Coffin folgende Geschichte:

„Es war so, daß er unter seinen Dienern einen Buda angeheuert hatte, welcher, eines Abends, als es aber taghell war, kam, um seinen Herrn zu bitten, ihn bis zum Morgen zu entlassen. Diese Bitte wurde sofort gewährt, und der junge Mann nahm seinen Abschied; aber kaum hatte Mr. Coffin seinen Kopf zu seinen anderen Dienern gewendet, als einer von ihnen ausrief, in die Richtung weisend, die der Buda genommen hatte: „Seht, seht, er verwandelt sich in eine Hyäne!" Mr. Coffin sah sich sofort um, aber obgleich er die Transformation nicht sicher bezeugen kann, war der junge Mann nunmehr verschwunden, und er sah eine große Hyäne, die in

---

[42] v. Haxthausen, *Transkankasia*, Leipzig 1856, I. p. 322.

[43] Diodorus Siculus *Bibliotheca* I. c. 88

[44] Seb heißt auch der Wolf im Hebräischen; sein anderer Name im Ägyptischen ist *unesch*, koptisch *nousch*, Schwenck, *Mythologie der Ägypter*, Frankf. 1846, p. 213.

[45] Krämpfe und Mutterbeschwerden (Anm. d. Ü.)

einer Entfernung von ungefähr hundert Schritten fortlief. Dies geschah in einer offenen Ebene, ohne einen die Sicht verdeckenden Baum oder Strauch. Der junge Mann kehrte am Morgen zurück, und wurde von seinen Kameraden über den Gegenstand seiner Verwandlung bestürmt, welche er, gemäß der gewöhnlichen Praxis seiner Brüder, eher zugab als abstritt."The Life and Adventures od Nathaniel Pierce, written by himself during a residence in Abyssinia from the years 1810 to 1819, Halls, London 1831 Vol. I p. 287. Mr. Halls ist der Meinung, daß dieser Glaube von den Budas selbst genährt werde, und daß sie junge Hyänen einfangen, ihnen die Goldringe ins Ohr stecken und dann wieder laufen lassen.[46]

7. Kapitel.

Die Tiersymbolik bei den Griechen – der Wolf als Symbol und heiliges Tier des Apollo – die Sagen über Lykaon – Menschenopfer bei den Arkadiern – Tierverwandlöungen bei der Zauberin Circe

Bei den Griechen war die Tiersymbolik einer der wichtigsten Bestandteile der Mythologie. Altbekannt sind die Verwandlungen der Götter in die verschiedensten Gestalten, welche sich aus der Urzeit der Mythenbildung bis in die späteste Kulturperiode erhielten, obgleich ihre symbolische Bedeutung schon zur Zeit Homers hinter der selbstständig entwickelten sinnlichen Form verschwunden war. In den späteren Jahrhunderten ging das Verständnis für die alten Metamorphosen vollends ganz und gar verloren und diese dienten nur noch den Sophisten zum Gegenstand prosaischer, dünkelhafter Widerlegung[47] und den Dichtern zu halbironischem phantasmagorischem Spiel.

---

[46] S. Leubuscher, *Wehrwölfe* p. 11 f.

[47] Als Beispiel rationalistischer Deutung s. die Geschichte von Atalanta und Milanion von denen die Sage ging, daß sie in Löwen verwandelt worden seien, bei Palaefatus, *De incredibilibus*, ed. Fischer, Lipsiae 1789, p. 68. Dieser glaubt, daß der Jüngling die Jungfrau in eine Höhle geführt habe, diese sei aber der Schlupfwinkel eines Löwenpaars gewesen, welches sofort die beiden zerrissen und als es sich darauf entfernt, bei dem Gefolge Meilanions den Glauben hervorgebracht habe, als seien die Liebenden zu Löwen geworden.

Am häufigsten war die Tiergestalt Symbol der zeugungskräftigen Natur, was zu den späteren heimlichen Liebschaften der Götter Veranlassung gab.[48] Das Tier, dessen Gestalt einem Gotte gedient hatte, wurde ihm als kennzeichnender Begleiter beigegeben. Ich verweise über die einzelnen auf Schwencks Sinnbilder der alten Völker, Frankf. 1851 und wende mich gleich zu dem von uns näher zu betrachtenden Wolf.

Der Wolf ist vorzugsweise das heilige Tier des Apollo, welcher selber Lýkelos,[49] Lýkaios, Lyksgenés heißt.[50] Über diese vieldeutigen Beinamen ist schon lange diskutiert worden, ohne daß ein entscheidendes Resultat erlangt worden wäre. Es sind nämlich drei verschiedene Wörter, welche sich bei der Erklärung um den Vorrang streiten: Lýkos Wolf, Lýks lux Morgenlicht (damit verwandt Leykós weiß) und é Lykia das Land Lycien. Lykegenés wird von den einen erklärt als der in Lycien Geborene; die Ableitung von Lýks Licht als Anspielung auf die Sonne ist anzufechten, weil Apollo bei Homer noch nicht Sonnengott war.[51] Dafür daß Lykegenés der Wolfsgeborene heiße, wird ein Mythos zitiert, den uns Aristoteles (Historia Animalium VI. 29, 2) aufbewahrt hat: Die Wölfe bringen der Sage nach zwölf Tage in Geburtswehen zu; ebenso lange brauchte die kreißende Leto, welche sich aus Furcht vor Hera in Wolfsgestalt geborgen hatte, vom Lande der Hyperboräer bis nach der Insel Delos, wo sie endlich der Zwillinge Apollo und Artemis entbunden wurde.[52]

---

[48] Am zahlreichsten sind die Metamorphosen des Licht- und Regengottes Zeus: als Kuckuck flüchtet er sich in den Schoß der spröden Hera und macht sie so zu seiner Gemahlin (Pausanias II. 17, 4; 36, 2); Als Stier raubt er die Europa, als Adler die Aegina und den Ganymed; als Schwan naht er der Leda; als Schlange zeugt er im orphischen Mythos mit Persephone den Zagreus; als Satyr beschleicht er die schlafende Antiope; die Alkmene täuscht er in der Gestalt ihres Gemahls Amphitrio, die Nacht zu drei Nächten verlängernd; als goldener Regen überkömmt er die Danae; als Specht hilf er den Argos töten usw. Poseidon und Demeter paaren sich als Rosse; Dionysos trug Stiergestalt. Hera wurde ursprünglich in Kuhgestalt verehrt (K.O. Müller, *Prolegomena*, Gött. 1825, p. 262), nach Ovid (*Metamorphosen* V. 330) flieht sie wirklich als Kuh vor Typhon. Metis sucht sich den Umarmungen des Zeus durch Verwandlungen zu entziehen. Hermes ist bald Widder, bald Bock; in der Gestalt des letzteren soll er nach einer sonderbaren Fabel mit der Penelope den Pan gezeugt haben. Pauly, *Real-Enzyklopädie* IV. 1856.

[49] Sophokles, *Oedipus* Rex 203. Aischylos, *Sept.* 131

[50] Ilias IV. 101, 119. Jünger ist das Epitheon *Lykoktónos* bei Sophokles u.a. (Elektra 6. Hesych. v. *Lykoktónos* gr.) und die sikyonische Sage von dem die Wölfe abhaltenden Apollo. K.O. Müller, Dorier, Breslau 1824, I. p. 303.

[51] Friedrich, *Realien in der Iliade und der Odyssee*, Erlangen 1856, p. 697.

[52] Nach Aelian, *De natura animalium* L. X. c. 26, ist der Wolf der Liebling des Helios aus demselben Grunde, ed. Jacobs Jenae 1832, I. 230.

Der Name Lycien selbst soll nach einer anderen Überlieferung daher kommen, daß Leto, nachdem sie auf der Insel Asteria (Delos) die Zwillinge geboren hatte, in jenes Land kam, um zum Flusse Xanthos zu gehen. Vorher wollte sie aber ihre Kinder in der Quelle Melite waschen; Rinderhirten hinderten sie daran. Nun gesellten sich Wölfe schmeichelnd zu ihr und geleiteten sie zum Xanthos hin. Daher bekam das Land Trimilis den Namen Lykia.[53]

Nach einer andern Erklärung kommt der Name der Lýkioi von Lykos, einem Athener, Sohn Pandions II., der von seinem Bruder Aegeus vertrieben, hier eine Zufluchtsstätte fand; früher hieß das Land é Myliás.[54]

Eine weitere Erklärung sagt, daß in alter Zeit nur Wölfe das Land bewohnt hätten, das daher Wolfsland genannt wurde.[55]

Wie dem nun sei, so viel ist gewiß, daß alte religiöse Vorstellungen den Wolf mit Apollo zusammenbrachten und zwar wahrscheinlich auf verschiedenen Wegen. Ehe nämlich Apollo mit Helios identifiziert wurde, war er hauptsächlich der Gott des Todes, und zwar wurde besonders der schnelle Tod der Jugend seinen weithin treffenden „sanften Geschossen" zugeschrieben; doch erscheint er auch in fürchterlicherer Gestalt, wie als Pestgott am Eingang der Ilias. In dieser Eigenschaft gebührt ihm der Wolf, das uralte Symbol des jählings überwältigenden Todes. Apollo selber erscheint in Wolfsgestalt, als er die Telchinen auf Rhodos erwürgt.[56]

Apollo ist aber außerdem der kathartische und hilastische Gott, und der Wolf wird auch gefaßt als der flüchtige Mörder, darum gebührt er dem Apollo auch von dieser Seite als Sinnbild des Asyls und der Mordsühne.[57]

Der Wolf soll aber endlich auch als Symbol des Lichts dem Sonnengott Apollon zugehören. Die Frage, wie er zu dieser Bedeutung komme, hat mannigfache Deutungsversuche hervorgerufen. Schwenck hebt die graurötliche Farbe des Wolfs als ein Sinnbild des ins Frührot übergehenden Morgengraus hervor.[58] K. O. Müller macht auf das scharfe Auge des Wolfes aufmerksam.[59] Diese Erklärungen werden jedoch wenig Glück machen. Wenn wir die übrigen Möglichkeiten eines Zusammenhangs zwischen Wolf und Lichtgott betrachten, so wäre zuerst die Frage zu beantworten, ob eine innere Verwandtschaft zwischen beiden überhaupt zu

---

[53] Antonius Liberalis C. XXXV

[54] Strabo XII. XIV. Pauly, *Real-Enzyklopädie* v. Lykia.

[55] Servius Aeneis IV. v. 377.

[56] Servius ad Aeneid. IV. 377. Klausen, *Aeneas und die Penaten*, Hamburg u. Gotha 1839, I. p. 15.

[57] Siehe Ulrichs *Reisen und Forschungen in Griechenland* p. 63 und besonders O. Jahn, über Lykoreus, *Berichte der sächsischen Akademie*, I. 1848, p. 423. ff.

[58] *Sinnbilder der alten Völker*, p. 521.

[59] Dorier I. p. 305.

supponiren sei. Denn es ist sehr wohl denkbar, daß man das Wolfssymbol, welches von Anfang an dem Apollo gehörte, so eng mit der Person des Gottes verbunden glaubte, daß man es ihm auch als Lichtgott belassen zu müssen meinte. Dazu käme, daß Lýkos und Lýks des Gleichklanges halber in geheimnisvollem Zusammenhang gedacht werden mochten, und Lýkos zur phonetischen Hieroglyphe für Lýks,[60] das Bild des Wolfs zum calendarischen Hieroglyphenbild für Sonne und Tag werden konnte.[61]

Doch außer dieser rein äußerlichen Beziehung des Wolfes zur Sonne ließe sich doch auch eine innere denken, und zwar wäre die dritte Erklärungsmöglichkeit nicht das Licht, sondern die Hitze, die verderbliche, sengende und dörrende Glut der Sommersonne; dieser schädlichen Wirkung der Sonne konnte der Wolf, der Allschädiger, wohl als Symbol dienen. H. D. Müller, welcher diese Ansicht vertritt, faßt die zerstörende Sommersonne als den chthonischen Göttern untertan.[62]

Apollo Lykaios hatte Tempel in Argos,[63] Sikyon und in Athen;[64] in der Nähe des letzteren war das Gymnasium, das nach ihm Lykeion, Lyceum, hieß; dort sprach der Polemarch Recht bei der Statue eines Wolfes.[65] Auch in dem Heiligtum des Gottes zu Delphi stand ein eherner Wolf, nach Aelian[66] ein Hinweis auf die Geburt der Latona, nach Pausanias[67] zum Gedächtnis eines Wolfs, der einen mit Tempelraub entfliehenden Mann zerrissen hatte.

Der Name Lykaios kam jedoch nicht allein dem Apollo, sondern auch dem Äthergott Zeus zu, und zwar mag auch hier an den verderblichen Einfluß der Sommerhitze gedacht werden. Zeus hatte seine Opferstätten auf hohen Bergen, welche bald im Sonnenschein über weite Lande leuchteten, bald in Wetterwolken drohend sich verhüllten; so auf dem oros Panellénion auf Aegina, auf dem oros Atabýrion auf Rhodos und ganz besonders auf dem Lýkaion oros, der Kuppe des

---

[60] Preller in Paulys *Real-Enzyklopädie* v. lykaeus.

[61] So heißt das Jahr *lykábas* (Macrobius, Saturnal. I. 17) „Weil die Tage desselben rückwärts aneinander hängen, so wie die Wölfe, wenn sie über einen reißenden Fluß schwimmen, einer den andern am Schweife fassen; das Jahr ist dieser Fluß, und die Wölfe sind die einzelnen Tage." Suilas, *Lexicon* v. *lykábas*. Kreuzer, *Symbolik* II. 134. Richtiger ist jedoch ohne Zweifel die Übersetzung *lykábas* mit „Lauf des Lichts."

[62] Über den Zeus Lykaios, *Programm des Gymnasiums zu Göttingen*, Gött. 1851, p. 21.

[63] Pausanias II. 19, 3. Dort veranlaßte die Verehrung des Gottes unter diesem Namen der Einfall eines Wolfs in eine Stierherde, was in einer Erzgruppe auf dem Markte dargestellt war. Plutarch, Pyrrhus c. 32. Die ältesten Münzen der Stadt trugen den Wolf, später zugleich den lorbeerbekränzten Kopf des Apollo Lykius. Pellerin, *Recueil*, T. I. pl. 20, Nr. 14.

[64] Pausanias II. 9, 7. und I. 19, 4.

[65] Suidas v. *aeskon.* Hesych. v. *epilukion.* Bekker, *Anekdota*, I. 449.

[66] *De natura animalium* X. c. 26.

[67] L. X. 14,4.

arkadischen Gebirgsknotens nordwestlich von Megalopolis.[68] Pausanias[69] erzählt, daß auf diesem Berg ein dem Zeus Lykaios geweihter Raum sei, den niemand betreten dürfe (ein abaton). Wer aber das Gesetz missachtend hineingeht, der wird im selben Jahre sterben.[70] Als wunderbar wird ferner berichtet, daß es dort keinen Schatten gebe; wenn sich ein Wild vor dem Jäger in das Heiligtum flüchtet, so wird dieser außerhalb der Grenzen zurückbleiben und dem Tiere nachsehend keinen Schatten desselben erblicken. Auf der höchsten Spitze des Berges ist der Altar des lykäischen Zeus von Erde aufgeschüttet; von diesem kann man den größten Teil des Peloponnesos übersehen. Vor dem Altar stehen gegen Sonnenaufgang zwei Säulen (Sonnensymbole), auf welchen in früheren Zeiten zwei goldene Adler gebildet waren. Hier wurde dem Gott im Geheimen – én apórréto – geopfert.

An diesen Ort knüpft sich die älteste Werwolfsage. Lykaon nämlich, der Sohn des Pelasgos, des ersten Königs von Arkadien, gründete auf dem lykäischen Berg Lykosura, die älteste aller Städte, gab dem Zeus den Beinamen Lykaios uns setzte ihm Kampfspiele ein, Lykaia genannt. Auf dem Altar des Gottes aber opferte er einst ein Menschenkind und besprengte mit dem Blute den Altar; da soll er augenblicklich in einen Wolf verwandelt worden ein. So erzählt Pausanias VIII, C. 2. - Apollodor[71] aber gibt eine andere Version: Lykaon, der Sohn des Pelasgos und der Meliboä, des Oceans Tochter, oder nach andern der Nymphe Kyllene, war König der Arkadier und hatte mit vielen Frauen 50 Söhne erzeugt. Diese übertrafen alle Menschen an Übermut und Ruchlosigkeit. Zeus, um sie zu prüfen, kam in der Gestalt eines bedürftigen Tagelöhners zu ihnen. Sie luden ihn zu Tisch, schlachteten ein Kind von den Einwohnern der Gegend, mischten dessen Eingeweide unter das Opfer und setzten es auf den Rat des ältesten Bruders Mänalos zum Essen vor. Da stieß Zeus den Tisch um, woher der Ort nun Traperoýs genannt wird, und erschlug den Lykaon und dessen Söhne mit dem Donnerkeil. Nur den Jüngsten, Nyktimos, verschonte er, denn Ge, die Erdgöttin, streckte die Hände empor, ergriff die Rechte des Zeus und beschwichtigte seinen Zorn. - Lykophron 481 dagegen läßt alle in Wölfe verwandelt werden.[72] Nach Hyginus[73] kam Jupiter zu Lykaon

---

[68] Auf dem Lykaion hatte auch Pan seinen Kult, er soll dort geboren sein und hatte daher wie Zeus den Beinamen Lykaios. Pausanias VIII. 38, 5. Virgil, *Aeneis* VIII. 344. Ovid, *Metamorphosen* I. 698. VIII. 317. *Fasti* II. 424.

[69] VIII. 38, 5.

[70] Eine andere Sage lautet, daß wer das Abaton betreten habe, als Hirsch davonfliehe, um nicht geopfert zu werden, „wobei der verfolgende Gott natürlich als Wolf der Phantasie vorschwebte." K. O. Müller, Dorier, I. 306. Theopomp bei Polybios XVI. 12, 7. Plutarch. *Qu. Grach.* 39.

[71] *Bibliotheca* L. III. C. 8, I.

[72] *Scholiae Tzetzae*, Ed. Müller, Lipsiae 1811. Vol. II. p. 635.

[73] *Fabulae* Nr. CLXXVI. Ed. Bunte, Lipsiae, p. 133.

um seiner schönen Tochter Callisto willen, die von ihm den Arkas, von welchem das Land ebendiesen Namen – Arkadien - empfing. Hier werden die Söhne mit dem Blitz erschlagen, der Vater allein in einen Wolf verwandelt. - Bei Nicolas Damascenus[74] ist Lykaon rein und rechtschaffen, seine Söhne aber sind ruchlos, und da der Vater sagte, beim Opfer sei jeden Tag Zeus in eines Fremdlings Gestalt anwesend, so mischten sie, um dies zu erproben, eines geschlachteten Knaben Fleisch unter das Opfer; da fielen Blitze vom Himmel, welche alle erschlugen, die bei dem Mord des Kindes beteiligt waren. Nach Ovid[75] ist es Lykaon allein, der dem mit Götterzeichen[76] in sein Haus getretenen Jupiter zu versuchen, einen Mann, den ihm die Molosser als Geißel gesandt, schlachtet und teils gekocht, teils geröstet dem Gotte vorsetzt. Dieser stürzt mit der rächenden Flamme das Dach auf die Penaten.

> Erschrocken flieht jener, und als er die Stille des Feldes erreicht hat,
> heult er auf und versucht vergebens zu sprechen; In dem Mund
> sammelt sich ihm der Geifer, und mit der gewohnten Mordlust
> wendet er sich gegen das Vieh, jetzt an jedem Blute sich labend.
> In Haare wandelt sich das Gewand, in Beine die Arme:
> Wolf wird er und es ist ihm nicht gewährt, daß er noch Spuren
> der vorigen Form bewahre.
> Noch ist die selbe Gräue, die selbe Grausamkeit in den Zügen,

Ebenso sind die funkelnden Augen ein verschlagenes Abbild seiner selbst.[77]
Nach Eratosthenes (Cat. 8) schlachtete Lykaon seinen Enkel Arkas, den Zeus wieder zusammenfügte und unter die Sternbilder versetzte. Nach Lycophron-Tzetzes[78] ist es der Jüngste, Nyktimos.[79]
Pausanias[80] fügt seinem Bericht noch folgende Bemerkung bei: Die Arkadier erzählen, daß nach dem Lykaon beim Opfer des lykäischen Zeus immer einer zum Wolf geworden, es jedoch nicht sein ganzes Leben geblieben sei. Wenn er sich nämlich als Wolf des Menschenfleisches enthalten habe, sei er nach zehn Jahren

---

[74] *Historiarum excerpta et fragmenta*, ed. Orellius, Lipsiae 1804, p. 41 f.
[75] *Metamorphosen* I. v. 198, 399.
[76] „Die Zeichen, die ich gegeben habe, kommen von Gott." V. 220.
[77] I. v. 239.
[78] A. a. O. p. 638. f.
[79] Eine eigentümliche Deutung des merkwürdigen Mythos s. bei H. D. Müller, *über den Zeus Lykaios*, Gött. 1851.
[80] VIII. 2, 3.

wieder Mensch geworden; habe er aber solches gekostet, so sei er auf immer Tier geblieben. - Diese Sage berührt auch Plato als eine allgemein bekannte:[81] Derjenige, welcher im Heiligtum des Lykäischen Zeus menschliche Eingeweide gekostet hat, wird mit Notwendigkeit in einen Wolf verwandelt. Plinius[82] ergänzt diese Berichte folgendermaßen: Evanthes, ein namhafter griechischer Autor, erzählt, daß er bei den arkadischen Schriftstellern die Nachricht gefunden habe, es werde aus dem Geschlechte des Anthus durch das Los einer bestimmt und an einen arkadischen See gebracht, wo er seine Kleider an einer Eiche aufhänge, über den See schwimme und in einen Wolf verwandelt neun Jahre lang in Einöden herumirre und mit anderen Wölfen sein Wesen treibe. Habe er nun binnen der Zeit sich an keinem Menschen vergriffen, so schwimme er nach neun Jahren wieder über den See und bekomme seine Gestalt wieder, nur daß er um neun Jahre älter sei. Auch dies wird dabei erzählt, daß er sein voriges Kleid wiederfinde.

So erzählt Agriopas, der Nachrichten von den Siegern von Olympia gesammelt hat, daß Demenätus von Parrhasia bei einem Opfer, wo damals die Arkadier dem Jupiter Lyceus noch Menschenfleisch darbrachten, von dem Fleische eines geopferten Knaben genossen und sich in einen Wolf verwandelt habe; doch sei er im zehnten Jahre wieder zur menschlichen Gestalt zurückgekehrt und Sieger im Faustkampf zu Olympia geworden.[83] Augustinus[84] führt dieselben Sagen aus Varro an bei Gelegenheit der in Vögel verwandelten Gefährten des Diomed. Varro glaubt, daß die Tempel Pans und Jupiters in Arkadien aus keinem andern Grund Lykaei genannt wurden als wegen dieser Verwandlung der Menschen in Wölfe.

Hier lehnt sich die Werwolfsage deutlich an einen alten Kultus an und zwar unverkennbar an einen Kultus mit Menschenopfern, welche jener geheimnisvolle Ritus des Zeus Lykaios noch zu Pausanias Zeit andeuten mochte,[85] wie uns auch sonst in Sagen und Gebräuchen Spuren jenes furchtbaren Gottesdienstes begegnen.[86]

---

[81] *De republica* L. VIII. C. 16.

[82] *Historia naturalis* VIII. c. 22.

[83] Sprengel, *Beiträge zur Geschichte der Medizin*, Halle 1794 Bd. I. 2. Stück. p. 14. – Plinius fügt aufgeklärt hinzu: „Erstaunlich ist, wie die Leichtgläubigkeit der Griechen von statten ging. Es gibt keine so unverschämte Lüge, die nicht durch Zeugen belegt worden wäre."

[84] *De civitate Dei.* L. XVIII. C. 17.

[85] Siehe die Stelle in Platos Minos, wo von Menschenopfern die Rede ist; dort muß es unstreitig *én té lukaía*, zu Lykaea, in Arkadien heißen. Kreuzer, *Symbolik* II. p. 139. Böckh in *Platonis Minoem* p. 55 ff.

[86] Z. B. in den Sagen von Iphigenia in Aulis und auf Tauros, vom Opfer der Kallirrhoe und des Koresos (Pausanias, VII. 21, 1-5) u.a.; in den von Mänaden von orgiastischen Festen des tritherischen Dionysos verübten Mordtaten, in der blutigen Geißelung spartanischer Knaben am Altar der Artemis

Das raue Bergland Arkadien, in der Urzeit mit Pelasgern bevölkert, wurde für die Wiege des Menschengeschlechts gehalten.[87] Das Dunkel seiner tiefen Talschluchten, die düstere Einsamkeit seiner Hochebenen, die Wildheit seiner felsbeengten und felsbeschatteten Gewässer und sein kalter, feuchter, schwer herniederdrückender Himmel machen es so recht zum Schauplatz jenes finsteren, traurigen Gottesdienstes. Wenn wir der von Apollodor berichteten Sage glauben wollen, so wäre, da sämtliche von ihm aufgezählten Söhne des Lykaon personifizierte Städtenamen sind, Mänalon der Hauptsitz des Kultes mit Menschenopfern oder sein Ausgangspunkt für Arkadien gewesen,[88] und wenn Agriopas Recht hat, so hat dieser Kult noch in die Zeit der olympischen Spiele (beginnen in der ersten Hälfte des 8. Jahrhunderts v. Chr.) herabgereicht.

Außer Zweifel ist jedenfalls, daß obige Sagen von jenen Menschenopfern ausgehen; in welcher Beziehung jedoch der Werwolf zu denselben stehe, wird kaum mit Bestimmtheit zu ermitteln sein, da hier dunkle Erinnerungen einer fernen Vergangenheit mit Anschauungen späterer Kulturperioden vermischt sind. Ursprünglich wurde wohl der Gott, dem das menschliche Opfer blutete, in Wolfsgestalt, in der Gestalt des unersättlichen Todes, gedacht; und es mögen weiterhin Wölfe gewesen sein, denen man als heiligen Tieren und Boten der Gottheit das Opfer ganz oder teilweise überließ. Den Priestern, welche wohl Namen und Tracht von denselben geborgt hatten, war nach dem Glauben des Volks die Gabe verliehen, sich in das Lieblingstier der Gottheit zu verwandeln und zwar geschah dies wahrscheinlich dadurch, daß sie beim Opfer von den menschlichen Eingeweiden kosteten. Der Genuß von Menschenfleisch bewirkt auch bei andern Völkern dämonische Verwandlungen.[89] So befestigte sich der Glaube, daß bei jedem großen

---

u.s.w. S. Suchier, *De victimis humanis apud craccos*, Marburg 1848, Pars I. G. Fr. Hermann, *Gottesdienstliche Altertümer*, § 27, I. 2.

[87] Man nannte die Arkadier *prodélenoi*, vor dem Mond existierend; Statius, Thebais IV. 175 nennt sie: „Die Arkadier, die vor den Sternen und dem Mond waren."

[88] Pauly, *Real-Enzyklopädie*, v. Lykaon.

[89] Z.B. Bei den Indern: Der Knabe Vijayadatta wird dadurch, daß ihm Menschenhirn an die Lippen spritzt, zum mörderischen, leichenzerfleischenden Nakschasa. *Somadeva* Brockhaus p. 142. Durch den Genuß eines unreifen Kindes wird ein Zauberer zum halbgöttlichen Vidyathara a. a. O. 155. – Man opferte den Dämonen Dakinis Menschenfleisch, um Zauberkräfte von ihnen zu erlangen. P. 104. und in dem Märchen von dem geschlachteten Sohn des Königs Adityaprabha, dem indischen Urbild der im Abendland verbreiteten Sage vom König, der seines Seneschals Sohn töten wollte, vom „Gang nach dem Eisenhammer"; a. a. O. 106. Auch in den deutschen Hexenprozessen kommt die Beschuldigung häufig vor, die Zauberer graben Kinderleichen aus, um sie zu essen; dies bekennen z.B. alle Hexen im Ries (die Zeitschrift *Das Ries*, Heft 6 und 7). Nach dem Volksglauben im Braunschweigischen muß jeder, der Menschenfleisch kostet, auf immer Menschenfresser werden; so wird in einem Märchen aus Seesen erzählt, daß eine Menschenfresserin einem Mädchen im Walde Wurst

Opferfest der Gottheit, welches wohl alle neun oder zehn Jahre Statt fand, einer der Priester sich in einen Wolf verwandle und so lange in dieser Gestalt bleibe, bis er beim nächsten Fest von einem anderen abgelöst werde, vorausgesetzt, daß er das verzaubernde Menschenfleisch nicht wiederholt genossen habe; und dieser Glaube lebte in der arkadischen Sage fort, auch nachdem die Menschenopfer längst abgekommen waren, und fand reichliche Nahrung in dem Grauen und Abscheu, den die letzteren bei den späteren Generationen erregten. Jenes Geschlecht der Anthos war ohne alle Zweifel die alte Priesterfamilie des lykäischen Zeus. In wie weit die Sage mit einem wirklichen ritualen Vorgang zusammenstimmte, wage ich nicht zu entscheiden. H. D. Müller hat die annehmbare Meinung ausgesprochen, daß die alte Wolfsverwandlung Gegenstand dramatischer Darstellung im mysteriösen Kult des Zeus Lykaios gewesen sei.[90]

Der Werwolf – lykánthropos – der Griechen hing also ursprünglich mit religiösen Vorstellungen zusammen. Doch finden wir ihn ferner, wie bei den übrigen Völkern, als Zauberer und Verzauberten. Ich erinnere vor allem an die verwandelten Menschen bei Kirke: „in der Umgebung lagerten Löwen und Wölfe, von Kirke verzauberte Menschen"[91] Den zauberkundigen Schmieden auf Rhodos, den Telchinen, wurde neben dem Wettermachen auch das áláttein tás ídías morphás als besondere Kunst zugeschrieben.[92]

---

anbot, dieses aber war von einer weißen Katze gewarnt und nahm nichts an, denn die Wurst war von Menschenfleisch. Die Katze hängte hierauf die Würste an die Büsche, da kamen Rabe und Wölfe und fraßen sie auf und mögen von der Zeit an am liebsten Menschenfleisch. Colshorn, *Märchen und Sagen*, Hannover 1854, Märchen Nr. 8: Die weiße Katze.

[90] Über den Zeus Lykaios p. 33 ff.

[91] *Odyssea* X. v. 212. Boethius, *De Consolatione Philosophiae* I. IV. schildert die Verzauberung folgendermaßen :

> „Auf dieser schönen Insel die Göttin wohnt,
> von der Sonne Samen hervorgebracht,
> mischt sie den neuen Gästen,
> mit Gesang einen Trank in den Becher
> dessen kräftige Kräuter die Schar
> in vielerlei Arten wandelt;
> diesen bedeckt eine Ebergestalt,
> jenen ein afrikanischer Löwe,
> dessen Zähne und Klauen wachsen,
> während dieser zu einem Wolfe wird,
> dessen Weinen zum Heulen sich verändert."

Siehe die ganz ähnliche Erzählung in den *Märchen von Tausend und Einer Nacht*. Übersetzung von Weil, III. p. 62 ff.

[92] Diodorus Siculus, *Bibliotheca Historica* V. 55 ed. Bekkerus Lipsiae 1853, 1. p. 170. Ennemoser, *Geschichte der Magie*, Leipzig 1844, p. 600.

Hierher gehört endlich der äsopische Schwank „Der Dieb und der Wirt": Ein Dieb hielt sich einige Tage in einer Kneipe auf, ohne etwas stehlen zu können. Da sah er eines Tages den Wirt in einem schönen neuen Gewand vor der Türe sitzen, trat zu ihm und begann eine Unterhaltung. Im Verlauf derselben hub er an zu gähnen und darauf zu heulen wie ein Wolf. Der Wirt fragte, was das bedeute, und jener erwiderte: „Ich werde dir's sogleich sagen, doch bitte ich dich zuvor, daß du meine Kleider bewachst, denn ich werde sie hier zurücklassen. Ich weiß nicht, woher mir dieses Gähnen kommt; ob ich es meiner Sünden willen habe oder durch irgend eine andere Schuld, ist mir unbekannt: wenn ich dreimal gegähnt haben werde, so verwandle ich mich in einen menschenverschlingenden Wolf." Nach diesen Worten gähnte er zum zweiten Mal und heulte darauf wie zuvor. Der Wirt stand auf, um sich davonzumachen; der Dieb aber hielt ihn an seinem Rock fest und rief: „Bleib, ich bitte dich, und hüte meine Kleider, daß ich sie nicht zerreisse!" Zugleich gähnte er zum dritten Mal, der Wirt aber in seiner Todesangst ließ das Gewand in des Diebes Händen und floh in den innersten Schlupfwinkel seiner Schenke. Darauf ging der Dieb mit dem Rock von dannen.[93]

8. Kapitel.

Der Wolf bei den altitalischen Völkern, den Sabinern und Römern – die Lupercalien – Petronius

Auch bei den altitalischen Völkern ist der Wolf das Symbol der Unterweltsgötter. Charon erscheint auf einem etruskischen Bilde zu Pferde sitzend mit einem Hammer und mit Wolfsohren – als der schnelle, erschlagende und verschlingende Todesgott.[94]

Bei den Sabinern hieß der Gott des Todes Soranus und seine Priester hießen Hirpi – Wölfe; sie pflegten bei den Festen auf dem Berge Soracte bis in späte Zeit mit bloßen Füßen auf glühenden Kohlen von Fichtenholz zu wandeln, und dabei Eingeweide von Opfertieren umherzutragen.[95] Servius (zur Aeneis XI, 785) erzählt,

---

[93] *Fabulae Aesopicae collectae ex rec. C. Halmii.* Lipsiae 1852, p. 97 (ed. Furia Nr. 423, Corais Nr. 425).

[94] Schwenck, *Die Sinnbilder der alten Völker* p. 521.

[95] Plinius *Hist. Nat.* VII. 2. Solinus, *Polyhistor* c. 2, 26; K. O. Müller, *Die Etrusker*, Breslau 1828. Band II. p. 68. Bei Virgil (*Aen.* XI. 785) wird der auf dem Soracte verehrte Gott Apollo genannt: „Gott der Götter, heiliger Beschützer des Soracte, Apollo,

der Berg sei den „den abgeschiedenen Seelen" besonders dem Gott der Unterwelt, Hades, geweiht; bei einem Opfer des Gottes hätten Wölfe die Eingeweide aus dem Feuer gerissen und fortgeschleppt, die Hirten seien durch die Verfolgung an eine Höhle geführt worden, deren Gifthauch sie ergriffen und eine Pest hervorgebracht habe; ein Orakel habe verkündet, sie sollten Wölfen ähnlich vom Raube leben. Sie befolgten diesen Befehl und hießen nun Hirpini Sorani – gleichsam Wölfe des Hades, denn irpus ist lupus.[96] Hier wird also Räuberei, als dem alles dahinraffenden Herrn der Unterwelt wohlgefällig, wie eine Art Gottesdienst angesehen.

Bei den Römern war der Wolf das heilige Tier des Mars (lupus Martius), der seinem Namen nach ursprünglich als Todesgott zu fassen ist,[97] und spielte in der Gründungsgeschichte Roms eine bekannte Rolle: Die zum Hain des Mars gekommene Vestalin Rhea Silvia wird von einem Wolf in eine Höhle gescheucht, wo sie in des Gottes Umarmung fällt;[98] eine Wölfin fängt die Kinder des Gottes am ruminalischen Feigenbaum, die göttlich verehrte lupa Romana,[99] in der wohl auch eine alte Göttin – luperca, Fauna, Rumina, Acca Larentia – verborgen ist. Von doppelter Bedeutung war der Wolf für den später zum Kriegsgott gewordenen Mars.[100] An der Via Appia stand das Bild des Gottes unter Bildern von Wölfen.[101]

---

den wir vor allen anderen anbeten, dem wir würziges Fichtenholz verehren, und im Vertrauen auf unsere Frömmigkeit,
Feuerbrände durchschreiten und unsere Fußspuren in glühende Kohlen drücken."
Strabo V. 2 rechnet diesen Gebrauch zum Feste der gleichfalls in Wolfsgestalt, als Lupa, erscheinenden sabinischen Göttin Feronia (Flora). Schwegler, *Römische Geschichte*, Tüb. 1853, I. p. 361.

[96] Festus v. Irpini. K. O. Müller, Etrusker II. 67. Hirpiner hieß auch ein samnitischer Volksstamm, welcher seinen Namen der Führung eines Wolfs verdankt haben soll. Strabo II. 208.

[97] Schwegler, *Römische Geschichte* I. p. 228.

[98] Servius, *Aen.* I. 273.

[99] „Die den Romulus säugende Wölfin ist mit göttlichen Ehren versehen worden." Lactantius, Institut. I. 20. – Die auffallenden Eigenschaften der Wölfin sind Raubsucht und buhlerische Lüsternheit ; daher benannte der Römer diejenige Gattung von menschlichen Weibern, welchen dieselben Eigenschaften als vorzügliche Merkmale zukommen, mit dem Namen *lupa* (davon *lupanar, lupari*). In diesem Sinne wurde von den rationalistischen Enkeln das Symbol der säugenden Wölfin gedeutet, indem die Vermutung Raum gewann, Acca Larentia, die Frau des Hirten Faustulus, der die Zwillinge auffand, sei unter den Hirten gewöhnlich Lupa, „die Liederliche" genannt worden, Lupa heißt auch „die Wölfin" – „dies sei der Ursprung jener Sage und ihres Wunders." Livius I. 4. S. weitere Stellen bei Schwegler I. 397.

[100] Der Wolf verhieß die Hilfe des Mars (siehe z. B. Livius X. 37). Beim Antritt einer Reise jedoch war bei den Römern im Gegensatz zu den Germanen das Entgegenkommen eines Wolfes ein böses Zeichen. Horat. Od. III. 27, I. Plinius *Hist. Nat.* VIII. 23. 84.

[101] Livius XXII. I. Schwegler I. 416. Auch im Mittelalter wurde diese Symbolik beibehalten, so sagt Chaucer von einer Statue des Mars:
„Dort stand ein Wolf ihm zu Füßen

In welchem Verhältnis der Wolf zu den Lupercalien stehe, ist noch nicht entschieden. Der Gott, dem das Fest gefeiert wurde, ist Faunus oder Inuus (dem Mars ganz nahe verwandt) mit dem Beinamen Lupercus.[102] Das letztere Wort wird auf die verschiedensten Arten gedeutet; unter den Ableitungen sind bis jetzt die besten die der Alten von lupus und arcere – der Wolfabwehrende[103] – und die Schweglers von lupus und hircus – Wolf-Bock, „eine Bezeichnung, welche die beiden Seiten der in Faunus sich darstellenden chthonischen Macht, die zerstörende, lebenvernichtende und die hervorbringende, lebenerzeugende als wesentlich verbunden ausspricht."[104]

Beim Fest der Lupercalien am 15. Februar wurden Ziegen und ein Hund geopfert, mit dem blutigen Messer berührte man zwei Jünglinge an der Stirne und wischte ihnen sodann mit Wolle, die in Milch getaucht war, den blutigen Flecken wieder ab, worauf sie lachen mußten.

Die einen[105] sehen in diesem Gebrauch Spuren alter Menschenopfer; die anderen[106] sehen hier ein bloßes Reinigungsfest und ihnen bedeutet das Abwischen des Bluts die Reinigung von aller Schuld.

Nach dem Opfermahle schnitten die Priester, Luperci genannt, die Felle der geopferten Ziegen in Riemen und liefen nackt, nur mit einer Schürze aus Ziegenfellen umgürtet, durch die Stadt, um die ihnen begegnenden Frauen mit den Riemen (februa) zu schlagen, was auf Unfruchtbare heilend wirken sollte.[107] Die Beantwortung der Frage über Ursprung und Bedeutung des Lupercusdienstes muß den Spezialforschungen überlassen bleiben.

---

mit roten Augen, und an einem Menschen fressend."

The Knightes Tale, Canterbury Tales v. 2049 f.

[102] Außerdem wurde auch der Geburtsgöttin Juno beim Feste gedacht.

[103] Becker und Marquardt, *Handbuch der römischen Altertümer*, Leipzig 1856 IV. 401, neigen sich der erstern Ableitung zu, so auch Gerhard, Archäologischer Nachlaß aus Rom, Berlin 1852, p. 92, der *lupercus* mit Werwolf übersetzt „Wer" irrtümlich von „wehren" *arcere* ableitend.

[104] *Röm. Gesch.* I. p. 361.

[105] Böttiger, *Kleine Schriften*, Dresden und Leipzig 1837, I. p. 153. Schwenck, *Mythologie der Römer* p. 140. O. Jahn, über Lykoreus (Berichte der sächsischen Akademie I. p. 427) Zinzow *de pelasg. Rom. sacr.* P. 18. Schwegler, *Röm. Gesch.* I. 363. – darauf weist auch die Überlieferung, daß der Dienst des Lupercus mit dem des Zeus oder Pan Lykaios zusammenhänge und durch Evander aus Arkadien nach Italien gebracht worden sei. Liv. I. 5. Ovid. *Fast.* II. 381. Vergil *Aen.* VIII. 342 ff.

[106] Becker-Marquardt, röm. Altert. IV. 404. Das den Lupercalien sühnende, reinigende Wirkung zugeschrieben wurde, wird einstimmig berichtet, und von Februare, reinigen, hat der Monat, in welchem das Fest fiel, seinen Namen erhalten.

[107] Aen. VIII. 663. Juvenal II. 142. zu den beiden uralten Collegien der Luperci, den Fabianern und Quintilianern, kamen zu Ehren Cäsars die Julianer oder Julier. Luperci gab es übrigens nicht allein in Rom, sondern auch in Preneste, Nepete, Perusia, Belirä, Nemansum. Pauly, *Real-Enzykl.* IV. 1236.

Die Wolfsverwandlung als Zauberkunst erwähnt zuerst Vergil, wenn er seinen Hirten Alphesiböus singen läßt:

„Moeris selbst gab mir diese Kräuter und die in Pontos — woher die meisten
stammen — gesammelten Gifte.
Diesen sah ich oft zum Wolfe werden
Und sich in den Wäldern verstecken,
sah auch Moeris oft die Seelen aus Gräbern
locken und Saaten eine Ackergrenze überschreiten lassen."[108]

Ferner sagt Properz einer Kupplerin nach:

„Kühn besingt sie den Mond und auferlegt ihm ihre Gesetze,
und in der Nacht täuscht sie den Leib des Wolfes vor."[109]

Eine echte Werwolfgeschichte erzählt Niceros im Gastmahl des Trimalchio von Petron.[110] Derselbe ging in einer hellen Mondnacht in Begleitung seines Wirtes („der Soldat aber war tapferer als Oreus") über Feld, um seine Geliebte zu besuchen. Da begann der Wirt plötzlich seine Kleider abzuziehen und auf den Weg zu legen; darauf ging er um seine Kleider herum und wurde augenblicklich zum Wolf, der heulend in den Wald lief. Der entsetzte Niceros wollte die Kleider aufheben, aber sie waren versteinert; vor Angst atemlos und in Schweiß gebadet langte er bei seiner Geliebten an, welche ihn mit den Worten empfing: „Wenn du etwas früher gekommen wärest, hättest du uns helfen können, denn ein Wolf ist in den Hof gebrochen und hat unter dem Vieh blutige Verheerungen angerichtet; doch sollte er nicht heil entkommen, unser Knecht hat ihm mit einem Speere den Hals durchstochen." Als Niceros auf dem Heimweg an die Stelle kam, wo sein Begleiter die Gewande niedergelegt hatte, fand er nichts als Blut. Zu Hause aber traf er seinen Wirt im Bette und einen Arzt, der beschäftigt war, ihm den Hals zu verbinden. „Da erkannte ich," schließt der Erzähler, „daß er ein versipellis war, mit welchem ich später das Brot nicht mehr hätte genießen können, auch nicht, wenn du mich getötet hättest."

Versipellis heißt ein Mensch, der seine Haut, seine Gestalt zu ändern vermag; ein spezielles Wort für Werwolf gibt es im Lateinischen nicht.

---

[108]Bucol. VIII. 95 ff.
[109] L. IV. Eleg. 15. In lenam v. 13 f.
[110] Titi Petronii *Satyricon*, Lipsiae 1731, p. 68.

9. Kapitel.

Tierverwandlungen in der nordischen Mythologie – der Werwolf im germanischen Heldenepos – Etymologie der Wörter Wolf und varg – Berserker – Werwolfsagen in Dänemark, Finnland, Lappland, Schweden, Norwegen, Livland und Estland

Eine reiche Fülle von Verwandlungssagen eröffnet sich uns bei den germanischen Völkern. Bekannt sind als symbolische Tiere neben den Böcken des Tor, den Ebern Freirs, den Katzen Freyjas, den Schwanen Berchtas vor allem die Wölfe Odins. Sie heißen in der altnordischen Mythologie Geri und Freki, - gierig und frech, - und sitzen wie seine Hunde zu beiden Seiten des Throns; ihnen bietet er das ihm vorgesetzte Fleisch, denn er selbst lebt einzig von Wein.[111] Diesen Wölfen des Schlachtengottes stehen aber andere als reine Symbole der Nacht und des Todes gegenüber. Zwei Wölfe verfolgen die leuchtenden Gestirne, Sköll die Sonne, Hati den Mond;[112] sie bedrohen das Licht, während Lokis Sohn, der Helwolf Fenrir, auf Odins Leben selber lauert, der allverschlingende Tod am Ende der Dinge.[113] In der Götterdämmerung werden jene Sonne und Mond vertilgen, und diesem wird der Göttervater in den Erde und Himmel berührenden Rachen fallen.[114] In der Wolfsgestalt erscheinen die Jöten, die Feinde der Götter; so heißt es in Gylfaginning 12: „Östlich von Mitgard im Walde Jarnwidr (Eisenholz) wohnt ein altes Riesenweib, diese gebiert viele Riesenkinder, alle in Wolfsgestalt, und von ihr stammen auch jene Himmelswölfe."[115]

---

[111] *Grimnismal* 19. Grimm, *Deutsche Mythologie*, 3. Ausgabe, Göttingen 1854, p. 134. Simrock, *Handbuch der deutschen Mythologie*, Bonn 1853 p. 212. – Vor dem westlichen Tore Walhalls hängt ein Wolf, über ihm ein Adler, die Schlachtentiere Odins. *Grimnismal* 10. Noch bei Hans Sachs heißt es von den Wölfen, daß Gott sie bei sich habe als Jagdhunde. Grimm, *Deutsche Mythologie* 634. Über den Wolf in den poetischen Schlachtschilderungen der Germanen, Siehe Grimm, *Andreas und Elene*, Kassel 1840, p. XXV. f.

[112] *Grimnismal* 39. *Gylfaginning* 12. Bei Finsternissen glaubte man, daß Sonne oder Mond von dem betreffenden Wolfe angefallen sei, und machte Lärm, um diesen zu verscheuchen.

[113] Menzel, Odin, Stuttg. 1855, p. 242.

[114] *Völuspa* 54. *Gylfaginning* 51.

[115] Noch der heutige schwedische Volksglaube beschuldigt alte Weiber, die einsam im Walde hausen, an, Wölfe, wenn sie gejagt werden, aufzunehmen und zu bergen; man nennt sie *vargamödrar*, Wolfsmütter, Grimm, *Deutsche Mythologie*, 1014. Aszelius, *Volkssagen und Volkslieder aus Schwedens älterer und neuerer Zeit*, übersetzt von Ungewitter. Leipzig 1842 II. p. 361.

Auf dem Wolfe, als dem schnellen Läufer, reiten Götter[116] und Riesen,[117] besonders aber die letzteren; ihnen dienen Schlangen als Zügel. Auf übernatürliche Weise zu reisen, benannte man überhaupt mit den Ausdrücken gandreid Wolfsritt, at renna göndum mit Wölfen rennen; die Finnen hielt man für besonders geschickt hierin, darum auch finför.[118]

Doch nehmen auch die Götter selber Tiergestalt an, vorzugsweise wieder um schnelle Fahrten zu machen. So ruft Harbard dem Tor zu:

Säumig betreibst du die Fahrt!
Schon wärest du weit, wenn du verwandelt führst.[119]

Häufiger als alle übt Odin die Verwandlungskunst; er kann Ansehen und Leib wechseln, wie ihm beliebt; er erscheint als Wurm,[120] als Adler, als Falke, als Wöla u.s.w. Die Ynglinga Saga (Cap. VII) setzt hinzu, daß sein Körper wie schlafend oder tot liege, wenn er in den verschiedensten Tier- und Menschengestalten durch die Welt fahre. Doch darf diese Entäußerung seines eigenen Leibs nicht als Regel angenommen werden; er wechselt die Gestalt kraft seines mächtigen göttlichen Willens, der über den Naturgesetzen steht, wie wir dies besonders bei den griechischen Göttern gesehen haben. Auch Loki der Vielgewandte tritt in mannigfachen Gestalten auf.[121]

---

[116] S. Hrafnagaldr. 10.

[117] *Gylfaginning* c. 49. *Hindlulijodh* 5. Siehe auch das Zauberweib Helgis Fylgja Helgakvidha Hjörvards – sonar 35.

[118] Maurer, *Bekehrung des norwegischen Stamms zum Christentum*, München 1855, II. 101. – Ulricus Molitor, in seinem dem Erzherzog Sigmund von Tirol gewidmeten Buch: *De Pythonicis mulieribus* (dt. *Von Hexen oder Unholden*)Coloniae 1596. 8. Cap. IV. erzählt von einem in Konstanz als Zauberer verbrannten Bauern, daß derselbe auf einem Wolf reitend gesehen worden sei. (Abgedruckt im 2. Buch des *Malleus Maleficarum*.)

[119] ef thû litum foerir. *Harbardsliodh*. 48. *Edda*, übers. von Simrock, Stuttg. und Tübingen 1851, p. 45.

[120] Um durch den Huitberg zu Suttungs meth zu schlüpfen, *bragarödur*. 58. – *Edda* – Simrock p. 294. als Adler entflieht er dem Suttung a.a. O. als Wöla, *Ögisdrecka*. 24. als Falke, *fornaldar sögur* I. 487.

[121] Als Stute empfängt er den Sleipnir von Swadilsari, *Hyndluliodh* 37. *Gylfaginning* 42; als milchende Kuh verbrachte er acht Winter unter der Erde, *Ögisdrecka* 23; als Fliege sticht er den Zwergschmied Brock, *Skalda* 61; als Weib erforscht er von Frigg das Geheimnis von Baldrs Verwundbarkeit, *Gylfag.* 49 und als Riesenweib Thöck vereitelt er Baldrs Wiederkehr aus Helheim a. a. O., als Lachs endlich wird er gefangen, *Ögistrecka*, Schluß und *Gylfag.* 50. Er verwandelt gleich den Zauberkünstlern im Märchen Iddun in eine Nuß. Bragarödhur 56. Loki hat Schuhe, die ihn über Luft und Wasser trugen a. a. O. 61.

Die Fylgjen, Folgegeister, Schutzgeister der Menschen, tragen fast ausnahmslos Tiergestalt und zwar entsprechend den Eigenschaften und Stimmungen der betreffenden Menschen; so erscheinen die Fylgjen tapferer, gewalttätiger, feindseliger Männer häufig als Wölfe.[122]

Verwandlungen durch umgeworfene Hemden oder Tierhäute sind besonders bei den göttlichen Frauen gebräuchlich; so haben Frigg und Freyja ihre Feder- oder Falkenkleider (fiadhrhamr, valshamr); die letztere borgt das ihrige dem Loki, als er sich erbietet, Thors Hammer auszukundschaften[123] und Idunn aus Jötunheim zurückzuholen.[124] Mit Schwanhemden – alptarhamir – auch wohl mit Krähenhemden – krakuhamir – erscheinen die Valkyrien; in der Völundarkvidha kommen welche an den Wolfssee – ulfsiar – geflogen, legen ihre Schwanhemden ab und spinnen Flachs am Wasserstrand.[125] Drei Jungfrauen kommen als Schwäne an den Strand geflogen, legen die Hemden ab und baden sich, ein Jüngling entwendet das Hemd der Jüngsten, und diese wird seine Frau, entfliegt ihm aber wieder, als er ihr später das Hemde zurückgibt.[126]

Drei Schwanjungfern tanzen in der Johannisnacht auf eines Bauern Acker, daß alle Halme niedergetreten werden, des Bauern jüngster Sohn bringt sie durch den Raub ihrer Flügel in seine Gewalt.[127] – In den Sagen von Helgi fliegt Kara oder Lara in Schwangestalt über dem Geliebten und wird von seinem eigenen hochgeschwungenen Schwert erschlagen.[128] – Ein Adlerhemd hat der Riese Thiassi, welcher Idunn raubt, und der Riese Suttungr, der damit Odin verfolgt.[129]

Die Fähigkeit, sich zu verwandeln, ging auch auf Menschen über, teils als angeborene Gabe, teils als erworbene Kunst, und zwar auch hier unter den mannigfaltigsten Formen. Schnelligkeit, Kraft und sich vor Verfolgung zu bergen sind die hauptsächlichsten Zwecke der freiwilligen Verwandlung.

Die fremde Gestalt heißt hamr, für den Gestaltwechsel gebraucht man den Ausdruck at skipta hömum oder at hamaz, für das Herumfahren in fremder Gestalt hamför, hamfarir, für die damit erlangte Stärke hamremmi; die Person, welche sich verwandelt, heißt eigi einhamr – nicht eingestaltig -, oder je nachdem sie die

---

[122] J. Erici *Observationum specimen* Haffniae 1769, p. 163 ff. – Maurer, *Bekehrung* II. 67 ff.

[123] *Thrymskvidha* 3.

[124] *Bragarödhur* 56. Loki fliegt auch wohl zur Kurzweil damit aus und wird so einmal vom Jöten Geiröt gefangen. A. a. O. 60.

[125] *Edda* – Simrock, 113.

[126] Aszelius – Ungewitter II. 301 ff.

[127] Grimm, *Deutsche Mythologie* 1216, 398 ff. Über die Schwanjungfrauen s. Hocker, Fronwa und der Schwan, Wolf, *Zeitschrift für deutsche Mythologie*, Gött. 1853, I. 305 ff.

[128] *Fornaldar Sögur* II. P. 372 ff. Frauer, die Walkyrien, Weimar 1846, p. 70.

[129] *Bragarödhur* 56 und 58.

Verwandlung zu Fahrten oder zur Verstärkung ihrer Kraft benützt hamhleypa oder hamrammr.[130] Da die Seele unverändert bleibt, so erfährt auch das Auge, der Seele Spiegel, keine Veränderung. Am Augen werden die Verwandelten erkannt.[131]

In Ottergestalt sitzt Hreidmars Sohn Otr am Wasserfall und ißt blinzelnd seinen Lachs, als ihn Loki mit einem Stein totwirft.[132]

Fafnir, sein Bruder, liegt als Drache auf dem Hort und wird in dieser Gestalt von Sigurd auf der Gnitaheide erstochen.[133] Als Hecht fängt sich der Zwerg Andvari seine Speise im Wasser.[134] König Harald gebot einem klugen Mann, in verwandelter Gestalt (i hamförum) nach Island zu fahren und auszukundschaften, was er ihm von dort berichten könne; der Mann fuhr in Walfischgestalt ringsum das Land und sah, daß alle Berge und Hügel voll waren von landvaettir, Schutzgeistern des Landes, welche ihm in den verschiedensten Gestalten, als Würmer, Frösche, Eidechsen, Vögel, Stiere, Bergriesen, drohend entgegenkamen.[135]

Der alte Ingimund schickt eben dahin die Seelen von 3 Finnen.

Bödhvarr Bjarki kämpft als Bär im Heere seines Königs, während sein Leib wie tot daheim liegt.[136] Den Egil Stallagrimsson sucht eine Zauberin in Gestalt einer Schwalbe an der Vollendung eines Gedichts zu hindern, durch das er sich vom Tode lösen soll.[137] Als der König Frotho III., von Dänemark („der milde Fruote") gegen eine bösartige Zauberin auszieht, verwandelt sich diese in eine Stute, darauf in eine Meerkuh,[138] ihre Kinder aber in Kälber, und stößt mit dem Horn den überraschten König in die Seite, daß er stirbt. Sein Gefolge wirft nun die Zauberin und ihre Brut mit Speeren zu Boden und findet beim Nähertreten menschliche Leichname mit Tierköpfen.[139] - Nach einer neueren isländischen Sage leben die Faraóslidhar, die im roten Meer ertrunkenen Dienstleute Pharaos als eigenes Volk in Seehundsgestalt auf dem Grunde des Meeres; in der Johannisnacht dürfen sie

---

[130] Maurer, *Bekehrung* II. p. 102.

[131] S. *Skalda* 60. Maurer a. a. O. II. 103 und unten (p. 58) Hrolfs *Saga Kraka.*

[132] *Sigurdharkvidha* I, Eingang und *Skalda* 62.

[133] *Fafnismal.*

[134] *Sigurdharkvidha* I. *Skalda* 62.

[135] *Heimskringla* VI. *Saga af Olafi Konungi Tryggvasyni* c. 37. übersetzt von Wachter, Leipzig 1835 II. 247. *Knytlinga Saga* c. 3. Maurer, *Bekehrung,* III. 64, 103.

[136] Maurer a. a. O. II. 103.

[137] *Egils Saga* c. 62 Maurer a. a. O. II. 104.

[138] „Die Seekuh oder das Meerrind ist ein Fisch, der eine gewisse Ähnlichkeit mit dem Landrind hat, außer, daß es Schuppen hat." Petri Olai *Chronicon Regum Daniae, Scriptores rerum Danicarum,* I. p. 90.

[139] Saxo Grammaticus L. v. ed. P. E. Müller, I. p. 256. Cranzius, *Historia Danica* L. I. c. 32. Schottus *Physica curiosa,* Herbipoli 1662, c. 26. Happelius, *Relationes curiosae,* Hamburg 1687 III.P. 487.

ihre Seehundsfelle ablegen und kommen zu fröhlichem Spiel und Tanz ans Land; wer ihnen das Gewand nimmt, hat sie in seiner Gewalt, und sie bleiben Menschen.[140] - In dem isländischen Märchen von Maerthöll wird diese von einer der Schicksalsschwestern verflucht, in der Brautnacht zu einem Sperling zu werden und in den ersten drei Nächten nur eine Stunde die Vogelhaut ablegen zu dürfen; ewig sollte sie Sperling bleiben, wenn ihr nicht innerhalb dieser Frist die Haut abgenommen und verbrannt würde.[141]

Im neueren Hindlulied wird die Königstochter Signy von der Zauberin Hildr in einen grimmigen Hund verwandelt, jede neunte Nacht sollte sie dieser Gestalt ledig werden und nackt auf freiem Felde liegen; ihre Erlösung war an die Bedingung geknüpft, daß sich ein Königssohn entschlösse, sie in ihrer Hundsgestalt zu heiraten. Signy verflucht ihrerseits die Hildr, auf ewig zur Katze zu werden. Asmund, der Sohn des Königs Gunnar, sah darauf eines Tages ein nacktes Weib am Wege liegen, das sich mit Laub zugedeckt und ein Hundsgewand neben sich hatte; sie sprang auf, warf das Hemd über sich und bellte ihn an; er aber vermählte sich mit ihr und im Brautbett verwandelte sie sich wieder in die schöne Signy.[142]

Siehe ähnliche Märchen bei Cavallius und Stephens, Schwedische Volkssagen und Märchen, deutsch v. Oberleitner, Wien 1848. Dasent, Popular Tales from the Norse u.a.

Die Verwandlung in Wölfe geschieht vorzugsweise durch Wolfshemden – ûlfa-hamir. Ein zusammengesetztes Wort für Werwolf findet sich nur im Bisclaretz liodh:[143] vargûlf (Wolf-Wolf), der übliche Ausdruck ist einfach vargr Wolf, verûlfr ist Schwertsname.[144]

Die merwürdigste nordische Werwolfssage, welche durch ihre Wildheit in das Waldleben einer grauen Vorzeit hinaufweist, ist die von Sigmund und Sinfjötli.[145] König Wölsung hatte von seiner Gemahlin, der göttlichen Heldenjungfrau Liod, zehn Söhne und eine Tochter; der älteste Sohn hieß Sigmund, die Tochter Signy. Diese wurde wider ihren Wunsch vermählt mit König Siggeir von Gautland. Beim Hochzeitsmahl verfeindete sich Siggeir mit Sigmund wegen eines von Odin in den Hallbaum gestoßenen Schwertes. Siggeir lud darauf seinen Schwager mit Söhnen und Gefolge nach Gautland und überfiel sie dort verräterisch; König Wölsung wurde erschlagen, seine zehn Söhne gefangen und im Wald in den Block gelegt.

---

[140] Maurer, *Isländische Volkssagen der Gegenwart*, Leipzig 1860, p. 172 f.

[141] Maurer, *Isländische Volkssagen der Gegenwart* p. 284 f.

[142] Maurer a. a. O. 314 ff.

[143] *Strengleikar edha Liodhabok, udgivet af Keyser og unger*, Christiania 1850, p. 30.

[144] Grimm, *Deutsche Myhologie* 1048.

[145] *Völsunga Saga* c. 5 – 8. Dietrich, *Altnordisches Lesebuch*, Leipzig 1843, p. 58 ff.

Dahin kam jede Nacht eine alte Wölfin und fraß einen um den andern von den Brüdern, bis nur noch der älteste, Sigmund, übrig blieb. Diesem sandte die Schwester Signy einen vertrauten Mann und ließ ihm Gesicht und Mund mit Honig bestreichen. Als die Wölfin in der folgenden Nacht über ihn kam, leckte sie ihm den Honig vom Gesicht und streckte ihm die Zunge in den Mund; er aber biß sie in die Zunge, daß sie sich krümmte und mit den stemmenden Füßen den Stock zerklob; er aber hielt so fest, daß ihr die Zunge mit der Wurzel ausbrach und sie den Tod davon hatte. „Es ist aber die Sage einiger Männer, daß diese Wölfin König Siggeirs Mutter gewesen wäre, und sie habe durch Hexerei und Zauberkraft diese Gestalt angenommen." Da war Sigmund frei und baute sich im Walde ein Erdhaus.

Signy aber hatte zwei Söhne von König Siggeir, die sandte sie ihrem Bruder in den Wald, daß er sie prüfe, ob sie dazu angetan wären, der Mutter Leib an dem Vater zu rächen. Sigmund jedoch fand sie untüchtig und tötete sie auf den Rat ihrer Mutter. Eines Tages kam ein Zauberweib zu Signy und diese vertauschte mit ihr die Gestalt; so lag die Zauberin in des Königs Bette, Signy aber in der fremden Gestalt ging zu ihrem Bruder in den Tann und bat ihn um Herberge. Er blickte sie an, und sie deuchte ihm lieblich, da lag er drei Nächte bei ihr auf einem Lager. Dann aber ging sie wiederum heim, nahm ihre Gestalt zurück und gebar einen Knaben von Sigmund, der Sinfjötli geheißen wurde. Dieser war recht vom Stamme der Wölsunge; sie sandte ihn ihrem Bruder, der nicht wußte, daß er sein Sohn war, und er fand ihn tüchtig zur Vaterrache. Um ihn an kühnes Tun zu gewöhnen, zog er mit ihm den Sommer weit durch die Wälder und sie erschlugen Männer sich zur Beute.

„Nun begab es sich einmal, daß sie auszogen in den Wald, um sich Beute zu verschaffen, aber sie fanden ein Haus und zwei Männer mit dicken Goldringen in dem Hause schlafend. Sie waren von einem Mißgeschick befreit worden, denn Wolfshemden hingen über dem Hause über ihnen; jeden zehnten Tag vermochten sie aus den Hemden zu fahren; sie waren Königssöhne. Sigmund und Sinfjötli fuhren in die Hemden und vermochten nicht herauszukommen, und es folgte ihnen dieselbe Eigenschaft, wie zuvor der Fall war, und sie ließen sich auch mit Wolfsstimme hören; sie verstanden beide ihre Stimmen. Nun legten sie sich auch in die Marken (Wälder) und ein jeder von ihnen fuhr seine Straße. Sie trafen unter sich die Verabredung, daß sie sich daran wagen wollten, wenn es auch sieben Männer wären, aber nicht mehr, und derjenige sollte einen Wolfsschrei hören lassen, der in Unfriede gerate. „Gehen wir nun nicht davon ab," sagte Sigmund, „denn Du bist jung und kühn, und man wird es für gut halten, dich zu jagen." Nun fuhr ein jeder von ihnen seine Straße, und als sie getrennt waren, stieß Sigmund auf

Männer und ließ sich mit Wolfsstimme hören, und als Sinfjötli das vernahm, kam er sogleich herbei und tötete alle; sie trennten sich wieder. Und als Sinfjötli nicht lange in dem Wald gelaufen war, stieß er auf elf Männer, und es erging also, daß er sie alle tötete; er wurde aber müde und lief unter eine Eiche und ruhte sich hier. Da kam Sigmund dar und sprach: Warum riefst du nicht? Sinfjötli sagte: Ich wollte dich nicht zu Hilfe rufen, um elf Männer zu töten. Da sprang Sigmund so hart gegen ihn, daß er taumelte und fiel; Sigmund biß ihn vorn in die Gurgel. An diesem Tag vermochten sie nicht aus den Wolfshemden zu fahren. Sigmund legte ihn nun auf seinen Rücken und trug ihn heim in die Hütte, und er saß über ihn und wünschte die Wolfshemden zu den Tröllen (Riesen).[146] Sigmund sah eines Tages, wo zwei Buschkatzen waren, und die eine biß die andere in die Kehle, und jene lief zu Walde und nahm ein Blatt und legte es über die Wunde, und die Buschkatze sprang heil auf. Sigmund ging hinaus und sah, wo ein Rabe mit dem Blatte flog und es ihm brachte; er legte dies über Sinfjötlis Wunde, und alsbald sprang er heil auf, als wenn er niemals verletzt gewesen wäre.[147] Darauf gingen sie zu dem Erdhaus und warteten da, bis daß sie aus den Wolfshemden fahren sollten; da nahmen sie diese und verbrannten sie im Feuer, und baten, daß sie niemanden zum Schaden werden möchten, und in diesem Mißgeschick vollbrachten sie manche Ruhmestat in König Siggeirs Reiche."[148]

Sigmund und Sinfjötli nahmen aber später Vaterrache an Siggeir und verbrannten ihn in seinem Hause. Signy, die nun den Vater gerächt sah, sprang zu ihrem Gemahl in die Flammen.

In dieser gewaltigen Sage begegnen uns drei Verwandlungen:

---

[146] Dies ist, wie mir Herr Professor C. Maurer mitteilt, der Sinn der von Raßmann mißverstandenen Stelle: en badh tröll taka ulfhamina. Man sagte: Hol Dich der Troll! Wie bei uns: Hol Dich der Teufel!

[147] Über das belebende Zauberkraut s. zur Vergleichung die griechische Sage von Glaukos und Polyidos: Glaukos, der Sohn des Minos, ertrank in einem Faß voll Honig, der Seher Polyidos sollte ihn wieder ins Leben zurückbringen und wurde, da er sich dessen für unfähig erklärte, mit dem Toten in das Grabgewölbe eingeschlossen. Da sah er eine Schlange auf den Leichnam zukriechen und erschlug sie; alsbald erschien eine zweite und brachte ein Kraut, durch dessen Berührung die Tote sofort wieder zum Leben kam. Polyidos bemächtigte sich des Krautes und belebte damit den ertrunkenen Knaben. Apollodor III. 3. s. dieselbe Geschichte im *Lai d'Eliduc* von Marie de France, Roquefort, *Poésies de Marie de France*, Paris 1832, T. I. p. 474 f. – W. Hertz, *Marie de France*, Stuttgart 1862, p. 235. – Basile, *Pentamerone*, übersetzt von Liebrecht I. 90 ff. – *Walachische Märchen*, Schott, p. 135 ff.; Petru Firitschel. – Grimm, *Kindermärchen* Nr. 16, Die drei Schlangenblätter; Nr. 60, Die zwei Brüder. – Gervasius, herausgegeben von Liebrecht p. 113. usw. In unserer nordischen Sage bringt der Rabe, Odins Bote, das Blatt zurück.

[148] Raßmann, *Die deutsche Heldensage*, Hannover 1857, I. p. 67 f.

die der Mutter Siggeirs in eine Werwölfin ylgr, lupa,[149] nicht, wie Raßmann tut, mit elgr Ellentier zu verwechseln; der Gestaltentausch zwischen Signy und dem Zauberweib, und die Wolfsverwandlung der Helden.

Siggeirs Mutter erinnert an die indischen Rakschasis, an Grendels Mutter (Brimvylf) in Beowulf. In den meisten Märchen und Sagen wird alten Königinnen Zauberkunde zugeschrieben. Als Gunnar im Schlangenturm liegt und mit Harfenspiel die Giftwürmer alle in Schlaf gelullt hat, da schleicht Atlis alte Mutter in Natterngestalt herbei und gräbt sich in des Königs Herz.[150]

Auch der Gestaltentausch erinnert an indische Vorstellungen; doch scheint hier keine völlige Vertauschung der Leiber vor sich zu gehen, sondern nur der äußeren Erscheinung, denn die Schwangerschaft Signys geht beim Rücktausch nicht auf die Zauberin über, wie dies nach indischen Sagen vorausgesetzt werden müßte. Dem Indischen näher steht der Gestaltentausch Sigurds und Gunnars in den eddischen Heldenliedern (älter und echter als die durch die Tarnkappe vermittelte Beihülfe Siegfrieds zu Gunthers Erwerbung der Brunhild) wo es heißt:

Unterwegs wechselt ihr Wuchs und Gestalt
Du und Gunnar.
Du hast nun Gunnars Gang und Gestalt,
Hast eigene Rede und edlen Sinn
Wieder wechseltet ihr Wuchs und Gestalt
Daheim, nicht das Herz: das behielt jedweder.[151]

Hyggja, von Simrock (Edda p. 154) ungenau mit Herz übersetzt, ist die Seele, welche unverändert von einem Leib in den andern übergeht. Sigurds mutige Seele vollbringt mit Gunnars Leib das nur ihr mögliche Heldenwerk, durchreitet die Wafurlogi, hält Hochzeit mit Brunhild, legt aber nachts ein Schwert zwischen sich und die Braut des Freundes. Dieser Trug wird Sigurds mit Brunhilds und ganzer Geschlechter Tod.[152]

---

[149] Sweinbjörn Egilsson, *Lexicon Poeticum Antiquae linguae Septentrionalis* Hafniae 1860, p. 900.

[150] *Oddrunargratr* 32. s. Das Lied von Gunnars Harfenschlag. Simrocks *Edda*, p. 427.

[151] *Sigurdharkvidha Fafnisbana* I. 37 - 42. s. auch *Skalda* 62.

[152] Der Anklang germanischer Sagen an altindische hat sich in dem abgelegenen Norden besonders rein erhalten. So kennt die Edda selbst eine Wiedergeburt, eine Wanderung der Seele. Helgi Hjörvardhs Sohn und seine geliebte Walküre Svava werden wiedergeboren und heißen dann Helgi Hundingsbana und Sigrun: Einer zweiten Wiedergeburt erwähnt der Schluß der zweiten *Helgakvidha Hundingsbana*: „Es war Glaube in alter Zeit, daß Menschen wiedergeboren würden, aber das heißt nun alter Weiber Wahn. Von Helgi und Sigrun wird gesagt, daß sie wiedergeboren wären, er hieß da Helgi Haddingiaskadhi und sie Kára Halfdana Dottir, so wie gesungen ist in den Kara Liedern, und

Die Wolfsverwandlung wird dem Sinfjötli in jenem berühmten Heldenzank mit Gudmundr vorgeworfen:

> Du hast im Walde mit Wölfen geschwelgt,
> oft sogst du mit eisigem Atem Wunden,
> Bargst allverhaßt dich im Gebüsch
> Siggeirs Stiefsohn lagst du unter Stauden,
> An Wolfsgeheul gewöhnt in den Wäldern draußen.[153]

Die verwandelnde Kraft liegt nach der Erzählung der Völsunga Saga einzig in den Hemden; diese zwingen ihren Träger, unter zehn Tagen neune Wolf zu sein; ihre Zerstörung hebt die Kraft auf und ist ohne schlimme Folgen für die Besitzer. Außerdem liegt dieser Sage vorwiegend die alte Rechtsvorstellung von den geächteten Waldbewohnern zugrunde, welche auch in der Sprache zum deutlichen Ausdruck kam: Der friedelose Mörder und Räuber hieß altnordisch vargr, Wolf; wer den Frieden des Tempels durch Gewalttat brach, hieß vargr i veum, Wolf im Heiligtum.[154]

Räuber ist die Urbedeutung des Wortes Wolf, im Sanskrit vricas, varkas, lithauisch wilkas, russisch volk, serbisch vuk neben serb. Slovenisch vrag Bösewicht, böser Feind, böhmisch wrah Mörder, polnisch wrog Dämon, Teufel,[155] (griechisch lykos gr. durch Methathesis aus Fulkos, alkos, lat. Lupus aus ulpus – ulcus, Bopp, Glossarium Sanscritum. Berol. 1847 p. 329) gotisch vulfs Wolf und vargs der Geächtete, der Frevler, launavargs der Dankräuber, der Undankbare, gavargjan verdammen, vargitha Verdammnis;[156] althochdeutsch warg vertrieben, warch im Muspilli Name des Antichrists; mittelhochdeutsch warc nichtsnutziger Räuber,

---

sie war Walküre." – Sage und Lied konnten sich von diesen Lieblingsgestalten nicht trennen, und der Glaube an Wiedergeburt zeigte ihnen einen willkommenen Ausweg, die beiden Liebenden in neue Lebenssphären einzuführen. Von der zum Selbstmord sich anschickenden Brunhild sagt Högny:
„Verleiht ihr niemand den langen Gang,
und werde sie nimmer wiedergeboren!
Sie kam schon krank vor die Knie der Mutter."
Sigurdharkvidha III. 44. Simrock p. 183. Weitere Stellen hat Maurer, *Bekehrung des norwegischen Stamms* II. p. 90. Anm. 93. Starkadhr war schweigsam, aber die Berserkr nannten ihn einen wiedergeborenen Riesen (*endrborinn jötun*) und Ehrlosen. Gautrecks Saga c. 7. Es schienen ihnen Kolbein wiedergekommen und wiedergeboren, nachdem sie sich immer sehnten. Sturlunga Saga c. 42.
[153] *Helgakvidha Hundingsbana* I. 36, 40. Simrock p. 132 f.
[154] S. eine Stelle aus der Egils Saga bei Maurer, *Bekehrung* II. 207. – Über Friedlosigkeit s. Wilda, *Strafrecht der Germanen*, Halle 1842, p. 278.
[155] Grimm, *Reinhardt Fuchs* XXXVII.
[156] Ulfilas von Maßmann, Stuttgart 1857, p. 757.

(Eneit. v. 1131), neben wolf; angelsächsisch vearh (Grendel heißt heorovearh, Beowulf v. 1267), neben vulf; altnordisch vargr (und ylgr) in beiden Bedeutungen: Wolf und Verbrecher neben ulfr, dem bloßen Namen des Tiers.[157] In der Lex Salica 58 heißt es wargus ist, wer aus der Gemeinde verbannt ist; in der Lex ripuaria 85: wargus ist, wer verbannt ist. In altnormannischen Gesetzen warqus soll sein;[158] für einen wargus werde er gehalten in den Gesetzen König Heinrich I., Art LXXXIII. § 5.[159] Ein eigentümlicher Ausdruck ist das angelsächsische vearges heafod oder vulfes heafod für gesetzlos, geächtet; in den Gesetzen Edwards des Bekenners Art. 7, § 3 heißt es: „Denn wie ein Wolf führt er sein Leben, was die Engländer wulfes heafod nennen."[160] So noch in dem Chaucer fälschlich zugeschriebenen Tale of Gamelyn, v. 1387: „Als dieser Gamelyn von ihrem Herrn zu einem wolfeshede („Wolfspelz"; er wurde von seinem böswilligen Bruder für vogelfrei erklärt) gemacht wurde." Dieben und Räubern wurde am Galgen nach alter Sitte ein Wolf zur Seite aufgehängt. Die Geächteten, den Wölfen gleich recht- und friedlos, wurden auch unter sich in beständiger Unruhe und mißtrauischer Scheu erhalten, da ein Gesetz bestand, wonach sich ein Gebannter durch die Tötung anderer Gebannter vom Fluche lösen konnte.[161]

Daß die von allem menschlichen Verkehr abgeschnittenen Waldflüchtigen sich in Tierfelle kleideten, ist naheliegend. Auf diese Tracht der Geächteten spielt Gro an im Saxo Grammaticus,[162] als sie dem durch Tierhäute und Maskierung unkenntlichen Vessus begegnet und ihn für den ihr aufgedrungenen Riesenbräutigam hält:

„Ich erblicke, daß der dem König verhaßte Riese gekommen ist
Und sein Gang verdunkelt halb die Straßen;
Oder meine Augen werden getäuscht,
denn oft bedecken sich die kühnsten Männer mit Tierhäuten."[163]

Zu den hamrammir-men, den Menschen, welche sich durch Verwandlung übernatürliche Kräfte aneignen, gehören auch die Berserker. Von König Harald Harsagr

---

[157] Über die Benennungen des Wolfs s. Grimm, *Geschichte der deutschen Sprache*, Leipzig 1853, p. 233.

[158] Pluquet, *Contes populaires*, Rouen 1834, p. 15.

[159] *Ancient Laws and Institutes of England.* London 1840, fol. P. 258.

[160] Schmid, *Die Gesetze der Angelsachsen*, Leipzig 1832, I. 278. – Im Altsächsischen findet sich *Varagtreo* für Galgen, Heliand ed. Schmeller p. 166, Z. 27.

[161] S. Grimm, *Deutsche Rechtsaltertümer*, Göttingen 1854, p. 685, 733, 763 f.

[162] Lib. I. ed. Müller I. 27.

[163] Brynolf erinnert sich hierbei an das isländische Sprichwort: *Oft ero vaskar hendur undir vargs belgir.* („Oft sind tapfere Hände unter Wolfsbälgen.") a. a. O.

wird erzählt, daß er eine Schar Berserker in seinem Gefolge hatte, welche ulfhedhnar d.h. Wolfsgewandige hießen: „Dabei deutet," sagt Maurer,[164] „die Sage freilich diese Beziehung dahin, als hätten jene Kämpfer Wolfspelze über ihren Panzern getragen; es ist indessen offenbar nur ein späteres Mißverständnis und war ursprünglich dabei sicher an Leute gedacht, welche ulfahamir besitzen, also an Werwölfe." Diese Ansicht wird unterstützt durch die neuerdings von Sveinsbjörn Egilsson angestellte Etymologie des Wortes berserkr,[165] wonach dasselbe einen Mann bezeichnet, der ein Bärenhemd (berr Bär, serkr Hemd), ein bjarnahamr besitzt und dadurch in der Verwandlung Bärenstärke bekommt.[166] Zum Unterschied von diesen Bärenhelden hatten nun die wilden Kämpfer Haralds Wolfshäute und Wolfskühnheit.[167] Weitere Belege siehe bei Maurer a. a. O. II. 108 ff. und die Geschichte des Ulfr Bjalfason, des Abendwolfs, ebenda 105.

Auch die Berserker waren später Geächtete ihrer ungeheuerlichen Rohheit und Wildheit wegen und lebten in den menschengemiedenen Forsten.

In einer altdänischen Ballade[168] begegnet eine durch den Rosenwald (rosenslund) reitende Frau – liden Kierstenn – einem Grauwolf und redet ihn bittend an, er möge ihr das Leben lassen. Sie bietet ihm dafür wertvolle Dinge an, der Wolf jedoch schlägt sie aus. Erst als sie ihm ihr neuntes Kind verspricht, willigt er ein, und läßt sie ziehen, schwört ihr aber, daß er sie finden werde, wenn sie mit dem neunten Kinde gehe. Und so geschah es; in ihrer neunten Schwangerschaft ritt sie eines Tages zur Kirche, da stellte sich ihr im Rosenwald der alte Wolf entgegen. Sie flüchtete sich auf einen Lindenbaum, der Wolf aber grub des Baumes Wurzel aus.

---

[164] *Bekehrung* II. 109.

[165] *Lexicon Poeticum Antiquae Linguae Septentrionalis*, Hafniae 1860, v. berserkr

[166] Über Bärmenschen S. Grimm *Deutsche Mythologie* 1051. Praetorius, *Anthropodemus Plutonicus*, Magdeburg 1666, II. 266. von einer Bärverwandlung erzählt die Hrolfs Saga Kraka: Björn, Sohn des Königs Hring von Upland, wird von seiner Stiefmutter, deren Liebe er verschmäht hat, in einen Bären verwandelt; seiner Geliebten Bera begegnet er im Walde und sie erkennt ihn am Auge, folgt ihm in seine Höhle, wo er auf kurze Zeit seine Bärenhaut ablegen kann, und lebt mit ihm. Endlich wird er von seinem eigenen Vater erlegt und Bera von der Stiefmutter gezwungen, einen Bissen von seinem Fleisch zu essen, einen zweiten, der ihr in den Mund gesteckt wurde, spuckt sie wieder aus; darauf gebiert sie drei Söhne, der älteste ist tierisch und wild, der zweite ist milder, hat aber einen Hundsfuß, der dritte ist ein vollkommener Mensch. – W. Scott, *Minstrelsi of the Scottish Border*, Edinburgh 1806, III. 33. Die Sage von dem schwedischen Bären, der Stammvater eines dänischen Königsgeschlechtes wurde s. Aszelius – Ungewitter II. 180. *Die altdänische Ballade*: Dalby-Bär, wo ein Königssohn dadurch zum Bären wird, daß ihm seine Stiefmutter ein Eisenband um den Hals legt, s. W. Grimm, *Altdänische Heldenlieder*, Heidelberg 1811, p. 300.

[167] Der Wolf in alten Wappen und Helmzeichen mag sich u. a. auf das Vermögen der Helden sich in Wölfe zu verwandeln, beziehen. Grimm, *Deutsche Mythologie* 363.

[168] Svend Grundvig, *Danmarks Gamle Folkewiser*, Kjöbenhavn, 1856, II. p. 152 ff.

Andere Wölfe kamen ihm zu Hilfe und rissen der Frau den Leib an der Seite auf. Ihr Geschrei hörte Herr Peter, ihr Gemahl, in seinem Gehöfte und ritt ihr nach, so schnell als Vögel fliegen. Doch als er in den Rosenwald kam, da begegnete ihm ein Wolf mit einem Kind im Rachen. Von seiner Frau aber fand er nichts als die rechte Hand und den linken Fuß, als ein Seidenhemd und eine blutige Haube.

Da stürzte sich Herr Peter vor Jammer in sein eigenes Schwert.[169]

Grundtvig hat diese Ballade Varulven (der Werwolf) überschrieben und mit Recht, denn auf ein Zauberwesen deutet außer der menschlichen Rede, welche ebenso wohl der Tierfabel eigen ist, das Umwühlen des Lindenbaums und das Davontragen des ungeborenen, dem Mutterleib entrissenen Kindes. Ungeborenen Kindern nämlich wurde von Hexen, Räubern und Schatzgräbern begierig nachgetrachtet, da mit ihnen mancherlei Zauber zu treiben war. Die Finger solcher Kinder, glaubte man, brennen wie Kerzen und halten so alle Leute des Hauses im Schlaf;[170] drei Herzen ungeborener Kinder verleihen ihrem Besitzer die Gabe, allen zu obsiegen, sich unsichtbar zu machen, große Reichtümer zu erwerben und allerlei Wunder zu tun. S. Reinhold Köhler, das Lied von der verkauften Müllerin, Wolfs Zeitschrift für deutsche Mythologie, IV. p. 180 ff, wo mehrere hingerichtete Mörder aufgezählt werden, welche schwangere Weiber aufschnitten, um in den Besitz der unreifen Frucht zu gelangen.[171] Zu bemerken ist noch, daß nach dem Glauben der Lappländer die Wölfe vom Geruch eingenommen besonders hochschwangeren Frauen nachstellen.[172]

Bis in die neuesten Zeiten hat sich der Werwolfglaube im Norden erhalten; besonders wird die Zauberkraft der Verwandlung den Finnen, Lappen und Russen

---

[169] In zwei neueren Kopien der dänischen Ballade ist Klein-Christel noch nicht Herrn Peters Frau; der Grauwolf zerreißt sie gleich bei der ersten Begegnung; von ihrer Schwangerschaft ist nichts gesagt. Herr Peter findet von ihr in dem einen Lied die linke Hand, im andern eine goldene Locke und eine bleiche Wange; das Lied existiert auch in Schweden und wurde in der Waldgegend des nördlichen Westgotlands von Aszelius niedergeschrieben; die Liebenden sind Jungfrau und Jüngling, das Umwühlen des Baums hat sich erhalten, von einem Kind ist keine Rede. S. Schwedische Volkslieder der Vorzeit, aus der Sammlung von Geyer und Aszelius, übertragen von Warrens, Leipzig 1857, p. 144. – Ähnlichkeit mit der Erzählung von Pyramus und Thisbe und einer holsteinischen Sage bei Müllenhoff, *Sagen der Herzogtümer Schleswig-Holstein*, Kiel 1845, p. 83: Steinkreuz.

[170] Grimm, *Deutsche Mythologie* 1027.

[171] Endter, *Meister Frantzen Nachrichters allhier in Nürnberg all sein Richten am Leben, sowohl seine Leibsstrafen, so er verricht, alles hierinn ordentlich beschrieben, aus seinem selbst eigenen Buch abgeschrieben worden.* Nürnberg 1801 S. Jahr 1577 und 1601.

[172] Olaus Magnus, *Historia de gentibus septentrionalibus*, Romae 1555, L. XVIII. C. 13. – Lauben, *Dialogi* p. 175. – Man beachte auch, daß es das neunte Kind ist, das hier, wie in zahlreichen andern Sagen auch, dämonischen Mächten verfallen ist.

zugeschrieben, so daß, als im letzten Krieg mit Rußland die Landeshauptmann-schaft Calmar von Wölfen fast überschwemmt wurde, die Sage ging, die Russen hätten die schwedischen Kriegsgefangenen in Wölfe verwandelt und sie heimge-schickt, um dem Land zur Plage zu werden.

Es wird auch von einem Soldaten im Calmarschen Regiment erzählt, er sei in einen Wolf verwandelt worden, sei über die Alandsinseln aus Finnland herübergekom-men und dann nach Småland gelaufen, wohin ihn die Sehnsucht getrieben, um seine Heimat und seine Frau und Kinder wieder zu sehen. Aber ein Jäger schoß ihn und brachte den getöteten Wolf nach dem Dorfe. Als die Haut abgezogen wurde, erkannte, so wird hinzugesetzt, die Frau das Hemd wieder, daß sie ihrem Manne genäht hatte, als er zu Felde zog.

Als einst ein Bräutigam mit seinen Brautknechten durch den Wald ritt, wurden er und seine Begleiter von bösen Geistern in Werwölfe verwandelt. Mehrere Jahre verflossen, da ging die verlassene Braut einmal im Walde und rief im Kummer ihres Geliebten gedenkend laut dessen Namen. Da erschien er plötzlich in seiner Men-schengestalt und stürzte in ihre Arme: „Die Kraft des christlichen Taufnamens" hatte den Zauber gebrochen.[173] Eigentümlich ist der dänische Aberglaube, wonach eine Braut, die sich eines bestimmten Zaubers bedient, um leicht zu gebären, Kna-ben zur Welt bringt, die Werwölfe, und Mädchen, die Nachtmahren werden.[174]

In Norwegen scheint der Ausdruck Werwolf verallgemeinert und auf jeden in Tiergestalt sich hüllenden Menschen angewandt worden zu sein. So wird in einer norwegischen Sage ein zum Bären gewordener Mensch varulf genannt.[175] Der Wolf repräsentiert hier somit das wilde Tier überhaupt.[176]

Die den Livländern und Esten benachbarten Inselschweden auf Oesel, Dagö, Runö, Worms etc. sprechen gleichfalls von Menschenwölfen, folkwargar, behaupten aber gewöhnlich, daß dergleichen hier wenigstens unter Schweden nicht vorkomme. Sie

[173] Aszelius – Ungewitter II. 361 f. Wedderkop, *Bilder aus dem Norden*, Oldenburg 1844, II. 206. Menzels *Literaturblatt* 1845, Nr. 18, p. 71.

[174] Grimm, *Deutsche Mythologie* 1050, Grimm erwähnt a. a. O. 1105 den deutschen Aberglauben, daß von sieben in einer Ehe hinter einander geborenen Mädchen eins ein Werwolf werden soll. Panzer, *Beitrag zur deutschen Mythologie*, München 1848, Bd. I. p. 337.

[175] Faye, *Norske-Folge-Saga*, Christiania 1844, p. 78. – In Fornaldar sögur I. 50 wird jemand durch Schlagen mit einem *úlfhandska*, einem Wolfshandschuh, in einen Bären verwandelt. Grimm, *Deutsche Mythologie* 1232. – In der Oervarodds-Saga träumt Gudmund von einem Eisbären und man vermutet, daß dies der Schutzgeist seines Vetters Odd gewesen sei, der einen *úlfshugr, animus lupinum*, gegen ihn trage. Erici *Observationum Specimen*, Hafniae 1769, p. 164.

[176] Dieser Ansicht ist auch Hanusch, Wolfs *Zeitschrift für deutsche Mythologie* IV. 194.

haben ein besonderes Wort für Werwölfin – wargkelng (Wolfsweib, altn. Kerling altes Weib).[177]

Unter Newe wohnt ein solches Weib, sie wälzt sich am Boden und steht als Wolf wieder auf; dann fährt sie unter die Herde, sucht sich ein fettes Schaf oder gutes Lamm aus und schleppt es nach Hause, wo sie es verzehrt. Auf dem Boden hat sie eine Menge Schaf- und Bocksfelle. Einst bemerkte ihr Bruder, der einige hundert Schritte von ihr entfernt wohnt, einen Wolf, der eben ein Schaf im Rachen hielt, ging ins Haus, um seine Flinte zu holen, und suchte ihn, aber umsonst. Gleich nachher kam er zu seiner Schwester und sah, daß sie das geraubte Schaf tot in den Händen hatte. Er setzte ihr hart zu, bis sie endlich ihre Übeltat gestand und versprach, es nicht wieder zu tun. – Auf Dagö soll ein Knabe sein, der sich jeden Sommer in einen Wolf verwandelt, und in Arensberg wurde vor einigen Jahren ein Weib vor der Kirchenbehörde verklagt, weil es monatelang in den Wäldern als Wolf herumlaufe. – In Reval geriet ein Kaufmann beim Salzverkauf mit einem Bauern in Streit und wurde von diesem in einen Wolf verwandelt. Nach zwei Jahren ging ein estnischer Bauer mit seiner Frau auf den Heuschlag zu mähen, und sie setzten sich mittags zum Essen. Da erschien in der Nähe ein Wolf, der gar nicht böse, sondern sehr traurig aussah, sich langsam und demütig näherte und lüstern nach den Speisen sah. Die Frau sagte: „Sieh, wie das Waldtier so traurig uns ansieht! Gib ihm doch ein Stück Brot!" Der Bauer steckte ein Stück Brot auf die Spitze seines Messers und reichte es dem Wolfe, der es gierig packte und zugleich mit dem Messer dem Bauern aus der Hand riß, worauf er sich eilig in den Wald entfernte. Dort fraß er das Brot und wurde auf der Stelle wieder zum Menschen, denn er war so verzaubert, daß ein Stück Brot, welches ihm ein Mensch aus Mitleid reiche, ihm die menschliche Gestalt wieder verschaffen sollte. Später erkannte er mit Hilfe des Messers seinen Wohltäter und belohnte ihn reichlich. – Eine Hochzeitsgesellschaft in Nucko wurde auf dem Rückwege von der Kirche samt und sonders wegen ihrer Sünden in Wölfe verwandelt; nur Kugeln mit silbernen Kreuzen konnten ihren Pelz durchbohren: Nach einigen wurden sie dadurch getötet und man konnte noch an ihren Füßen die roten Wadenstrümpfe unterscheiden, nach anderen wurden sie dadurch wieder zu Menschen. Bei einer ähnlichen Gelegenheit wurden nur Bräutigam und Braut verwandelt, und man erkannte den ersteren nachher an einem weißen Ringe um den Hals, dem Halstuche. – Ein Gutsbesitzer in Estland ging einmal zwei Dreschern nach, die ihm Korn gestohlen hatten; da lief ein Wolf über den Weg, und einer der Diebe redet ihn an mit den

---

[177] *Eibofolke oder die Schweden an den Küsten Estlands und auf Runö* v. Rußwurm, Reval 1855, II. 204 ff.

Worten: „Wohin gehst du?" Der Gutsherr, der den Redenden jetzt an der Stimme deutlich erkannte, ging nach Hause und ließ ihn am andern Morgen vor sich kommen. Jener leugnete. Der Herr aber fragte; „Begegnete dir nicht gestern auf dem Wege ein Wolf? Was sagtest du zu ihm?" Erschreckt fiel der Dieb augenblicklich auf die Knie und gestand, verbreitete aber nachher das Gerücht, der Herr gehe nachts als Werwolf um.

Merkwürdig ist die Sage, daß die Wölfe die natürlichen Feinde der Wiedergänger (der aus dem Grabe wiederkehrenden Toten) sind und sie zerreißen, wo sie dieselben nur finden.[178] Erscheinen sie hier als Wächter der Unterwelt, welche die Rückkehr der Toten zu verhindern haben, oder liegt der Sage, wie Rußwurm vermutet, eine dunkle Erinnerung an den Fenriswolf, der die Seelen verschlingt, oder an die Wölfe Odins zu Grunde?

10. Kapitel.

Der Werwolf in England und Schottland

Bei den Angelsachsen finden wir das Wort werewulf für den Teufel gebraucht; in Nro. 26 der Gesetze König Knuts heißt es: „So müssen die Hirten, die das Volk mit geistlichem Unterricht beschirmen, sehr wachsam sein und fleißig predigen; solche sind Bischöfe und Priester, welche dazu da sind, ihre geistlichen Herden mit weiser Lehre zu bewahren und zu verteidigen, so daß der böse dreiste Werewulf weder zu sehr wüten, noch zu viele aus der Herde der Gläubigen beißen kann."[179]

Auch im Altenglischen und Altschottischen begegnet uns der Werwolf da und dort in Gesellschaft tierischer Ungeheuer. Gervasius von Tilbury sagt in der schon beigezogenen Stelle: „Wir haben oft in England gesehen, daß Menschen sich durch den Mondwechsel in Wölfe verwandeln, was das Geschlecht der Gallier gerulfos nennt, die Engländer jedoch sagen werewlf."[180]

Im Philotus heißt es:

> „Wie eine Eule oder zauberische Elfe:
> wie ein furchteinflößender feuriger Drache,

---

[178] Rußwurm, a. a. O. II. 201, 264.

[179] Schmid, *Gesetze der Angelsachsen*, Leipzig 1832, Thl. I. p. 148.

[180] *Otia imperialia*, herausgegeben von S. Liebrecht, Hannover 1856, p. 4.

wie Warwulf, Löwe, Stier oder Bär,
doch geh nun, ehe jene kommt.
im Abbild deiner selbst."[181]

Ferner in Kennedy, Evergreen II. 61:

„Rasender Werwolf, Lindwurm und giftiger Skorpion,
Luzifer's Last, und die höllische Fratze des bösen Feindes."

In Montgomerie, Watson's Collection III. 16:

„Mit Warwolfis und wilden Katzen werden sie verdammt zu wandern,
durch schmutzige Pfützen und Gräben sich zu schleppen
Und mit Straßenkötern sich zu zerren und zu zausen."[182]

In der schottischen Ballade Kempion zählt der Werwolf unter die zaubermächtigen
Wesen:

„O war es ein Warwolf in dem Wald?
Oder war es eine Meerjungfrau in dem Meer?
Oder war es eine Menschen- oder Nymphenfrau?
Meine einzige wahre Liebe, das mißgestaltete Es?"[183]

In dem altenglischen Gedicht Piers Ploughmans Crede ist folgende Stelle:

„Christus sagte selbst: „Vor diesen warne ich Euch,"
Und falsche Propheten in dem Glauben nannte er solche –
Im Schafspelz, - aber innen
seien sie wilde Werwölfe, die das Volk ausplünderten."[184]

Von den Schicksalen eines verzauberten Werwolfs handelt ein großes, aus dem
Französischen übertragenes, altenglisches Gedicht: William and the Werwolf, das
ich seiner Unzugänglichkeit halber eingehender analysieren will. Es findet sich in
einem Ms. der Bibliothek des Kings College in Cambridge; Hartshorne gab ein

---

[181] Pinkerton, *Scottish Poems*, reprinted, London 1792. III. p. 46.
[182] Jamieson, *Etymological Dictionary of the Scottish English*, Edinburgh 1841, II. V. warwolf.
[183] W. Scott, *Minstrelsy of the Scottish Border*, Edinburgh 1806, III. P. 29.
[184] *The vision and creed of Pierce Ploughman*, ed. By Th. Right, London 1856, II. P. 478.

Stück davon in seinen Ancient metrical tales, London 1829. 8. p. 256-87, aber in einer sehr nachlässigen Abschrift. Eine treffliche Ausgabe veranstaltete Sir Frederick Madden unter dem Titel: The ancient English Romance of William and the Werwolf, edited with an introduction and glossary by Fr. Madden, London 1832. 4. Roxburghe Cub.[185] Die Person des Verfassers ist unbekannt; doch haben wir von ihm selbst die Angabe, daß das Gedicht auf Befehl Humphreys von Bohun, Grafen von Hereford (+ 1361), aus dem Französischen übertragen wurde.[186] Der Inhalt ist folgender: Der König Ebron von Sizilien hatte von seiner Gemahlin Felice, der Tochter des griechischen Kaisers, einen Sohn, der Wilhelm getauft wurde. Zwei kluge Frauen, Gloriante und Esglantine, wachten über seine Erziehung. Des Königs Bruder jedoch, der sich durch des Kindes Geburt den Weg zur Thronfolge versperrt sah, gewann die beiden Frauen und verabredete mit ihnen, den König mit seinem jungen Sohn ums Leben zu bringen. Da wurde aber eines Tages das Kind von einem Wolfe geraubt, der mit ihm übers Meer schwamm und in einem Wald bei Rom seinen Wohnsitz nahm. Weit entfernt, den Knaben zu verletzen, pflegte er ihn mit mütterlicher Zärtlichkeit. Denn dieser Wolf war ein Werwolf, der Sohn des Königs von Spanien, den seine Stiefmutter, die Königstochter von Portugal, durch Zauberkünste in diese wilde Gestalt verwandelt hatte und der die Absichten der Verschworenen durchschauend das Kind durch Entführung zu retten sich entschlossen hatte. Als er einst der Höhle fern war, fand ein Kuhhirt das Kind und brachte es seiner Frau nach Hause, die es mitleidig aufnahm. Dort wuchs der Knabe heran, beständig von dem Wolfe überwacht, bis einmal der Kaiser in jener Gegend jagte, den Knaben bei der Herde sah und ihn betroffen von seiner Schönheit mit in sein Schloss nahm, wo derselbe Spielgenosse der lieblichen Prinzessin Melior wurde. Aus der Kinderfreundschaft erwuchs mit den Jahren heimlich sehnsüchtige Liebe, welche dem jungen Paar nach langen Seelenkämpfen des höchsten Glückes Vollgenügen schenkte. Da kam plötzlich eine Werbung vom Kaiser von Griechenland, der für seinen Sohn die schöne Melior begehrte. Freudig gab der

---

[185] Angeführt wird das Gedicht von Warton *History of English Poetry*, London 1840, I. p. 38 Note. – Von Weber, *Metric Romances*, Edinburgh 1810, I. LXVIII. – Jacob Bryant zitiert in seinen *Observations*, Lond. 1781, p. 14, jedoch mit sehr geringem Verständnis.

[186] Das Original ist ein altfranzösisches Gedicht (nach Madden aus dem 12. Jahrhundert): *Le Roman de Guillaume de Palerne*, von dem noch eine Kopie in der Bibliothec de l'arsenal zu Paris erhalten ist. Im 16. Jahrhundert erschienen mehrere Ausgaben der Geschichte in französischer Prosa. Eine derselben findet sich im British Museum zu London und hat folgenden Titel: *L'Histoire du noble preux et vaillant Chevalier Guillaume de Palerne et de la belle Melior; lequelle Guillaume de Palerne fut fils du roi de Cecile et par fortune et merveilleuse adventure deuint vacher. Et finablement put empereur de Rome sous la conduicte dans loup garou fils au roi d'Espaigne*. Rouen, 4. ohne Jahreszahl.

römische Kaiser seine Zustimmung, und die Hochzeit wurde auf Mitsommer fest-
gesetzt. Die Liebenden waren in schlimmer Herzensnot, aber sie gelobten sich,
nicht voneinander zu weichen, und am Vorabend vor dem Hochzeitsfest, da der
griechische Kaiser mit seinem Sohne bereits angelangt war, beschlossen sie zu
entfliehen. Die Zofe und Vertraute des Fräuleins, Alexandrine, kam nach langer
Beratung auf den Einfall, die beiden in die Felle zweier weißen Bären zu nähen. In
dieser Verkleidung entkamen sie durch den Garten, von niemand bemerkt außer
einem spät lustwandelnden Griechen, der aber entsetzt vor den Ungetümen
davonlief; so gewannen sie den Wald und schritten darin aufrecht die ganze Nacht
weiter; als der Tag graute, legten sie sich im Dickicht zur Ruhe und schliefen ein,
eines in des andern Armen. In Rom aber entstand ein gewaltiger Tumult, als die
Flucht der beiden ruchbar wurde, und der Kaiser ließ im ganzen Land den Befehl
verkünden, auf die weißen Bären Jagd zu machen. Diese fühlten unterdessen großen
Hunger und waren ratlos, wie sie sich Nahrung verschaffen sollten. Da erschien
Wilhelms alter Beschützer, der Werwolf, brachte ihnen Speis und Trank aller Art
und begleitete sie auf ihrer mühseligen Wanderung.[187] Oft waren dieselben in
Gefahr, den Jägern in die Hände zu fallen; aber der Werwolf wußte jedes Mal die
Verfolgung von ihnen auf sich abzuwenden. Da die Bärenfelle ihnen zu wenig
Schutz gewährten, hüllten sie sich in die Häute eines Hirsches und einer Hirschkuh,
kamen mit des Werwolfs Hilfe zu Schiffe über das Meer und erreichten Sizilien.
Dort war eben Krieg und große Betrübnis; überall, wo sie hinkamen, fanden sie
verödete Felder und verbrannte Dörfer. Der König von Spanien war ins Land
gefallen, weil Florence, die Tochter der Königin von Palermo, die Werbung seines
Sohnes ausgeschlagen hatte. Die Liebenden wurden von der Königin, welche durch
einen Traum ihre Ankunft erfahren hatte, freundlich aufgenommen. Wilhelm
ordnete ihre Ritter, schlug alle gegen ihn ausgesandten Heere der Spanier und
brachte den König selbst mit seinem Sohne gefangen aufs Schloss, wo sie von der
überglücklichen Königin mit Auszeichnung behandelt wurden. Als aber der

---

[187] Dies erinnert an die helfenden Tiere im Märchen. In dem schönen walachischen Märchen: Das
goldene Meermädchen hilft der Wolf (Schott, *Walachische Märchen*, Stuttgart und Tübingen 1845,
p. 253 ff.); ganz ähnlich ist das russische Märchen vom fliegenden Wolf, Dietrich, *Russische
Volksmärchen*, Leipzig 1831, Nr. I. sonst ist bei den Walachen das redende hilfreiche Tier
vorzugsweise das Roß, Schott a. a. O. p. 171: Die Kaiserstochter und das Füllen und Nr. 184: Juliana
Kosseschana. In der Bukowina ist es der fromme Wolf, Wolf *Zeitschrift für deutsche Mythologie* II.
389. S. auch Strapparola, *Piacevoli notti* Nr. III. F. 3. Im deutschen Märchen vom goldenen Vogel
(Grimm, *Kinder- und Hausmärchen*, Gött. 1857, Nr. 57) hilft der Fuchs, ebenso in dem
niederländischen Roman von Walewein von Permine, *Geschiedenis der middennederlansche
Dichtkunst* v. Jonckbloet, Amsterdam 1851, II. p. 79 ff. Pfeiffers *Germania*, Stuttg. 1856, I. p. 489
u.s.w.

Werwolf, der täglich unbehindert aufs Schloss kam, den König von Spanien erblickte, eilte er mit Liebkosungen auf ihn zu, und bezeugte eine außerordentliche Freude, daß alle sich verwunderten. Der König wurde nachdenklich und erzählte, daß ihm einst sein Erstgeborener durch Verwandlung in einen Wolf entrissen worden sei, und daß er seine zweite Gemahlin im Verdacht der Zauberei habe. Wilhelm veranlaßte ihn, dieselbe herbeiholen zu lassen. Als der Wolf sie erblickte, war er vor Wut kaum zu bändigen. Die Königin gestand ihre Schuld und erbot sich, den Prinzen wieder zu entzaubern. Sie ging mit ihm allein in ein Gemach, band ihm einen zauberzerstörenden Ring an einem roten Seidenfaden um den Hals und las aus einem Buche mächtige Sprüche; - die Wolfshaut fiel ab, und Prinz Alphons stand nackt in jugendlicher Mannheit vor ihr. Wilhelm eilte mit den Frauen herbei; der Prinz wurde prächtig bekleidet und seinem glücklichen Vater zugeführt. Um das Maß der Freude voll zu machen, eröffnete Alphons der Königin von Palermo, daß Wilhelm ihr Sohn sei, den er in Wolfsgestalt geraubt habe, um ihn vor den Nachstellungen seines Oheims und der beiden Wärterinnen zu schützen. Das Gedicht schließt unter dem Freudenlärm eines dreifachen Hochzeitsfestes. Später wurde Wilhelm Kaiser von Rom und der entzauberte Werwolf König von Spanien.

II. Kapitel.

Der Werwolf in den Niederlanden

In alt- und mittelniederländischen Quellen kommt das Wort werewulf nicht vor; die Sage hat sich jedoch bis in unsere Zeiten erhalten. Von der Hinrichtung zweier Werwölfe in Lüttich im Jahre 1610 wird berichtet, dieselben hätten eingestandenermaßen in Wolfsgestalt besonders viele Kinder getötet; bei ihnen war ein Knabe, der sich in einen Raben verwandelte, so oft sie den Raub zerfleischten.[188] Hier haben wir die beiden Lieblingstiere Wodans in Gemeinschaft.

In Lansens Vlämischen Sagen und Gebräuchen[189] wird von einem Schäfer erzählt, der vom Teufel ein Wolfsfell bekommen hatte mit der Verpflichtung, nachts als Werwolf umherzuschweifen und die Leute zu erschrecken. Bald wurde er jedoch des nächtlichen Umgehens müde; es gab aber nur ein Mittel, die Haut los zu

---

[188] Nic. Remigii *Daemonolatria*, Francof. 1598, p. 263.Gockel, *Tractatus Polyhistoricus*, Frankf. Und Leipz. 1717. – Lauben, *Dialogi* p. 24. – Dobeneck, *Des deutschen Mittelalters Volksglauben*, Berlin 1815, II. 175. Grimm, *Deutsche Sagen*, I. p. 294.
[189] Wolf, *Zeitschrift für deutsche Mythologie* III. 175.

werden, und das war, sie zu verbrennen; dabei sollte der Eigentümer die Feuerpein fühlen, als ob er das brennende Fell am Leibe hätte. Sein Dienstherr sandte ihn nun eines Tages nach der Stadt Yper, und als er dachte, der Schäfer werde dort angekommen sein, zog er das Wolfsfell aus dem hohlen Weidenbaum, wo es versteckt lag, und warf es in seinen brennenden Ofen. Im selben Augenblick begann der Schäfer Brandqualen zu fühlen und lief heulend wieder nach Hause; dort kam er eben an, als das Fell völlig verbrannt war, und nun war auch seine Pein zu Ende; „er war auf diese Weise erlöst, daß er, als sein Fell verloren war, seinem Meister viel Tausend Mal dankte, um so viel mehr, daß er mit den Teufel keinen Ärger mehr hätte und bei der Nacht ruhig schlafen könnte."

Eine ähnliche Geschichte erzählt Wolf, Niederländische Sagen, Leipzig 1843, Nr. 503: Der Knecht wurde von Doel nach St. Nikolas (fünf Meilen) geschickt, der Pächter zieht das Fell aus einem Holzhaufen und wirft es in den Ofen; da wird der Knecht plötzlich in die Kammer versetzt und heult vor dem Ofen, bis sein Fell zu Pulver gebrannt ist, dann ist er erlöst. Weitere Sagen erzählen von einem Jungen, der mit der Sichel einem Wolf die Pfote abhieb, die zur Menschenhand wurde; am andern Tag hörte man, daß einem alten Weib, die schon längst in bösem Ruf stand, eine Hand abgehauen sei;[190] - von einem Mann, der einen Wolf mit einem Pfeil in die Seite schoß, worauf der Knecht des Bürgermeisters mit einem Schuß in der Seite bettlägerig wurde und sterbend bekannte, der Wolf gewesen zu sein.[191] Von einem Jäger, der einem Wolf mehrere Stiche in den Bauch versetzte und seiner Blutspur folgend zum Walde hinaus in eine kleine Hütte kam, wo eine Frau eben beschäftigt war, ihrem Mann eine schwere Seitenwunde zu verbinden; der Mann wurde eingezogen und gestand auf der Folter, daß er sich mittels einer Salbe oftmals zum Wolf gemacht habe; er wurde hingerichtet.[192] Ein Flachshechler kam mit seinem Knecht auf einen Hof und bat den Pächter, nachts die Türe nur angelehnt zu lassen, damit sein Knecht, der zwar ein guter Arbeiter, aber ein Werwolf sei, aus- und einkönne. Die anderen Knechte und Mägde jedoch hielten das Tor zwei Nächte verschlossen; in der dritten wurde der Hechelknecht von großer Unruhe befallen und sagte, man müsse das Tor öffnen; die andern aber lachten ihn aus, da rief er um elf Uhr: „Wenn ihr mir nicht öffnet, so banne ich euch den Teufel in den Leib!" Doch das Tor blieb verschlossen; nun lief der Knecht aus der Kammer auf den Boden, wo er schlief, und als die andern später

---

[190] Wolf, Niederländische Sagen Nr. 242.

[191] Wolf a. a. O. Nr. 243.

[192] Leonard Vair, Trois livres de Charme, sorcelages ou enchantements, Paris 1583, 8. p. 387. Wolf, Niederländische Sagen Nr. 501. Die Geschichte stand auf einem Pergament, das an der Jakobinerkirche einer Stadt in Burgund angeschlagen war.

nach ihm sahen, fanden sie, daß er sich an den Leintüchern durchs Fenster heruntergelassen hatte. Er kam auch nicht wieder. Aber in der folgenden Nacht rasselte es schrecklich um den Hof herum, und man fand im feuchten Boden Spuren wie von einem großen Hunde. Am zweiten Abend klopfte es an ein Fenster im ersten Stock und der Pächter sah einen Wolf so groß wie das größte Pferd, der mit den Vorderfüßen auf dem Fenster stand. Seitdem hörte man nichts mehr von dem Werwolf, aber den Hof traf Unglück über Unglück.[193]

12. Kapitel.

Sagen über Tierverwandlungen in Deutschland – Hexen, die sich in Katzen verkehren – Werwolfsagen – Der Werwolfprozeß gegen Peter Stubbe

In Deutschland selbst fehlen uns ältere Quellen für unsere Sage. Grimm[194] findet das Wort zuerst bei Burkhard von Worms (ums Jahr 1000); dort heißt es von den Parcen (Nornen), daß man glaube, sie können einen Menschen bei der Geburt „bestimmen, als was sie immer wollen, wodurch die gewöhnliche Dummheit ihn Werwolf, oder irgendein anderes (Wer-) Tier nennt."[195] Geiler von Kaisersberg erwähnt den Werwolf in seiner Emeis: Am dritten Sonntag der Fasten Occuli predigt der Doctor von den werwölffen. „Was wiltu uns von den werwölffen sagen? Seind also werwölf, dy in die dörffer lauffen und kind und menschen essen, als man etwan darvon sagt, das sie also mit verhengtem zaum die menschen schedigen und heißen berwölff oder werwölff? Du weist mee darvon den ich" usw.[196] Der Sache selbst gedenkt schon Bonifacius in einem Taufsermon, wo er verbietet „Giftmischereien, Beschwörungen und Wahrsagereien zu betreiben, an Hexen und Schein-Wölfe zu glauben."[197]

Im fünfzehnten Jahrhundert erhob sich ein großer Streit über die Wirklichkeit der Verwandlungssage und dauerte durch die nächsten zwei Jahrhunderte eifrig fort.

---

[193] Wolf, *Niederländische Sagen* Nr. 502.

[194] *Deutsche Mythologie* 1048, goth *vairavulvs*? Bei mittelhochdeutschen Dichtern kein *werwolf*.

[195] Ed. Coloniae, 1548, p. 198. Mannhardt, *Germanische Mythen*, Berlin 1858, p. 631.

[196] Vom Werwolf der alten Sage ist hier jedoch nicht die Rede. S. Stöber, *zur Geschichte des Volksaberglaubens im 16. Jahrhundert*. Basel 1856, p. 31.

[197] S. Falkenstein, *Antiquitates et memorabilia nordgaviae veteris*, *Nordganische Altertümer*, Schwabach 1734, fol. T. I. p. 243. – Grimm, *Deutsche Mythologie* 1048.

Wir finden hier den Werwolf in Gesellschaft der Hexen; doch kam er in Deutschland wenig vor Gericht.[198] Und dennoch ist der Wolf vorzugsweise das Tier, in welches sich zauberkundige Männer verwandeln; aber die Zauberfrauen überwogen an Zahl und obgleich wir im Gegensatz zum Altertum auch weibliche Werwölfe haben, wählt die Hexe doch lieber ein anderes Tier für ihre Verwandlung, vornehmlich die Katze. Diese ist Freyjas heiliges Tier, der großen Hexenmutter. Die Sagen von diesen Katzenverwandlungen sind den Werwolfssagen völlig analog;[199] ich will der Vergleichung halber eine Anzahl vorführen:

Einer Frau stiehlt eine Katze die Kuchen aus der Pfanne; die Frau wirft ein Messer über das Tier und ihre Nachbarin steht splitternackt vor ihr und bittet sie, das Messer noch einmal über sie zu werfen, dann wollte sie die Kuchen zurückgeben. Die Frau tut dies und sofort springt jene wieder als Katze davon.[200]

In einer Mühle war es nicht geheuer, so daß es kein Mahlknecht aushalten konnte und der Müller in Not kam. Da meldete sich ein neuer Knecht, der gewillt war, den Spuk auszutreiben; dieser stellte eine Axt an sein Bette; um zwölf Uhr sprang eine große Katze durch die Türe und auf ihn los, er hieb ihr mit der Axt eine Pfote ab. Am Morgen lag ein blutender Frauenarm mit einem goldenen Ring am Boden. Darauf wurde Schwanwitt, die Nachbarin, mit abgehauenem Arm im Bette gefunden und als Hexe verbrannt.[201]

Ein Bergmann von Zellerfeld im Harz wurde, wenn er nachts zur Grube ging, von Katzen umschmeichelt und angebettelt; als sie ihm endlich zu unverschämt wurden, nahm er einen mit spitzen Nägeln beschlagenen Stock und traf eine der Katzen auf den Kopf. Auf ihr Geschrei liefen Scharen anderer Katzen herbei, und man fand den Bergmann am andern Tag zerfleischt und zerrissen auf dem Kreuzweg liegen.

---

[198] Hauber, *Bibliotheca, acta et scripta magica* 29. Stück, p. 285. "Da sonsten dergleichen Wölfe in den Hexenprozessen sehr rar sind, und unter hundert Männern, welche als Zauberer verurteilt worden, kaum drei oder vier gefunden worden, die bekannt haben, oder auch nur beschuldigt worden sind, daß sie Werwölfe gewesen seien."

[199] Nur ist bei der Verwandlung der Katzen nie vom Überwerfen eines Hemdes oder Gürtels die Rede.

[200] Nodnagels hessische Sagen in Wolfs *Zeitschrift für deutsche Mythologie* I. p. 247.

[201] Wolf, *Zeitschrift für deutsche Mythologie* I. 307. s. Kuhn und Schwartz, *Norddeutsche Sagen*, Leipzig 1848, Nr. 225: Die Katzenmühlen; hier werden die Knechte von einer Katze erwürgt, bis ihr ein flinker Knecht die Pfote abschlägt, da erkennt man des Müllers eigene Frau. Ähnlich Müllenhoff, *Sagen aus Schleswig Holstein*, Kiel 1845, p. 227. Kuhn, *Märkische Sagen*, Berlin 1843, Nr. 134. Wolf, *Hessische Sagen*, Nr. 109. Schmitz, *Sagen des Eifellandes* II. 46. Colshorn, *Märchen und Sagen*, Nr. 9. Seifert, *Sagen aus Stadt und Stift Hildesheim*, p. 190 ff. Baader, *Volkssagen aus dem Lande Baden*, Nr. 18. Pröhle, *Unterharzische Sagen*, Nr. 338. Wolf, *Deutsche Sagen*, Nr. 148, 149 usw. Weitere Erzählungen von abgehauenen Katzenpfoten Pröhle, *Harzsagen*, p. 235.

Nachdem zeigte es sich, daß dies lauter Hexen gewesen, und eine mußte sich vom Chirurgen verbinden lassen, die sie hatte den Kopf voll kleiner Nagellöcher.

Die Hexen von Klausthal ziehen als Katzen auf den Brocken.[202] Hexen als Katzen trinken einem Bauern bei Nacht sein Bier aus; er erkennt sie durch Verbrühen, darunter auch seine Frau.[203] Auf dem Neuenhof bei Gelnhaar wurden vier Gesellen beim Branntweinbrennen von zwölf Katzen besucht, die sich in einer Reihe auf eine Bank setzten. Sie wurden geduldet und kamen öfter. Da hörte aber einmal einer der Gesellen, während die andern schliefen, wie die Katzen sich mit Menschenstimmen verabredeten, die vier Burschen umzubringen. Als sie am folgenden Abend wiederkamen, wurden sie von den Gesellen mit kochendem Wasser verbrüht, und am andern Tag lagen zwölf Weiber aus der Nachbarschaft übel verbrannt zu Bette.[204] Ein Mann im Bistum Straßburg wurde von großen Katzen angefallen und hatte viele Mühe, sich ihrer mit Axthieben zu erwehren. Gleich darauf wurde er verhaftet und vor den ergrimmten Richter geführt, der ihn beschuldigte, „drei fürnehme und ehrliche Matronen in der Stadt" übel verwundet und beschädigt zu haben. Er beteuerte seine Unschuld und erzählte, was ihm mit den Katzen begegnet war. „Da seynd die andern beysitzenden Herrn gleich erstarret" und haben ihn gebeten, die Sache geheim zu halten, damit diese ehrlichen Matronen nicht „rüchtbar" gemacht würden.[205] Der Nachtwächter von Hildesheim wurde einmal von redenden Katzen angefallen, und es wäre ihm schlimm ergangen, wenn es nicht eben ein Uhr geschlagen hätte.[206] Ein Bursche wurde, so oft er nachts zu seinem Schatz ging, von einer schwarzen Katze beunruhigt; er nahm einmal einen Kameraden mit, und dieser warf sein Messer über das Tier, da lag ein Mädchen vom Dorfe nackt am Boden, das den Burschen lange geliebt hatte und ihm eifersüchtig auf Tritt und Schritt gefolgt war.[207]

Ein Knecht pflügte, da kamen zwei Katzen zu ihm heran, deren jede sich an ihn zu schmiegen und die andere zu verdrängen suchte; darüber war des Beißens unter ihnen kein Ende. Der Knecht verwundete endlich eine mit seinem Stock am Fuß, und plötzlich stand eine seiner Geliebten vor ihm, am Fuße blutend. „So, Greet, bist Du dat!" sagte der Knecht, „ga man, ik näm dy nich.",,Ja," sagte Greet, „de

---

[202] Pröhle, *Harzsagen*, Leipzig 1854, p. 100.101.

[203] Kuhn, *Norddeutsche Sagen*, Nr. 321.

[204] Wolf, *Hessische Sagen*, Nr. 110.

[205] *Malleus Maleficarum* II., Q. I., c. 9. – Remigius *Daemonolatria*, Hamburg 1693, Teil 2, Wunderseltsame Historien, p. 292. Wolf, *Deutsche Sagen*, Nr. 351.

[206] Seifert, *Sagen aus Hildesheim*, p. 46.

[207] Wolf, *Hessische Sagen*, Nr. 108.

ander, dat weer Trien, de kerm goet weg." Da mied der Knecht von da an beide Mädchen.[208]

Hexen helfen einer Magd in Katzengestalt waschen, diese sagt von Zeit zu Zeit zur größten: „Mohrle, nur sauber!"[209] Hexen quälen nachts die Pferde in Katzengestalt,[210] melken die Kühe,[211] tanzen im Keller,[212] reiten auf Katzenschwänzen[213] usw.

Auch der Alp erscheint in Katzengestalt. So lebte in einem Dorfe unfern Riesenburg in Ostpreußen ein Mädchen, das sich, ohne selbst davon zu wissen, nächtlich in eine schwarze Katze verwandelte. Am Morgen fühlte sie sich ermattet wie nach einem schweren Traum. In ihrer Verwandlung aber mußte sie zu ihrem Verlobten, um ihn zu kratzen und zu peinigen. Einst ergriff er die Katze und band sie in einen Sack; darin fand er am andern Tag seine nackte Braut. Der Pfarrer des Orts heilte sie.[214]

Ein Schreiner in Bühl wird vom Alp geplagt und sieht ihn einmal um Mitternacht als Katze zu einem Loch hereinschlüpfen; schnell verstopft er dieses und nagelt die Katze mit einer Pfote an den Boden. Am andern Morgen fand er ein schönes nacktes Weib mit angenagelter Hand, die ihm so wohl gefiel, daß er sie heiratete und drei Kinder mit ihm zeugte. Als er aber einmal das verstopfte Loch öffnete, wurde sie wieder zur Katze, schlüpfte hinaus und kam nicht wieder.[215] Außerdem erscheinen die Hexen in den mannigfaltigsten und mitunter absonderlichsten Verwandlungen: Hexe als Schwein, welcher von ihrem diabolischen Herrn befohlen war, ihr eigenes Enkelchen zu fressen.[216] Hexe als Hase: Ein Jäger aus Oestinghausen in Westfalen zielte eines Tages nach einem ungewöhnlich großen Hasen, als sich dieser plötzlich auf die Hinterbeine stellte und sagte: „Wo sin de annern

---

[208] Müllenhoff, *Sagen aus Schleswig – Holstein*, p. 566.

[209] Baader, *Volkssagen aus Baden*, Nr. 204.

[210] Schambach – Müller, *Niedersächsische Sagen*, p. 180.

[211] Baader, *Volkssagen*, Nr. 223.

[212] Colshorn, Nr. 88. Schweine sind ihre Reittiere.

[213] Müllenhoff, p. 216. – Weitere Sagen von Hexen als Katzen, s. Wolf, *Hessische Sagen*, Nr. III, 112. Müllenhoff, p. 228. Wolf, *Niederländische Sagen*, Nr. 390 – 396. Baader, *Volkssagen*, Nr. 331. Müller, *Siebenbürgische Sagen*, Nr. 144. Tettau – Temme, *Volkssagen Ostpreußens*, p. 273; u. A. S. Grimm, *Deutsche Mythologie*, 1051.

[214] Tettau – Temme, *Ostpreußen* p. 274.

[215] Baader, *Volkssagen*, Nr. 136. S. auch Kuhn – Schwartz, *Norddeutsche Sagen*, p. 91: Hier kommt sie jedoch jeden Sonntag zurück, um die Kinder anzukleiden.

[216] Meier, *Schwäbische Sagen*, I., Nr. 197: Hier stößt ihr der eigene Sohn ein glühendes Eisen in den Hals. – Wolf, *Hessische Sagen* Nr. 107: Hier wird ihr eine Hand abgehauen. – Baader, *Volkssagen aus Baden* Nr. 75: Hier wird sie geschlagen, daß sie danach stirbt. – Siehe ferner Meier, a. a. O. Nr. 205.

Jeagers?"[217] Ein Jäger fragt einen Jungen, der im Feld arbeitet, ob er ihm keinen Hasen zeigen könne; der Junge läßt sich ein Butterbrot geben und bezeichnet dem Jäger ein Rauchfutterstück, worin ein Hase liege. Als der Jäger aber auf diesen anlegt, ruft der Junge: „Vestemöme, laupet!" (Großmutter, lauft!) und der Jäger scheut sich loszudrücken. Diese Hasen tragen auch wohl einen „dreitimpigen hot" auf dem Kopf[218] und sind häufig dreibeinig,[219] sie halten auch Tänze;[220] und mit ererbtem Silber können sie getroffen werden.[221] Hexe als Fuchs flieht, von Erbsilber verwundet, in einen Backofen.[222] Hexe als Gans, von einem Nachtwächter in Hildesheim auf der Kirchhofmauer gefunden und mit großer Mühe, weil sie von Schritt zu Schritt schwerer wurde, nach Hause getragen.[223] Ein zauberkundiger Jäger schießt nach einer Wildgans und findet darauf im Gebüsch eine nackte, ihm wohlbekannte Frau; er wirft ihr sein Taschentuch zur Bedeckung zu und läßt ihr auf ihre Bitten Kleider vom Dorfe holen.[224] Hexe als Pferd wird erstochen,[225] wird erkannt und beschlagen.[226] Hierher gehört die vielverbreitete Sage von der Frau, welche jeden ihrer Knechte durch Überwerfen eines Zaums in ein Pferd verwandelt und auf den Hexensabbat reitet, zuletzt aber doch von einem überlistet, selber in ein Roß verwandelt und mit glühenden Eisen beschlagen wird.[227] So läßt auch der

---

[217] Kuhn, *Westfälische Sagen*, p. 30. Wolf, Niederl. S. Nr. 387.

[218] Kuhn, *Westfälische Sagen* p. 31, 30

[219] Kuhn-Schwarz, *Norddeutsche Sagen* p. 25, 412.

[220] A. a. O. p. 90, 306: hier werden sie von einem Jungen verschenkt, und einer läßt einen silbernen Becher zurück.

[221] Müllenhoff p. 229. Thiele, *Danmarks Folkes*. II., 103. – Ein Jäger flieht zwei Tage im Wald des Schlossbergs bei Freiburg einen Hasen, der ihn spottend anblickt, sobald er nach ihm schießt; da lädt er sein Gewehr mit geweihtem Pulver und trifft den Hasen. Wie er näher tritt, findet er ein Portiunkulaweibchen auf dem Kopfe stehend, das eine blutende Schußwunde in der Brust hat, und als er es berührt, tot zu Boden fällt. Baader. *Volkssagen*, Nr. 62. Ebenso Baader, *Neugesammelte Volkssagen aus dem Lande Baden*, Karlsruhe 1859, Nr. 42.

[222] Müllenhoff p. 230.

[223] Schambach-Müller, *Niedersächsische Sagen* Nr. 181. Ähnlich Baader, *Neugesammelte Volkssagen* Nr. 150. Meier, *Schwäbische Sagen* Nr. 205. Harrys, *Niedersächsische Sagen*, I., 29. s. auch Grimm, *Deutsche Mythologie* 1054.

[224] Baader, *Volkssagen* Nr. 117.

[225] Müllenhoff p. 226.

[226] Meier, *Schwäbische Sagen* Nr. 215.

[227] Baader in Mones Anzeiger für Kunde der deutschen Vorzeit, Jahrgang 1839, Spalte 180; *Volkssagen* Nr. 69, 336. – Müllenhoff p. 226. – Müller, *Siebenbürgische Sagen* Nr. 148. Wolf, *Deutsche Sagen* Nr. 141. Wolf, *Niederländische Sagen* Nr. 389 und p. 702. Thiele, Daum. Folkes. II., 101, 284. – Wegen des Zauberzaums vergleiche den *gandreidhs beitsli*, den Wolfritzzaun, aus der Kopfhaut einer Leiche geschnitten, in den isländischen Sagen von Maurer p. 101. Einen solchen Zaum hat auch Johannes Semeka, genannt Teutonicus, S. Widmann zu Faust 2, 21; Scheibles Kloster

Teufel in Heilbronn eine Hexe in Roßgestalt beschlagen.[228] Der Teufel erscheint selber als Pferd.[229] Hexe als Löwe in Aschaffenburg; die Leichenfrau stößt dem Tier das geweihte Kreuz in den Rachen, da wird es zu einem nackten alten Weib, das auf allen Vieren läuft und hinten statt des Schweifs einen Kochlöffel hat.[230] Hexe als schwarzes Huhn,[231] als Kröte,[232] ferner als Wirbelwind: Zwei Mädchen grasen auf einem Feld bei Kleinsteinbach, als plötzlich ein Wirbelwind entsteht. Die eine wirft ihren linken Schuh hinein, da steht eine Frau aus dem Dorfe vor ihnen.[233] Ein Jäger schießt mit einer geweihten Kugel in ein Gewitter, da fällt ein nacktes Weibsbild tot zur Erde.[234] Von den Hexen in Donsum auf Föhr erzählt Müllenhoff (p. 211), daß sie Flügel an den Schultern haben, sie verwandeln sich in Schwäne und Adler. Ein Mann schoß nach einem wunderschönen Vogel, und dieser ward ein Weib. Bei einem Wasser in der Nähe von Donsum kam ein Brautpaar vorbei, auf dem Wasser segelten Schwäne; da sprach die Braut: „Ich will einen Augenblick zu den Schwänen gehen,“ und sie ging hin und fand ihre Schwestern, das waren die Schwäne. Da ward auch sie zum Schwan und ließ ihren Bräutigam allein (Erinnerung an die alten Schwanjungfrauen). Oft verwandeln sich die Hexen in Seehunde und verfolgen die Schiffer; Hexen als Sturzwellen, als Wasserhosen, als blankschimmernde Hunde.[235] Die Hexen in Siebenbürgen

---

II., 628; Düntzer ebenda. 5, 160, Anm. 131; Ferner in der Sage von Kledno, einem bretonischen Fürsten, Villemarqué, *Les romans de la tabelronde*, Paris 1860, p. 417. Siehe Die Besprechung der isländischen Sagen von Maurer in den Göttinger Gelehrtenanzeigen von F. Liebrecht, 1861, II. Stück, p. 425 ff.

[228] Baader, *Volkssagen* Nr. 294. S. Die Tiroler Sage aus Ulpen, wo der Teufel eine ausgelassene Dirne entführt und beim Schmied beschlagen läßt. Wolf, *Zeitschrift für deutsche Mythologie* II., p. 180. Eine Pfaffenmagd, so in ihren Sünden beharrt, bis in den Tod, so wird sie des Teufels Pferd und darf man für sie nicht bitten. Fr. Pfeifer, *der alten Weiber Philosophey*, Wolfs Zeitschrift III. 314.

[229] Grimm, *Deutsche Mythologie* 946.

[230] Baader, *Neugesammelte Volkssagen* Nr. 152.

[231] Müller, *Siebenbürgische Sagen* Nr. 139.

[232] a. a. O. Nr. 143.

[233] Baader *Volkssagen* Nr. 237. Meier, *Schwäbische Sagen* Nr. 286: Windsbraut. – Müller, *Siebenbürgische Sagen* Nr. 141.

[234] Baader, *Volkssagen* Nr. 337.

[235] a. a. O. p. 224, 225, 229. Von einer Hexe als Hund, die, von wirklichen Hunden angefallen, in ein Ofenloch getrieben und von dem Grafen Paulus von Salm in den Rachen gestochen wurde, erzählt Remigius. I., p. 156. Ganz ähnlich in Augustin Lercheimer von Steinfelden, *Christlich Bedencken und Erinnerung von Zauberey*, 1585; in Scheibles Kloster V., p. 301. – Über den in einen Hund verwandelten Gotteslästrer „ den Welthund", s. Colshorn, *Märchen und Sagen* Nr. 35. Seifart, Hildesheim p. 21. Pröhle, *Unterharz* Nr. 120. Happelius *Relationes Curiosae* III., 369. Lauben, *Dialogi von der Lycanthropie* 87 bis 93. Leubuscher, *Wehrwölfe* p. 7. Schröer, *Beitrag zur deutschen Mythologie und Sittenkunde aus dem Volksleben der Deutschen in Ungarn*, Preßburg 1855, 4. p. 19.

erscheinen besonders nachts zwischen elf und zwölf Uhr als rauschender Wind, als schwarze Katze, zuweilen mit einem Pfennig im Mund, als Henne, als schwarzer Hund, als Gans, Natter, Fuchsbalg, als Weibsbild ohne Kopfbedeckung mit abgeflochtenen Zöpfen, schwarzem Gewand und schwarzem Gürtel; die Hexe fliegt als Fliege den Leuten in den Mund und bindet ihnen die Zunge, kommt als Kröte so dick wie eine Katze durchs Rauchloch[236] usw.

Kehren wir nun zur Werwolfssage zurück. Johannes Trithemius erzählt in seinem Chronicon Monasterii Hirsgauensis von einem Juden, Bajanus Simeonis der Sohn, der ums Jahr 970 gelebt und die Gabe gehabt habe, sich unsichtbar zu machen und sich in einen Wolf zu verwandeln.[237] Einer der wenigen gerichtlich bestraften Werwölfe war ein gewisser Peter Stubbe aus Bedburg in der Nähe von Köln, welcher eingestand, zwanzig Jahre lang eine teuflische Succube als Beischläferin gehabt zu haben; dieselbe habe ihm einen Gürtel geschenkt, durch den er, sobald er ihn umgebunden, zum Wolf geworden sei; in dieser Gestalt habe er fünfzehn Knaben, zwei Weiber und einen Mann erwürgt, jedoch nur das Gehirn von ihnen gegessen. Es wurde ihm der Leib mit glühenden Zangen zerfleischt, Arme und Schenkel mit dem Rade abgestoßen und er danach auf dem Scheiterhaufen verbrannt. Diesen qualvollen Tod ertrug er mit großer Standhaftigkeit, indem er bat, seines Leibes nicht zu schonen, damit seine Seele gerettet werde. Das war im Jahr 1589.[238] Wolfeshus erwähnt gleichfalls einen Werwolf aus Köln, der mit seinem Vater über dreißig Menschen ums Leben gebracht habe und im Jahre 1590 gerichtet worden sei.[239] Einst wurde ein Schäfer von einem Wolf angefallen und hieb ihm mit dem Beil in die Hüften; darauf fand er im nächsten Busch ein Weib aus dem Dorf, das ihm spinnefeind war, wie sie eben mit Fetzen ihres Rocks eine starkblutende Wunde stillen wollte. Die Hexe wurde verbrannt.[240] Ein anderer Schäfer schlug einen Wolf mit einem Stock aus Erlenholz und begegnete bald darauf einem hinkenden Weib, das er bezichtigte, jener Wolf gewesen zu sein; sie

---

[236] Müller, *Beiträge zur Geschichte des Hexenglaubens und Hexenprozesses in Siebenbürgen.* Braunschweig 1854, p. 57 f.

[237] Bodinus, *Daemonomania* p. 240. Übersetzt von Fischart, 123. Remigius II. p. 187. Wolfeshusius p. 31. Boquet, *Discours des Sorciers* p. 338. Wierus, *De praestigiis Daemonum. Liber de Lamiis* C. XXIII., 5.

[238] Verstegan, *Restitution* p. 237. Claude Brieur, *Dialog de la Lycanthropie.* p. 38. – Lauben, *Dialogi,* p. 22. – Gockel, *Von dem Beschreien* p. 28. – Dobeneck, *Des deutsche Mittelalters Volksglauben* II., 173.

[239] *De Lycanthropis* p. 34.

[240] Dies hat Remigius aus dem Mund seiner Fürstin und Frauen Diana Domartinensi, des durchlauchtigsten Marktgrafen von Haurech Gemahlin, *Daemonolatria,* Hamburg, c. XXXIV. Grimm, *Deutsche Sagen* II. p. 294.

konnte es vor Gericht nicht leugnen und nahm bald hernach ein verdächtiges Ende.[241]

Einem Oberjägermeister und seinen Begleitern begegnete ein ganz erhitzter Wolf, „dessen fauces (Lefzen) gäntzlich mit Blut bemackelt waren", keine Kugel vermochte ihn zu verletzen. Da kam ein Reiter durch den Wald und hörte die Ursache des Tumults, lud sofort eine Büchse mit Holundermark und einer Drahtkugel und schoß den Wolf in den Hals. Noch selbigen Tags kam ein altes, der Zauberei verdächtiges Weib mit einer Halswunde zum Bader; sie wurde verraten und verbrannt.[242]

Ein Bauer bannte einen Werwolf, der ihm in den Schafstall gebrochen war, daß er die ganze Nacht mit einem geraubten Schaf im Maul vor dem Hause stehen mußte. Am Morgen öffnete der Bauer sein Fenster und sagte: „Nachbar, das Schaf gilt 24 Batzen; wenn Ihr mir so viel schicken wollt, so mögt Ihr das Schaf mitnehmen." Der Wolf nickte mit dem Kopfe und ging. In der nächsten Nacht legte er die 24 Batzen in ein Papier gewickelt vor des Bauern Tür, brach aber zur Rache in dessen Stall ein und erwürgte sämtliche Schafe, ohne eines mitzunehmen.[243]

Ein Wildschütz schießt einen Wolf mit Schrot oben auf den Rücken und sogleich steht ein pelzbekleidetes Weib vor ihm und sagt mit bebender Stimme: „O lieber Jäger Mardä. Warum schießt Ihr mich heut? Hab' ich doch erst vor drei Tagen Euch Fastnachtküchlein geschickt." Einigen Männern, die über einen Acker gehen, erscheint der Besitzer desselben als Wolf.[244]

Noch in unseren Tagen sind Sagen vom Werwolf, besonders im Norden und Osten Deutschlands, lebendig. Die Verwandlung geschieht vorzugsweise durch einen Gürtel, der an die Stelle des alten Wolfshemdes getreten ist. Er wird sowohl auf dem nackten, als auf dem bekleideten Leibe getragen und ist aus Wolfsleder oder aus der Haut eines Gehenkten geschnitten; zuweilen sind auch wohl die zwölf Himmelszeichen auf zauberische Weise eingewirkt;[245] er wird von einer Schnalle mit sieben Zungen zusammengehalten, schlägt man die Schnalle auf, so ist der Zauber gebrochen. Ein Nachtwächter von Groß-Schneen wird in einer schmalen Gasse von einem Werwolf angefallen und schlägt ihm mit dem Stocke unter den

---

[241] Lauben, *Dialogi* p. 135 ff.

[242] Lauben p. 40 ff. Als Mittel gegen die Passauer Kunst des Festmachens gilt auch eine Kugel, in der ein Gerstenkorn steckt, oder eine silberne Kugel, die man aus dem Gelde gießt, daß man zum Patengeschenk erhalten hat, so in Bern und Luzern, Wolf, Zeitschrift IV., 179. s. auch Gräße, *Sagenschatz des Königreichs Sachsen*, Dresden 1855, Nr. 345, eine Hexe, mit silbernen Knöpfen geschossen, kommt auch im Märchen von den zwei Brüdern vor. Grimm, *Kindermärchen* Nr. 60.

[243] Lauben 141.

[244] Lauben 143 und 81

[245] Kuhn, *Märkische Sagen* p. 375.

Leib, wo die Schnalle sitzt, diese geht auf und der Mann steht nackt vor ihm. Am andern Morgen war der Werwolf tot.[246] Der Gürtel gibt übernatürliche Kräfte; so erzählen die Leute im Dorf Hindenburg in der Altmark von einem Menschen, der einen Streifen Leder aus Wolfshaut hatte, an dem noch die Haare waren; durch diesen verwandelte er sich in einen Wolf und erhielt so furchtbare Stärke, daß er einen Ochsen im Maul fortschleppen konnte. Er würgte das Vieh und fraß Menschen. Nur seine Frau verschonte er, denn sie kannte einen Zauberspruch, wodurch er gebannt wurde, und den er sie selbst gelehrt hatte. Sie schnallte ihm dann den Streifen wieder ab, und nun war er wieder ein vernünftiger Mensch.[247] Der Gürtel hat verwandelnde Kraft für jeden, mag die Verwandlung beabsichtigt sein oder nicht: Auf der Erichsburg sollte eine Menge alter Sachen, die auf einer Kammer aufbewahrt wurden, von Amts wegen verkauft werden. Darunter befanden sich alte Jagdgewehre, die den Wilddieben abgenommen worden waren, aber auch mehrere Werwolfsgürtel. Des Amtmanns Diener wollte die Kraft derselben erproben und schnallte einen um; sogleich ward er zum Wolf und lief nach Hunnesrück. Der Amtmann ritt ihm nach und hieb ihn mit dem Schwerte über den Rücken, daß der Gürtel aufsprang und der Bursche wieder entzaubert wurde.[248]

Im Orte Dahlem an der Eifel war Hochzeit in dem Hause eines Mannes, der einen Werwolfsgürtel besaß; diesen fand einer der Gäste zufällig und legte ihn an, ohne ihn zu kennen. Im selben Augenblick wurde er zum Wolf und sprang zum offenen Fenster hinaus. Im Walde lief er einen Holzbauer an, und dieser versetzte ihm einen Hieb mit der Axt, der den Gürtel traf und den Zauber löste.[249] Ein Mann in der Gegend von Steina hatte einen Wolfsgürtel und vergaß eines Tages, ihn einzuschließen. Da fand ihn sein kleiner Sohn, schnallte ihn um und wurde verwandelt; das war anzusehen wie ein Haufen Erbsstroh und kullerte schwerfällig fort wie ein Bär. Da wurde der Vater herbeigeholt und schnallte ihm den Riemen ab, ehe ein Schaden geschehen war. Der Kleine erzählte nachher, er habe mit der Anlegung des Gürtels einen solchen Heißhunger bekommen, daß er alles hätte zerreißen mögen.[250]

Die verbreitetste Werwolfgeschichte ist die von dem Schnitter, Roßhirten oder Köhler, der, während er seine zwei Gefährten auf der Wiese schlafend glaubt, einen Wolfsriemen anlegt und zum Wolf geworden ein ganzes Füllen auffrißt. Einer der Gesellen hat ihn aber belauscht, und sagt, als jener auf dem Heimweg über

[246] Schambach-Müller, *Niedersächsische Sagen* Nr. 198.
[247] Temme, *Volkssagen der Altmark*, Berlin 1839, p. 56.
[248] Schambach-Müller, *Niedersächsische Sagen* p. 182.
[249] Schmitz, *Sitten und Sagen des Eifler Volks* II., 33.
[250] Kuhn und Schwartz, *Norddeutsche Sagen* Nr. 258.

Leibschmerzen klagt: „Das wundert mich nicht, wenn man ein ganzes Füllen im Leib hat;" worauf der Werwolf grimmig erwidert: „Hättet ihr mir dies draußen gesagt, so wäret ihr nimmer heimgekommen!" und auf immer verschwindet.[251]

Im siebenjährigen Krieg war im Dorf Iber eine Schutzwache von sieben Mann; diese lagen in einem Bauernhause im Quartier und schliefen auf einer Streu, welche in der Stube bereitet war. In derselben Stube stand auch das Bett, wo der Bauer mit seiner Frau schlief, und davor eine Wiege mit einem kleinen Kinde. In der Nacht bemerkte die Frau, wie einer der Soldaten sich von der Streu erhob, einen Gürtel umlegte und so sich in einen großen Wolf verwandelte. Als solcher kam er an die Wiege und wollte das Kind packen, die Frau hatte es aber bereits in ihrem Bette in Sicherheit gebracht. Da schlich der Werwolf wieder zu seiner Streu, tat den Gürtel ab und legte sich nieder. Als die Schutzwache bald darauf abzog, gab die Frau dem Soldaten reichliche Wegzehrung.[252]

Der Werwolf wird durch Verwundung entweder sofort zur Rückverwandlung gezwungen oder doch später dadurch erkannt. Durch den Tod wird der Zauber unter allen Umständen gebrochen. Siehe die Sage vom Werwolfstein, wo der Zauberer durch verschiedene Verwandlungen zu entfliehen sucht, im Tode aber wieder zum Menschen wird.[253] In Caasburg auf Usedom waren einmal ein Mann und seine Frau beim Heuen auf einer Wiese beschäftigt; da sagte die Frau nach einiger Zeit, sie habe gar keine Ruhe mehr, sie könne nicht mehr bleiben und ging fort. Vorher aber hatte sie auch ihrem Manne das Versprechen abgenommen, daß, wenn etwa ein wildes Tier käme, er ihm seinen Hut hinwerfen und dann fliehen wolle. Nur eine Weile war sie fort, da kam durch die Swine ein Wolf geschwommen, der ging gerade auf die Heuer los; der Mann warf ihm seinen Hut hin, den das Tier in kleine Stücke zerriß; aber unterdessen hatte sich auch ein Knecht mit einer Forke hergeschlichen und erstach den Wolf von hinten. Im selben Augenblick verwandelte sich dieser und alle entsetzten sich nicht wenig, als sie sahen, daß es des Bauern Frau war, die der Knecht getötet hatte.[254] Ähnlich ist eine Erzählung aus Malchin, wo ein Bauer mit seiner Frau durch den Wald fährt und plötzlich absteigt, indem er sagt, sie möge fortfahren und, wenn irgendein Ungetüm kommen

[251] So mit geringeren Abweichungen in Hessen, Grimm, *Deutsche Sagen* II., p. 293; Westfalen, Kuhn, *Westfälische Sagen*, p. 25; Niedersachsen, Schambach-Müller p. 185, Harrys I., Nr. 34; Hannover, Colshorn Nr. 16. Hannoversches Magazin 1848, Nr. 36; Neumark, Kuhn, *Märkische Sagen* Nr. 243; Dittmarschen und Schleswig, Müllenhoff p. 231; Harz, Pröhle, *Harzsagen* p. 146; Magdeburg a. a. O. p. 276; Unterharz, Pröhle, *Unterharzische Sagen* Nr. 326.
[252] Schambach-Müller, *Niedersächsische Sagen* p. 185.
[253] Grimm *Deutsche Sagen* Nr. 214, Bechstein *Sagenbuch* 279.
[254] Kuhn-Schwartz, *Norddeutsche Sagen* p. 18.

sollte, ihm ihre Schürze zuwerfen. Darauf kommt er als Wolf und zerreißt die Schürze; die Frau erkennt ihn aber nach seine Rückkehr an einigen Fetzen, die ihm noch in den Zähnen stecken.[255] Ähnlich auch aus Groß-Schneen; hier stirbt die Frau vor Schrecken über diese Entdeckung.[256] Es zeigt sich hier ein angeborener oder aufgelegter Zwang, zu bestimmten Zeiten Wolf zu werden und etwas Menschliches oder Menschen Gehörendes zu zerreißen; Hut und Schürze dienen dem Verzauberten als Mittel, dieser Verpflichtung nachzukommen, ohne die ihm nahe stehenden Personen zu beschädigen. In furchtbarerer Gestalt tritt dieses Zwangsverhältnis des Werwolfs in einer Sage aus Ottensee bei Altona hervor: Dort lebte ein Bauer, der mit dem Bösen einen Vertrag gemacht hatte, wonach ihm das Geld nie ausgehen sollte unter der Bedingung, daß er sich am letzten Tage jedes Monats in einen Wolf verwandle und jedesmal einen Menschen umbringe. Lange gelang es ihm auch, diese Bedingung zu halten. Aber einmal wurde er von einer alten Frau, welche er anfiel, in die Türe geklemmt und lief schwer beschädigt nach Hause. Da kam in der Nacht der Teufel und wollte ihn holen, weil er den Vertrag gebrochen habe. Der Bauer machte sich noch dadurch frei, daß er seine eigene kleine Tochter auffraß. Etwa ein Jahr darauf fiel er seine Magd auf dem Felde an; diese aber rief ihn dreimal bei seinem Taufnamen, und so stand er wieder verwandelt vor ihr. Sie aber ging, ohne einem Menschen etwas zu sagen, fort nach Hamburg. In der Nacht kam der Böse wieder zu dem Bauern, und nur durch den Tod seines zweiten und letzten Kindes konnte er sich retten. Da erkannte man, daß er ein Werwolf sei, seine Frau verließ ihn, und die Leute mieden ihn. So kam's, daß er nach Hamburg entwich, wo er in einem Wirtshaus seine Mordtaten ungestört zu verüben dachte. Er wurde jedoch von seiner früheren Magd erkannt und den Gerichten überliefert.[257]

Fasern zwischen den Zähnen lassen häufig den Werwolf erkennen. So erzählt man in Medebach an der Orke in Preußen von einem Wirwulw: Ein Bursch, Lippes (Philipp), begleitete ein Mädchen namens Leise (Lise) aus einem benachbarten Ort; da sie ihm aber manches sagte, was er nicht gerne hörte, sann er auf Rache. Er ging einen Augenblick beiseite, und gleich darauf rannte ein Tier aus dem Busch und fiel das Mädchen an; diese schrie um Hilfe, bis das Tier entfloh. Bald darauf kam Lippes wieder zum Vorschein, und sie klagte ihm, daß ihr ein wildes Tier Schürze und Tuch zerrissen habe. Er bedauerte sie; da sah sie jedoch auf einmal zwischen seinen Zähnen Fasern von ihrer roten Schürze und lief fort, was sie laufen

---

[255] Kuhn-Schwartz p. 469.
[256] Schambach-Müller p. 360.
[257] Aus der *Sagenbibliothek*, Hamburg 1833, Heft II. und III. bei Müllenhoff p. 232.

konnte.[258] Ein Ehepaar ward beim Dorf Ochtersum unweit Hildesheim von einem Wolf angefallen; er faßte die Frau an ihrem roten wollenen Rock, ward aber vom Mann durch einen Axthieb in die Pfote vertrieben, und die Eheleute sahen deutlich, daß er ins Dorf humpelte. Am andern Tag liegt der Wirt des Krugs zu Bette, weil ihm, wie er vorgibt, eine Sense in den Arm gefallen sei. Der Mann geht mit einem Kapuziner, der mehr als Brot essen kann, hinauf zu ihm, um nach ihm zu sehen. Der Wirt will jedoch seinen Arm nicht zeigen, wird bitterböse und weist den Beiden in seiner Wut die Zähne. Da sehen jene, daß ihm noch von der roten Wolle zwischen den Zähnen steckt; er ist überwiesen und wird totgeschlagen.[259]

Der Werwolf ist aber häufig „gefroren", unverwundbar; dann muß man die Büchse mit Holundermark oder Erbsilber laden. Eine alte Frau in Husby bei Schleswig ward als Wolf von einer Kugel aus Erbsilber getroffen und hatte in Folge dessen ihr Leben lang eine offene Wunde, die kein Arzt zu heilen verstand.[260] In Greifswald war vor 200 Jahren eine erschreckliche Menge Werwölfe, besonders in der Rokover Straße: von da aus überfielen sie alle Leute, die sich abends nach acht Uhr außer dem Hause sehen ließen. Da taten sich die Studenten zusammen und erlegten die Untiere mit Knöpfen von ererbtem Silber.[261]

Wir sahen oben, daß die Nennung des Taufnamens entzaubernde Wirkung hat; so auch in der hessischen Sage: Einem Bauern stellt seine Frau bei jeder Mahlzeit Fleisch auf den Tisch, lange verheimlichend, wie sie dazu gelange. Endlich versprach sie ihm die Entdeckung, nur dürfe er dabei ihren Namen nicht nennen. Sie gingen miteinander auf das Feld, wo Schafe weideten; dort warf die Frau einen Ring über sich, wurde augenblicklich zum Wolfe, fiel in die Herde ein und lief mit einem Schafe davon. Der Mann stand wie versteinert, als er aber Hirt und Hunde dem Werwolf nachrennen und die Gefahr seine Weibes sah, vergaß er sein Versprechen und rief: „Ach Margareit!" da verschwand der Wolf, und die Frau stand nackend auf dem Felde.[262]

Diesen Glauben berührt Goethes Zigeunerlied in der Bühnenbearbeitung des Götz:[263]

[258] Firmenich, *Germaniens Völkerstimmen* Berlin p. 332.
[259] Schambach-Müller, p. 183.
[260] Müllenhoff p. 231.
[261] Temme, *Die Volkssagen von Pommern und Rügen.* Berlin 1840, p. 308.
[262] Grimm, *Deutsche Mythologie* 1049. Lyncker, *Deutsche Sagen und Sitten aus hessischen Gauen,* Kassel 1854, p. 107.
[263] *Geschichte Gottfriedens von Berlichingen mit der eisernen Hand,* dramatisiert; kleine Ausgabe in 40 Bänden, Band 34, p. 114.

Mein Mann, der schoß ein' Katz' am Zaun,
War Anne, der Nachbarin, schwarze liebe Katz;
Da kamen des nachts sieben Währwölf zu mir,
waren sieben, sieben Weiber vom Dorf. Wille wau usw.

Ich kannt' sie all, ich kannt' sie wohl:
's war Anne mit Ursel und Käth
Und Reupel und Bärbel und Lies und Greth,
Sie heulten im Kreise mich an. Wille wau usw.

Da nannt' ich sie alle beim Namen laut:
Was willst Du, Anne? Was willst Du Käth?
Da rüttelten sie sich, da schüttelten sie sich,
Und liefen und heulten davon. Wille wau usw.

Den Werwolf entzaubert aber häufig auch schon das einfache Erkennen ohne direkte Nennung seines Namens: Einem Bauern begegnete auf dem Feld eine alte Wölfin. Sie sprang immer auf sein Pferd zu, um es am Hals zu packen. Da kam dem Bauern ihre Stimme so bekannt vor, und er rief: „Bist Du dat, myne olle Möem odder bist Du dat nich?" Da stand seine eigene alte Mutter in leibhafter Gestalt vor ihm und konnte kein Glied rühren. Der Bauer lud sie auf den Wagen und brachte sie nach Hause, aber sie lebte nicht mehr lange.[264]
Weiterhin wird der Werwolf dadurch entzaubert, daß Eisen oder Stahl über ihn geworfen wird. Dies heißt man in Westfalen den Wolf, die Hexe blank maken; dem Werwolf platzt dabei das Fell kreuzweise vor der Stirne, und der nackte Mensch kommt aus der Öffnung heraus.[265] Eine wohlhabende Frau in der Nähe von Wolfhagen verließ fast jede Nacht ihr Haus und strich als Werwolf auf den Feldern umher. Einmal warf ihr ein Schäfer sein Taschenmesser über Kopf und Schulter und sie stand nackt vor ihm.[266] Als einst ein Bauer nachts mit seinem Wagen über Land fuhr, stieß ihm ein Werwolf auf; sogleich band er seinen Feuerstahl an die Geißel und schleuderte ihn über den Kopf des Wolfes her. Dieser aber erhaschte den Stahl, und nun mußte sich der Bauer durch eilige Flucht retten.[267]

---

[264] Aus Niederselk bei Schleswig, Müllenhoff p. 232.
[265] Kuhn, *Westfälische Sagen* p. 31. Grimm, *Deutsche Mythologie* 1056.
[266] Lyncker, *Deutsche Sagen* Nr. 162.
[267] Grimm, *Deutsche Mythologie* 1056. Lyncker, *Deutsche Sagen* Nr. 164.

Wer sich in ein Roggenfeld flüchtet, ist vor dem Werwolf sicher.[268] Der Werwolf wird gebannt, wenn man einen Degen so in die Erde steckt, daß die Spitze ihm zugekehrt ist; dann muß er stehen bleiben, bis seine Stunde kommt, wo er wieder zum Menschen wird.[269] Er wird auch gefangen durch Osterholz:[270] Einem sehr gefährlichen Wolf im Finkenberg stellte ein alter Jäger eine Falle, in der er drei ganze kleine Kreuze von Osterholz versteckte. Am andern Tage fand man darin einen „versoffenen Schneider" vom Moritzberge. „Nun wahr Dich, Du Wahrwolf!" rief der Jäger, warf dem Bösewicht einen Zaum über den Kopf und schleppte ihn zum Galgen. Aber als man ihn aufzog, da hing am Galgen nur ein Bund Stroh.[271]

Die Rückverwandlung geht oft nicht so rasch von Statten, daß die Verfolger nicht noch Anzeichen der abgelegten Gestalt zu erkennen vermögen. Einen Bauern, der nach Eckernförde fuhr, begleiteten zwei Wölfe zu beiden Seiten des Wagens; bei Kochendorf sprangen sie plötzlich über eine Türe; der Bauer eilte ihnen nach und sah eine Bäuerin mit ihrer Tochter auf der Diele stehen, und jede hatte einen Wolfsgürtel in der Hand. Im Dorf Elmenhorst wohnte ein Mann, der hatte von Geburt an die Gabe, sich in einen Wolf zu verwandeln. Einmal verfolgten ihn in dieser Gestalt zwei Hamburger Schlächter mit ihren großen Peitschen bis in sein Zimmer; dort fanden sie ihn zwar bei seinem Weibe im Bette liegend, aber er war noch nicht ganz verwandelt, und der Wolfsschwanz hing noch unter der Decke hervor.[272]

Den Werwolf erkennt man in seiner Menschengestalt auch an den zusammengewachsenen Brauen.[273]

Weitere Werwolfsagen siehe Reusch, Sagen des preußischen Samlandes, Königsberg 1838, 8, p. 66: Die Milchhexe in Labiau; Temme, Volkssagen von

---

[268] Müllenhoff p. 233.

[269] Kuhn-Schwartz, *Norddeutsche Sagen* p. 470.

[270] Osterholz nennt man die Kohlen oder Feuerbrände, die man in Hildesheim von den während einer Priesterprozession vor dem Dom angezündeten Osterfeuern wegnimmt; früher wurde man bestraft, wenn man dasselbe profan gebrauchte. Seifart, *Sagen aus Hildesheim* p. 178.

[271] Seifart, a. a. O. Nr. 7.

[272] Müllenhoff p. 232, 231.

[273] Grimm, *Deutsche Mythologie* 1050. Auch in Indien sind zusammengewachsene Brauen Zeichen der Zauberei, *Somadeva*, übersetzt von Brockhaus p. 104. Die Mahren, die den Schläfer drücken, haben sie ebenfalls, Wolf, *Zeitschrift für deutsche Mythologie* I., 198. Nach isländischem Glauben können dem *Sambrynn* (einem Menschen mit zusammengewachsenen Brauen) keine Gespenster schaden. Maurer, *Isländische Sagen* p. 88. Ein nordischer *hamrammr* heißt Olafr *tvennumbruni* – mit den beiderseits herablaufenden Augenbrauen. Maurer, *Bekehrung des norwegischen Stamms* II., p. 111, Anm. 35. S. Simrock, *Deutsche Mythologie* p. 467.

Pommern und Rügen Nr. 260: Der Wolf in der Gegend von Zarnow, der seinen Verfolgern plötzlich als ein großer fremder Mann mit einer Keule erschien (angeblich im Jahre 1631). Werwölfe in der Wetterau s. Wolf, Zeitschr. I., 5. Noch jetzt ist Werwolf ein Schimpfname in der goldenen Au.[274] Ein Werwolf in der Gegend von Ergste in der Grafschaft Mark wurde durch sein Söhnlein verraten, welches erzählte, daß die Mutter dem Vater, wenn er nach Hause komme, eine Mulde vor den Mund halte, dann übergebe sich der Vater, und Geld und allerhand Sachen kämen zum Vorschein. Nun war es klar, daß er ein Bündnis mit dem Teufel habe; er wurde eingezogen und der Wasserprobe unterworfen. Da rief er den Teufel an, er möchte ihm zwei Mühlsteine an die Beine hängen; derselbe brachte ihm aber zum Hohne nur ein Paar Nadeln; der Mann schwamm und wurde schuldig erfunden.

„Op der Wulweswiese unner'me Ekenbom hett se sine Aske begrawen."[275]

Hier geht der Begriff Werwolf schon in den allgemeineren von Zauberer über, wie bei einzelnen slawischen Stämmen.

Von einem seltsamen Wolf wird in Erfurt erzählt, der im Sommer des Jahres 1555 im Stadtgebiet herumgelaufen sei und die Leute umarmt und geherzt habe, besonders die Weibspersonen; Niemanden habe er ein Leid getan, doch seien die Begegnenden jedes Mal vor der ungewöhnlichen Größe seines Rachens erschrocken.[276]

Eine Abart des Werwolfs ist der sogenannte Böxenwolf; das ist ein Mensch, der mit dem Teufel im Bunde steht und durch Umschnallen eines Gürtels ein riesenstarker Wolf wird, um andere Leute zu quälen. Besonders liebt er es, denselben auf den Rücken zu springen und sich eine Strecke weit tragen zu lassen. Im Schaumburgischen gibt es wohl kein Dorf, wo sich nicht jemand fände, dem dies schon begegnet sein soll.[277] Auch er wird durch Verwundung erkannt.[278] Der Name scheint auf das plattdeutsche böxen – Hosen – zurückzuführen und demnach einen Wolf zu bezeichnen, der eigentlich Hosen trägt, also einen männlichen Werwolf, dem sich vielleicht der von Grimm[279] besprochene rheinisch-westfälische Uetterbock Euterbock – als weiblicher zur Seite stellt.[280]

---

[274] Leubuscher p. 29.

[275] Wöste, *Volksüberlieferungen aus der Grafschaft Mark,* Iserlohn 1848, p. 48.

[276] Bechstein, *Sagenbuch* p. 479.

[277] Lyncker, *Deutsche Sagen* Nr. 165.

[278] Kuhn-Schwartz *Norddeutsche Sagen* p. 245.

[279] *Deutsche Mythologie* 1050.

[280] Kuhn-Schwartz p. 470.

Aber nicht allein auf das lebendige Fleisch hat es der Werwolf abgesehen, sondern er folgt auch dem eigentümlichen Trieb der Wolfsnatur, die Rabensteine und Schlachtfelder zu plündern, Gräber aufzuscharren und die Leichen zu verschlingen. Damit nähert er sich den arabischen und persischen Gulen,[281] den indischen Vetalas, Pisachas und Rakschasas, die schon im Mahabharata in Gemeinschaft mit Wölfen und Hyänen die Schlachtfelder durchschweifen.[282]

Noch muß hier einer Werwolfsart gedacht werden, welche in ein anderes, weit unheimlicheres Sagengebiet hinüberweist, nämlich des gespenstischen Werwolfs, der mit dem Vampir von einem Geschlecht ist. Der Werwolf ist hier nicht ein verwandelter lebender Mensch, sondern ein dem Grabe in Wolfsgestalt entstiegener Leichnam. Ein merkwürdiges Beispiel ist der gefährliche und grausame Wolf von Ansbach im Jahr 1685, welcher für das Gespenst des verstorbenen Bürgermeisters und Kastenpflegers gehalten wurde. Von diesem erzählte man, daß er seinem Begräbnis aus einem Dachfenster seines Hauses zugesehen habe und dem Wächter nachts in Wolfsgestalt mit einem weißen Tuch umhüllt erschienen sei. Am 10. Oktober fiel der gefürchtete Wolf im Weiler Neuses bei der Verfolgung eines Hahns in einen mit Röhricht überdeckten Schöpfbrunnen und wurde von den Bauern mit Steinen totgeworfen. Darauf zog man ihm die Haut ab für die fürstliche Kunstkammer, machte ihm von Pappe ein Menschengesicht mit einem Schönbart lang und weißgraulich, ein Kleid von gewichster fleischfarbrötlicher Leinwand und eine kastanienbraune Perücke; so wurde er auf dem „Nürnberger Berg vor Onolzbach" an einem eigens dazu errichteten Schnellgalgen aufgehängt.[283] Diese Sitte, einen Wolf zu hängen, war nach Laubens Angabe besonders in hessischen und mecklenburgischen Landen heimisch.

Am auffallendsten ist die Vermischung der Vorstellungen von Werwolf und Vampir in Danziger Sagen, wo es heißt, man müsse den Werwolf verbrennen, nicht

---

[281] *Tausend und Eine Nacht*, übers. Von Weil, Stuttg. 1838, III., 340.

[282] Holtzmann, *Indische Sagen*, Stuttg. 1854, I., 57. S. die wunderschöne leichenverzehrende Dämonin im *Somadeva* von Brockhaus 143 f., und die Beschreibung der schauerlichen indischen Leichenstätten, ebenda 87 ff. – den Wolf als Leichenschänder und dadurch Entdecker einer Mordtat s. Webster, *Dramatische Dichtungen*, übersetzt von Bodenstedt, Berlin 1858, p. 154, und die Anmerkung aus „God's revenge against Murther", Book VI., ebenda p. 205. Auch den Bären wird Gräberraub nachgesagt; so heißt es in den *Miscellanea physico-medico-mathematica* von Büchner, Erfurt 1729. Erstes und zweites Quartal p. 122. Ein Bär sei drei Jahre hintereinander über den hohen Bretterzaun des Kirchhofs auf dem Gut Adsel in Livland gestiegen, habe die mit vielen Steinen gehäuften Gräber aufgewühlt, die Särge zerbrochen und die Leichen davongeschleppt.

[283] Bechstein, *Sagenbuch*; Lauben in der Vorrede der *Dialogi von der Lycanthropia*; Gockel, *Vom Beschreyen* p, 29. Dobeneck, *Des deutschen Mittelalters Volksglauben* II., 178. s. das Protokoll im Korrespondenten von und für Deutschland, Jahrgang 1810, Nr. 283.

begraben; denn er habe in der Erde keine Ruhe und erwache wenige Tage nach der Bestattung; im Heißhunger fresse er sich dann das Fleisch von den eigenen Händen und Füßen ab, und wenn er nichts mehr an seinem Körper zu verzehren habe, wühle er sich um Mitternacht aus dem Grabe hervor, falle in die Herden und raube das Vieh, oder steige gar in die Häuser, um sich zu den Schlafenden zu legen und ihnen das warme Herzblut auszusaugen; nachdem er sich daran gesättigt habe, kehre er wieder in sein Grab zurück. Die Leichen der Getöteten findet man aber des andern Tags in den Betten, und nur eine kleine Bißwunde auf der linken Seite der Brust zeigt die Ursache ihres Todes an.[284]

13. Kapitel.

Die Werwolfsagen in Spanien und Portugal – Der Werwolf in Frankreich – Marie de France, Lai du Bisclaveret – Lai du Melion – Werwolfprozesse im 16. Jh. – Pierre Burgot und Michel Verdung – Gilles Garnier – die Familie Gandillon – Jean Grenier – der pathologische Werwolf – der Werwolf in jüngerer Vergangenheit

Bei den Süd-Romanen sind mir wenig Spuren der Werwolfssagen aufgestoßen. Werwolf heißt it. lupo mannaro, pg. lobis-homen,[285] im Spanischen ist kein besonderes Wort vorhanden. Der Werwolf wird erwähnt in Basiles Pentamerone, übersetzt von Liebrecht, Breslau 1846, I, p. 69, 349, 380. In Straparolas Piacevoli notti N. 3, Fav. 4 verleiht ein Wolf dem Fortunio die Gabe, sich in einen Wolf zu verwandeln; das Märchen scheint jedoch unvollständig zu sein, da der Held keinen Gebrauch von der Gabe macht. Im Übrigen sind auch hier die Märchen reich an Tierverwandlungen.[286] Besonders verbreitet sind in Italien die Sagen von Verwand-

---

[284] Karl, *Danziger Sagen*, Danzig 1844, Heft II., p. 38. Wir werden hierauf bei den slawischen Sagen zurückkommen.

[285] Diez, *Wörterbuch.* Bonn 1853, p. 677.

[286] Siehe den Schlangenjüngling, dessen Haut verbrannt wird, Basile I., 198. Die schöne Preziosa, die sich in einen Bären verwandelt, indem sie ein Spänchen Holz in den Mund nimmt, ebenda I., 206 ff. Der als Schwein geborene Prinz, welcher erst entzaubert wird, wenn er drei Weiber hatte, Straparola N. II., T.I u.a.m.

lungen in Lasttiere; diese bewirken namentlich alte Zauberinnen durch giftigen Käse.[287]

Cervantes erwähnt in Persiles y Sigismunda, Lib. I, c. 5, redende Wölfe auf einer verlassenen Insel und im 8. Kapitel desselben Buchs erzählt Rutilio, wie er von einer Zauberin aus dem Gefängnis zu Rom befreit und nach Norwegen auf einem Zaubermantel entführt wurde. Dort umarmte sie ihn „nicht gerade sittsam", und als er sie zurückstieß, verwandelte sie sich in Wolfsgestalt; da griff er nach seinem Messer und stieß es ihr in die Brust. Im Falle erhielt sie wieder Menschengestalt und er sah sie tot vor sich im Blute schwimmend: Im 18. Kapitel desselben Buchs spricht hierauf Mauricio ausführlich von der mania lupina.

Im Provenzalischen heißt der Werwolf leberoun, leberou.[288] Einen Werwolf der wunderlichsten Art haben wir in dem närrischen Troubadour Peire Vidal (um 1170 – 1200), der sich zu Ehren seiner Geliebten Loba (Wölfin) von Penautier, einer Dame aus Carcassonne, Lob – Wolf – nannte und, in eine Wolfshaut gehüllt, die schwerste Prüfung seiner Liebe zu bestehen glaubte, indem er sich von den Schäferhunden hetzen und zerbeißen ließ, bis er für tot in seiner Geliebten Haus getragen wurde.[289]

Im Französischen ist der Werwolf wiederholt Gegenstand poetischer Behandlung geworden. Nach einer bretonischen Sage dichtete die in England lebende Marie de France ihr Lai du Bisclaveret, welches folgendermaßen beginnt:

> „ Soll ich ein neues Lied euch schenken,
> dann will ich Bisclavret gedenken.
> Bisclavret heißt er bei den Britannen,
> Garwalf nennen ihn die Normannen.[290]

---

[287] Leubuscher p. 31. Bocchachio läßt seinen Priester Gianni de Barolo dieses Aberglaubens auf laszive Weise genießen, *Decamerone* X., I.

[288] Beronie, *Dictionnaire du Pattois du Bàs-Limousin (Corrèze)* Tulle 4°, p. 67, 126. aus altfranzösisch loup-beroux. Diez, *Wörterbuch* p. 677.

[289] *Die Vorzeit oder Geschichte, Dichtung, Kunst und Literatur des Vor- und Mittelalters*, Erfurt 1817, Bd. I, p. 81.

[290] *Garwall* und nicht *Garwall* steht in der Handschrift des britischen Museums, Harleiana 978. *Gerulf* hat auch Gervasius, Liebrecht p. 4. dieses normannische Wort wurde zu *Garou* korrumiert, und da seine Bedeutung nach und nach erloschen war, so setzte man pleonastisch noch ein *loup* davor – *loup-garou.* Francois Phoebus, Graf von Foix, in seinem *Livre de la Chasse,* glaubt, *Garou* bedeute *gardez-vouz,* welche Etymologie dem gelehrten Bodin vom Präsidenten Fauchet für sein Werk mitgeteil wurde. Bodinus *Daemonomania* Frankfurt 1603, p. 238. – Der bretonische Name *Bisclaveret* scheint aus *Bleiz-Garv* entstellt zu sein, (*Bleiz* Wolf, *Garv* schlimm, wild, s. Rostrenen, *Dictionnaire Francois celtique* Rennes 1732, 4, und Pelletier, *Dialogue de l'ortograph et prononcia-*

Man hört es viel in frühern Tagen,
und oft hat es sich zugetragen,
daß Menschen nahmen Wolfsgestalt
und hausten in dem tiefen Wald;
Ein Werwolf ist ein Tier ergrimmt;
Wenn ihm die Wut den Sinn benimmt,
dann rast er schlimm, bringt Menschen um,
und treibt sich wild im Forst herum."

Der Inhalt des Gedichts ist folgender: Ein Ritter lebte in der Bretagne, von seinem Lehnsherrn und allen seinen Nachbarn geliebt und geschätzt; er hatte eine schöne Frau geheiratet, mit welcher er in glücklicher Ehe lebte. Eine Sache allein machte die Frau unruhig, daß nämlich ihr Gemahl wöchentlich drei Tage von Hause ging, ohne daß ein Mensch wußte, wo er sich in dieser Zeit aufhalte. Ihren Schmeicheleien gelang es endlich in einer guten Stunde, ihm sein Geheimnis zu entlocken:

„Ich geh' des Werwolfs Haut zu tragen.
Und in dem großen Forst zu jagen,
da wo am dichtesten das Laub;
Von Beute nähr' ich mich und Raub." (v.66).

Auch das Wichtigste konnte er nicht verschweigen: daß er nackt die Wolfsverwandlung eingehe und seine Kleider im Wald unter einem hohlen Steine wohl verwahrt halte; denn würden ihm diese genommen, so müßte er Wolf bleiben, bis er sie wiederfinde. Bei dieser Eröffnung kam die Frau ein Grausen an, und sie sann auf Mittel, sich des unheimlichen Bettgenossen zu entledigen. Da erinnerte sie sich eines benachbarten Ritters, der in ihrem Minnedienst treu ausgehalten hatte, trotzdem daß sie stets kalt gegen ihn geblieben war. Nun sandte sie ihm Botschaft, trug ihm ihre Liebe an und brachte es bald dahin, daß er ihres Gatten Kleider aus dem hohlen Stein entwandte. Dadurch war dieser verdammt, seine Wolfshaut zu behalten, und die treulose Frau vermählte sich mit ihrem Liebhaber. Nach einem Jahr ritt der König in den Wald zur Jagd, der Werwolf wurde aufgetrieben und war nahe daran, von den Bracken zerrissen zu werden, als er den König in der Nähe sah und sich hilfeflehend zu ihm flüchtete. Der König war erstaunt über den Menschenverstand des Tiers und schenkte ihm das Leben. Zum Dank folgte ihm der

---

tion francaise, Lyon 1555. *Garv* kann aber auch *garou, garwalf* sein. Der gebräuchlichere Ausdruck für Werwolf ist im Bretonischen *Den-bleiz, den*gleich Mann).

Wolf von Stund an auf Schritt und Tritt nach und war allen Schlossbewahrern ein guter Hausgenosse. Eines Tages aber, als sämtliche Lehensmannen vom König zu einem Hoffest geladen waren, erschien auch der Ritter, der Bisclaveris Kleider geraubt hatte; kaum hatte ihn der Wolf erblickt, so fiel er ihn an mit grimmem Bisse und hätte ihm großes Leid getan, wenn es der König nicht gewehrt hätte. Einige Zeit darauf ritt der König wieder auf die Jagd in der Nähe des Schlosses, daß des Werwolfs Frau bewohnte. Diese kam dem König huldigend entgegen; der Wolf aber geriet bei ihrem Anblick in solche Wut, daß er an ihr hinauffuhr und ihr die Nase aus dem Gesichte riß. Nun aber wäre es ihm ans Leben gegangen, wenn nicht ein alter Mann aus des Königs Umgebung vorgetreten wäre und dem König bedeutet hätte, hier walte das Geheimnis eines Verbechens vor. Der König verhörte auf seine Mahnung die erschrockene Frau, und sie gestand, wie sie ihren Gatten verraten habe. Sogleich ließ der König die Kleider des Ritters holen und vor dem Wolf niederlegen; dieser aber rührte sich nicht. Da sagte wiederum der alte Mann: „Das ist nicht wohlgetan; er wird sich hier vor aller Augen seiner Haut nicht entkleiden, da er sonst nackt vor euch stehen würde." So führte denn der König den Wolf in sein eigenes Schlafgemach und schloß ihn mit den Kleidern ein; als er darauf nach einer Stunde zurückkehrte, fand er den Baron in Menschengestalt auf dem Bette eingeschlafen. Der König war hocherfreut und überhäufte den Wiedergefundenen mit Ehren und Lehen; die Frau aber samt ihrem Buhlen trieb er aus dem Lande, und von ihnen stammte ein wundersames Geschlecht, Frauen, die ohne Nase geboren wurden.[291]

Auffallend ist hier, daß die Dichterin entschieden für den Werwolf Partei nimmt, und es muß daraus geschlossen werden, daß sie die Verwandlung als einen angeborenen Zwang, als ein unverschuldetes Unglück betrachtet, das den damit Behafteten zum Gegenstand des allgemeinen Mitleids macht. Denn sobald der Ritter aus freiem Willen zum raubenden und mordenden Wolf wird, verliert er jegliches Anrecht auf unsere Sympathie, und der Verrat seiner Frau ist zum mindesten entschuldbar.

Diese Erzählung ist wiederholt in einem Gedicht des 14. Jahrhunderts, im Roman du Renard Contrefait von Clerc de Troyes, abgedruckt in der Collection des poètes Champenois antérieurs au Xveme siècle, Reims 1851, p. 138; sie heißt hier L'histoire de Biclare und beginnt:

„Sehr närrisch ist der,
der eine leichtlebige Frau ehelicht."

---

[291] Roquefort, *Poésies de Marie de France*, Paris 1832, Vol. I., p. 178 – 200. W. Hertz, *Marie de France*, Stuttgart 1862. p. 81 ff der unter dem Namen *Bilaretz liodh* in die Srengleikar aufgenommene altnordische Übersetzung des Lais wurde schon gedacht.

Die Auffassung ist ganz dieselbe wie bei Marie. Die Begebenheit wird an den Hof des Königs Artus verlegt; die Verwandlung dauert all Monate drei Tage; die Frau entwendet die Kleider selber und spricht:

> „Vom Ehemann bin ich entledigt
> nun bin ich frei für meinem Geliebten".

Der Werwolf findet sie an der Tafel in Artus Schloss und fällt sie zweimal an; daß er ihr die Nase abbeißt, wird nicht erwähnt; dieser Zug erschien wohl dem späteren Trouvere etwas zu unfein: Die Frau wird aber für ihre Schuld eingemauert. Der Dichter zieht am Schlusse die Moral:

> „Daran siehst du, wie dumm sich benimmt,
> wer seiner Frau Geheimnisse enthüllt,
> die verborgen bleiben sollten
> wenn er sie nicht jedermann zu offenbaren wünscht."

Ein zweites, ähnliches Gedicht vom Werwolf ist das Lai de Melion[292] aus dem 13. Jahrhundert: An Artus Hofe lebte ein trefflicher junger Ritter namens Melion; er hatte gelobt, nie eine Dame zu lieben, welche schon einen andern Mann zuvor geliebt habe, und war dadurch bei allen Damen in Ungnade gefallen. Als er eines Tages im Tann der Jagd oblag, sah er eine Jungfrau auf einem schönen Pferd durch durch die Heide heranreiten.

> „In der Heide, die grün und lieblich war,
> sah Melion eine Jungfrau nahen
> auf einem schönen Pferd;
> Sehr prächtig war ihr Schmuck:
> Sie war gekleidet in scharlachrote Seide,
> welche überaus reich mit Perlen bestickt war;
> um ihre Schultern lag ein Hermelinmantel.
> Keine Königin trug jemals besseres.
> Eine liebliche Gestalt und schöne Schultern
> und blondes Haar,

---

[292] Abgedruckt von Francisque Michel, *Lai d'Ignaurés suivi des lais de Melion et du Trot*, Paris 1832, p. 44-67.

einen kleinen Mund, hübsch geschwungen
und gefärbt wie eine Rose;
Ihre Augen waren grün, klar und heiter;
sie war sehr schön in ihrer ganzen Erscheinung.
Alleine kam sie, ohne Begleitung,
und war sehr anmutig und liebreizend."

Das Fräulein gab sich als die Königstochter von Irland zu erkennen, welche keinen
Mann als ihn geliebt habe und allein um seinetwillen hergekommen sei. Er nahm sie
mit Freuden auf und feierte mit ihr ein prächtiges Hochzeitsfest. Drei Jahre lebte er
mit ihr in Lust und Wonne, und sie gebar ihm zwei Söhne. Eines Tages ritt er mit
ihr auf die Jagd, und ein stattlicher Hirsch kam ihnen zu Gesicht; die Dame rief, sie
werde nicht mehr essen, bis sie Fleisch von diesem Hirsche habe. Da zeigte ihr
Melion einen Ring mit einem weißen und einem roten Stein und bat sie, sobald er
seine Kleider abgelegt habe, mit dem weißen das Haupt zu berühren; dann werde
sie ihn sogleich in einen Wolf verwandelt sehen, in dieser Gestalt werde er den
flüchtigen Hirsch einholen und ihr von seinem Fleische zurückbringen. Dabei
schärfte er ihr ein, seine Kleider wohl zu hüten und auf seine Wiederkunft zu
warten; denn bevor er mit dem roten Stein berührt würde, könnte er seine menschliche Gestalt nicht wieder gewinnen. So geschah es; er lief als Wolf von dannen.
Doch die Frau sagte alsbald zu dem Knappen, der sie begleitete: „Nun wollen wir
ihn jagen lassen!" stieg aufs Roß und führte den Knappen mit sich fort, hinüber
nach Irland in ihre Heimat. Dahin folgte ihr auch der verwandelte Melion, nachdem er den Verrat erkannt hatte; er versteckte sich in einem Schiff und kam
glücklich auf die Insel. Dort versammelte er zehn wirkliche Wölfe um sich und fiel
mit ihnen verheerend in Herden und Häuser. Der König von Irland zog gegen die
Ungetüme aus und erlegte zehn, Melion allein entkam. Da sah er eines Tages zu
seiner freudigen Überraschung seinen Herrn und König Artus landen, der mit dem
König von Irland zu unterhandeln kam. Melion lief hin, fiel dem Herrn zu Füßen
und gebärdete sich so zahm und freundlich, daß ihn der König bei sich duldete. Er
aß Brot und trank Wein wie ein Mensch, worüber sich alle höchlichst verwunderten. Die Gäste ritten aufs Schloß, der Wolf lief mit; da erblickte er den Knappen,
der mit der treulosen Frau herübergekommen war, und fiel ihn ingrimmig an. Dies
brachte den Geängstigten dazu, alles zu gestehen, worauf der König von Irland zu
seiner Tochter ging und sie zur Rückgabe des Rings nötigte. Dann begab sich
Artus auf Gawains Rat mit dem Wolf in ein einsames Zimmer und berührte ihn
mit dem roten Stein am Kopf. Da bekam der Wolf Menschengesicht und
Menschengestalt und der erlöste Melion fiel dem König dankend zu Füßen. Der

König von Irland gab seine Tochter in Artus Gewalt, sie zu verbrennen oder zu richten, wie es ihm beliebe. Melion hatte anfangs nicht übel Lust, sie mit dem Ringe zu berühren. Artus aber beredete ihn, sie seiner schönen Kinder willen zu verschonen.

> „Dann setzte er nach seinem eigenen Land über,
> und nahm Melion mit sich;
> Dieser war sehr vergnügt, große Freude verspürte er.
> Sein Weib ließ er in Irland,
> zum Teufel wünschte er sie etc.“

Diese Erzählung ist gegen die erste bedeutend abgeschwächt. Die Verwandlung geht aus keiner Naturnotwendigkeit, sondern rein äußerlich aus dem Besitz des Zauberrings hervor und kann also mit dem letzteren auf andere Personen übertragen werden. Das Eigentümlichste aber ist, daß der Werwolf einen Gehilfen bei seiner Verwandlung braucht, der ihn mit dem Ring berührt und ihm die Kleider hütet.[293] Daher scheint auch der Besitzer den Ring weniger zu seiner eigenen Verwandlung, als zur Verzauberung anderer Menschen bestimmt zu haben.
Neben dieser milden Auffassung finden wir jedoch den Werwolf auch in seiner diabolischen Gestalt. Wie bei den Angelsachsen wurde bei den Normannen der Teufel selbst als Werwolf bezeichnet; so heißt es in Walthers von Coinsi Leben des heiligen Hildefons,[294] vollendet 1219, v. 532:

> „Wer verteidigt uns, wer beschirmt uns
> vor diesen Garous und vor diesen Wölfen (...).
> Diese reißenden Wölfen, diese Loups Garous!
> Sie sind Teufel die einzig und allein
> danach trachten, uns zu zerreißen.“

Auch nennt er den Kaiser Decian wegen seiner Christenverfolgungen L. I. ch. 35 v. 692

> „Dieser Garous, Garous Daciens“

---

[293] Das letztere fanden wir auch in dem äsopischen Schwank. Im Lai ist dieser Zug jedoch ohne Bedeutung, da Melion durch die einfache Kraft des Rings seine Menschengestalt wieder erhält, ohne daß gesagt wird, er habe seine Kleider in Irland wieder bekommen.
[294] *Cod. Bruxell.* Nr. 636.

Und v. 754:

"Auch benahm er sich wie ein loup garous."[295]

Eine alte Werwolfgeschichte erzählt Gervasius Tilburiensis von einem Raimbaud de Ponte, der von einem gewissen Pontio de Capitolio aus einem Erbe vertrieben in den Wäldern von Auvergne umhergeirrt und aus Verzweiflung zum Wolf geworden sei, in welcher Gestalt er Kinder gefressen und auch Alte beschädigt habe. Endlich wurde ihm einmal von einem Zimmermann ein Fuß abgehackt, und sofort bekam er seine menschliche Gestalt wieder. Er versicherte darauf öffentlich, daß ihm der Verlust des Fußes vom größten Heile sei, da ihn derselbe vom irdischen Elend und den jenseitigen Folgen seiner Tierverwandlung befreit habe. "Es behaupten diejenigen, welche den Brauch der Verstümmelung der Gliedmaßen gepflegt haben, daß solche Menschen so von derartigem Unglück befreit werden"[296] Von einem gewissen Calceveyra heißt es ebendaselbst, daß er zur Neumondzeit seine Kleider unter einen Felsen oder Dornstrauch gelegt und sich nackt im Sande gewälzt habe, bis er in Wolfsgestalt mit offenem Rachen davongelaufen sei. Der Wolf laufe nämlich mit offenem Maul, weil er dasselbe nur schwer und mit Beihilfe der Füße öffnen könne; habe er diese Vorsicht versäumt und werde er mit geschlossenen Kiefern von den Verfolgern überrascht, so falle er wehrlos in ihre Hände.[297]

Im sechzehnten Jahrhundert tauchen in Frankreich zahlreiche Werwolfsprozesse auf. Im Jahr 1521 wurden Pierre Burgot und Michel Verdung vor das Inquisitionsgericht von Besançon gestellt. Pierre gestand, mit dem Teufel einen Bund gemacht zu haben, Michel habe ihn darin bestärkt und ihn nackt mit einer Salbe eingerieben, wodurch er alsbald in einen Wolf verwandelt worden sei. Michel machte es ebenso, und wenn sie sich einige Stunden mit unglaublicher Leichtigkeit und Geschwindigkeit umhergetrieben hatten, rieb Michel sich und seinen Begleiter wieder mit der Salbe ein, und schneller als ein Gedanke wurden sie wieder zu Menschen. Michel wurde in seinen Kleidern zum Wolf, Pierre nur, wenn er nackt war. In Wolfsgestalt wollten sie mehrere Menschen, besonders junge Mädchen getötet

---

[295] Mone, *Reinhardus Vulpes*, Stuttg. Et Tub. 1832, p. 308. Der Werwolf wird u. a. noch erwähnt im Roman de Garin: *Leu warou*, blutrünstige Bestie! Und im Chevalier au Barizel v. 157.
"Dieser ist sehr grausam und stark
und gehässig und stolz und sehr aufbrausend -
Warum nennt man ihn einen Hund und nicht *Leu warous?*"
Roquefort, *Glossaire de la langue Romane*. Paris 1808, v. Warou.
[296] *Otia Imperialis*, herausgeg. Von Liebrecht, p. 51.
[297] Siehe auch Dobeneck II., 172.

haben, um in ihrem Fleisch und Blut zu schwelgen. Beide versicherten, öfters mit Wölfinnen den Beischlaf vollzogen und „ebensoviel Lustgefühl im Beischlaf mit Wölfinnen wie mit menschlichen Weibern" gehabt zu haben.[298] Die beiden wurden zu Besançon verbrannt.[299]

Im selben Jahr wurden zu Pouligny Michel Udon, der als Werwolf von einem Jäger verwundet worden war, „le groz" Pierre und Philibert Montot verbrannt. Die beiden ersteren bekannten gleichfalls, im Begatten der Wölfinnen denselben Genuß wie bei Frauen gehabt zu haben.[300] Ein anderer, namens Steff Pierre, verwandelte sich in einen Wolf mithilfe eines Gürtels, den er von dem Teufel, der ihm als Succubus diente, erhalten hatte.[301]

Am 13. September 1573 wurden von der Court souveraine du parlement à Dole (in der Franche comté) die Bauern aufgeboten „mit Spießen, Hellebarden, Piken, Musketen und Knüppeln" auf einen Werwolf in den Territorien von Espagny, Salvange, Courchapon etc. Jagd zu machen.[302] Der Werwolf wurde eingefangen, es war Gilles Garnier von Leon; er bekannte, ein kleines Mädchen von 10 – 12 Jahren mit Zähnen und Tatzen erwürgt, darauf entkleidet[303] und ihm das Fleisch von Schenkeln und Armen abgenagt, auch seiner Frau etwas davon nach Hause gebracht zu haben; ein zweites Mägdlein habe er umgebracht, sei aber von seinem Mahle verscheucht worden; dagegen habe er ein drittes Kind, einen zehnjährigen Knaben, in den Weinbergen von Gredisan getötet und das Fleisch von seinen Beinen und Bauch gefressen; einen anderen Knaben habe er in Menschengestalt erwürgt, und obgleich es Freitag gewesen sei, hätte er doch von dem Fleisch gegessen, wenn er

---

[298] De l'Ancre, *Tableau de l'inconstance des Mauvais Anges*. Paris 1613, p. 317.

[299] Denn nach Boquet verlangte das Gesetz, daß ein Verurteilter lebendig verbrannt werde, wenn er nicht bereuen wolle und wenn er Werwolf gewesen sei, p. 32. – Siehe über den obigen Fall Bodin, *Daemonomanie* L., II., c. VI. ; ed. Francf. 1603, p. 235; übers. von Fischart p. 120. Wierus, *De praestigiis daemonum*, Basil 1576, L. VI., c. XI. – Remigius, *Daemonolatria*, Hamb. 1698, II., p. 183. Boquet, *Discours de Sorciers*, Lyon 1608, p. 370. – Boissardi *Tractatus Posthumus*, Oppenh. P. 54. – Wolfeshusius, *de Lycanthropis*, Lips. 1591, p. 31. – Gockel, *Vom Beschreyen* p. 28. – Lauben, *Dialogi* p. 22. – Dobeneck II. 174. – Calmeil, *la folie*, Paris 1845, I., 234 ff. – Leubuscher, *der Wahnsinn*, Halle 1848, p. 68 – Leubuscher, *Wehrwölfe* p. 15-18.

[300] Boquet, *Discours* p. 340, 370.

[301] Ebendas. 323. Die Übereinstimmung der Namen und Angaben dieser Delinquenten mit denen der zuvor genannten Werwölfe von Besancon ist verdächtig und läßt vermuten, daß wir hier zweierlei Nachrichten über ein und denselben Fall vor uns haben.

[302] S. den Erlaß nach Calmeil, *la folie*, Paris 1845, I., p. 270; bei Leubuscher, *Wehrwölfe* p. 18 Anm. I.

[303] Auch Boquet (p. 365) erzählt, daß man die Kleider der zerrissenen Kinder stets unversehrt im Felde gefunden habe. S. unten p. 104.

nicht daran verhindert worden wäre. Er wurde im Januar 1574 lebendig verbrannt.[304]

Im Jahr 1588 begab sich nach Boquets Erzählung folgende Geschichte in einem Dorf, zwei Meilen von Apchon im Hochgebirge der Auvergne: Ein Edelmann, der abends aus dem Fenster seines Schlosses schaute, sah einen ihm bekannten Jäger vorüberkommen und bat ihn, ihm bei seiner Zurückkunft etwas von der Jagd mitzubringen. Auf der Ebene wurde der Jäger von einem großen Wolfe angefallen, dem er nach heftigem Kampfe mit seinem Waidmesser eine Pfote abhieb. Auf dem Rückweg kehrte er bei dem Edelmann ein und langte in die Tasche, ihm die Pfote zu zeigen; da zog er eine menschliche Hand mit einem Goldring hervor, den der Edelmann sofort als seiner Frau gehörig erkannte. Er suchte nach ihr und fand sie in der Küche, den Arm unter der Schürze bergend. Als er denselben enthüllte, sah er, daß die Hand angehauen war. Die Dame wurde vor Gericht gestellt, bekannte und wurde zu Ryon verbrannt.[305]

Der sechzehnjährige Benoit Bibel von Naisan war im Garten mit seiner fünf-zehnjährigen Schwester, um Obst zu pflücken. Während er auf dem Baume saß, kam ein Wolf und fiel das Mädchen an; der Bruder sprang vom Baum, um ihr zu helfen. Der Wolf aber entriß ihm sein Messer und schnitt ihn in den Hals. Man kam dem Knaben zu Hilfe, und er erzählte, daß die Vorderpfoten des Wolfs innen wie eine Menschenhand geformt gewesen seien. Der Knabe starb an der Wunde; man warf den Verdacht auf eine gewisse Perenette Gandillon, die seit jenem Ereignis abwesend war, und als sie sich wieder blicken ließ, wurde sie von den Bauern erschlagen.[306] Bald darauf wurde ihr Bruder Pierre mit seinen beiden Kindern Georg und Antoinette der Zauberei angeklagt. Der Vater gestand, vom Teufel eine Salbe erhalten zu haben, durch die er sich des Abends in einen Hasen, häufiger aber in einen Wolf verwandelt und hierauf durch Wälzen im betauten Gras wieder menschliche Gestalt erlangt habe. Er soll am ganzen Leib zerkratzt gewesen sein und kaum mehr das Aussehen eines Menschen gehabt haben.[307] Sein Sohn gestand, als Wolf zwei Ziegen getötet zu haben; die Tochter bekannte sich der

---

[304] S. Bodin, *Daemonomania* p. 234. Fischart's Übersetzung p. 120. Remigius II. 183. – Boquet, *Discours* p. 341. – Bosquet, *La Normandie romanesque*, Paris 1845, p. 230. – Leubuscher, *Wehrwölfe* p. 19.

[305] Diese Geschichte weiß Boquet (*Discours* p. 341) von einer glaubwürdigen Person „die ungefähr fünfzehn Tage, nachdem die Sache geschehen war, dort vorbeikam." – S. auch Collin de Planey, *Dictionnaire Infernal*, Paris 1818, I. p. 386.

[306] Boquet p. 361. – Calmeil, *folie* I., 310. – Leubuscher, *Wahnsinn* 100. – Leubuscher, *Wehrwölfe* 20.

[307] Boquet 365.

Teufelsbuhlschaft schuldig, und alle drei wurden verurteilt, vom Henker erdrosselt und hernach verbrannt zu werden.

Weiterhin wurden vier Weiber, Clauda Jamprost, Clauda Janguillaume, Clauda Gaillard und Thievenne Paget als Werwölfinnen hingerichtet. Sie bekannten, in Wolfsgestalt mehrere Kinder aufgefressen zu haben. Die letzte hat nach ihrem Geständnis viel mit dem Teufel zu tun gehabt und vermag daher, vom membre du Demon eine ausführliche Beschreibung zu geben.[308] Claude Gaillard hatte einst mit Jeanne Perrin zusammen gebettelt und weniger Almosen erhalten als diese. Im Walde angekommen lief sie in ein Gebüsch, aus dem bald darauf ein Wolf hervorsprang und auf Jeanne Perrin losging, welche im Schrecken ihr Almosen fallen ließ und entfloh. Jeanne sagte im Verhör, daß der Wolf an den Hinterfüßen Zehen gehabt habe wie ein Mensch. Die Werwölfe berühren nie den Kopf, noch die rechte Seite ihrer Opfer. Gros Jacques gab für den Kopf das Taufwasser als Grund an und Clauda Janguillaume für die rechte Seite den Umstand, daß man mit der Rechten das Kreuz schlage. Die genannten Werwölfinnen töteten ihre Opfer, indem sie dieselben über Felsen und Steine schleiften.[309]

Andere bedienten sich auch menschlicher Waffen wie oben Perenette Gandillon. Darum gab der Maler, der die drei Werwölfe in der Kirche von Pouligny malte, jedem ein Messer in die rechte Hand.[310] Alle diese Werwölfe bekannten, daß sie sich mit einer Salbe einrieben, worauf ihnen Satan eine Wolfshaut anzog. Boquet

---

[308] Die nymphomane Phantasie der Unglücklichen und der heilige Forschertrieb der Inquisitoren haben sich mit diesem Gegenstande vielfältig beschäftigt. Es sind gewöhnlich Mädchen von fünfzehn bis neunzehn Jahren, durch deren Aussagen hierüber selbst die minutiöseste Wißbegierde befriedigt werden konnte. De l'Ancre versäumt nie, die Antworten der Hexen auf dahin bezügliche Fragen mitzuteilen. Alle stimmen überein, daß der *Concubitus Diaboli* äußerst schmerzhaft sei, „das Glied des Dämons sei mit Schuppen versehen wie ein Fisch, sie legen sich beim Eindringen an, spreizen sich und stechen beim Herausziehen" (*Tableau de l'Inconstance*, Paris 1613, p. 224). „Marie de Marigrane, 15 Jahre alt, sagte, daß das Glied halb aus Eisen, halb aus Fleisch sei, und desgleichen die Hoden" (ib. 226). „Petry de Linarre sagte, daß der Teufel ein Glied hat, welches wie Horn beschaffen ist oder zumindest den Anschein davon habe: das sei der Grund, warum er die Frauen so zum Schreien bringe." (ib.). „Das Glied des Teufels, wenn es geschwollen ist, ist ungefähr so lang wie eine Erle, aber er hält es gewunden und gewickelt in Form einer Schlange." (ib. 224). Der Same des Teufels ist eiskalt (Boquet, *Discours* p. 8; Wolf, Zeitschrift II., 65) usw. — Im ersten Vierteljahr ihrer Gefangenschaft wollte Thievenne Paget nichts bekennen; da wurde sie mit ihrem Ankläger, dem dicken Jacob, zusammengesperrt und gestand gleich nach der ersten Nacht. Boquet glaubt daher, dieses Mittel als probat empfehlen zu können. *Discours des Sorciers* p. 381.

[309] Boquet 362, 367, 368.

[310] Boquet 368. Auch auf dem, Maddens Ausgabe von *William and the Werwolf*, vorgedruckten, alten Holzschnitt läuft ein Werwolf aufrecht auf den Hinterfüßen, mit einem Messer in der rechten Vorderpfote.

fragte eine Hexe, die alt und bucklig war, wie sie so schnell auf den steilen Höhen habe umherlaufen können, worauf sie erwiderte, daß Satan sie getragen habe. Zur Entzauberung bedienten sie sich reinen Wassers. Durch die Gefangennahme wird der Salbe ihre Zauberkraft benommen.[311]

In den französischen Sagen tritt der Werwolf ungeschwänzt auf; so sagt Nynauld ausdrücklich: „Sämtliche Zauberer, die sich durch teuflische Trugbilder in Bestien verwandeln, haben keinen Schwanz."[312] Im Jahre 1603 am 18. Juli sah man drei Wölfe ohne Schweif im Gebiet von Douvres und Jeurre eine halbe Stunde nach einem furchtbaren Hagelwetter und hielt sie für drei verwandelte Wettermacher.[313]

Im Jahre 1598 wurde zu Chalons ein ganz ruchloser Kinderfresser als Werwolf verurteilt und der Gerichtshof befahl, seinen Prozeß mit ihm zu verbrennen, so viel Schmutz und Schlechtigkeit stecke darin.[314]

Im Jahre 1603 wurde vor dem Parlament zu Bordeaux ein dreizehnjähriger Knabe, Jean Grenier,[315] der Lykanthropie angeklagt. Eine Hirtin, Jeanne Gaboriant, 18 Jahre alt, sagte gegen ihn aus, daß er ihr einen Heiratsantrag gemacht und auf ihre Erwiderung, er sehe so geschwärzt aus, bemerkt habe, das komme von einer Wolfshaut, die er zu tragen pflege; diese Haut habe er von einem gewissen „Pierre Labourant, einem Mann, der in seinem Haus eine Kette aus Eisen um den Hals trage, welche er benage, und in welchem besagten Haus es brennende Menschen auf Stühlen gäbe, andere auf glühenden Betten, und andere, die Menschen quer über Kaminböcken rösteten; wieder andere steckten in einem großen Kessel, und das Haus und das Zimmer seien sehr groß und sehr finster." Pierre habe weiter erzählt, daß er in der Haut zum Wolfe werde und schon Hunde getötet habe; doch

---

[311] Boquet 364, 365, 359.

[312] *De la lycanthropie*, Paris 1615, p. 53.

[313] Boquet p. 340. daß das Fehlen des Schweifes ein Zeichen diabolischen Wesens am Tiere sei, scheint Shakespeare im Auge gehabt zu haben, als er seine erste Hexe im Macbeth (A. I. sc. 3) sagen läßt:

„Doch in einem Sieb werde ich hinterher segeln,

wie eine Ratte ohne Schwanz;

Ich werde es tun, ich werde es tun, ich werde es tun."

Steevens in seinem Kommentar zu dieser Stelle führt an, daß einige alte Schriftsteller bezeugen, eine Hexe könne in der Tierverwandlung nie geschwänzt erscheinen, und als Grund angeben, „daß obgleich die Hände und Füße, durch eine einfache Verwandlung, in die vier Pfoten eines Tieres verwandelt werden könnten, es dennoch keinen Teil an einer Frau gäbe, welcher der Schwanzlänge, die fast allen vierfüßigen Kreaturen gemein ist, entspräche."

[314] Leubuscher, *Wehrwölfe*, p. 23 f.

[315] De l'Ancre erinnert an den oben angeführten Gilles Garnier und erwähnt, daß noch andere Werwölfe so (Garnier, Grenier — Werner) geheißen haben. „Auf jene Weise ist dieer Name sozusagen unselig mit den *Loups garous* verbunden." *Tableau de l'Inconstance* p. 312.

schmecke ihr Blut nicht so gut wie das von Kindern und Mädchen; er laufe so beim abnehmenden Mond jeden Montag, Mittwoch und Samstag eine Stunde umher und mit ihm zugleich neun seiner Nachbarn. Der Knabe gestand zu, daß er dies alles gesagt habe, und machte folgende Eröffnungen: sein Vater sei der Arbeiter Pierre Grenier, genannt „le Croquant" (der Lump), im Kirchspiel zu St. Antoine von Pizon, im Gerichtsbezirk von Contras; er habe sein elterliches Haus im elften Jahre verlassen, um zu betteln. Auf der großen Straße von Contras und Moupon sei ein anderer Knabe namens Pierre zu ihm gestoßen und habe gesagt, daß ein Herr im Forst von St. Antoine wäre, der sie beide zu sprechen wünsche. Bald darauf hätten sie im Wald einen großen Herrn getroffen, schwarz gekleidet und schwarz beritten,[316] dem sie guten Tag wünschten, weil es bei Sonnenaufgang gewesen sei; der Herr sei darauf abgestiegen und habe sie mit eiskalten Lippen geküßt; dann sei er wieder zu Pferde gesessen, habe ihnen das Versprechen abgenommen, zu erscheinen, wenn er nach ihnen verlange, und sei plötzlich aus ihren Augen verschwunden. Sie seien in des schwarzen Herren Dienst getreten, zum Zeichen habe er sie am linken Hinterbacken mit einem kleinen Stachel gezeichnet („und bezeichnete Grenier auf der linken Hinterbacke mit einem Mal in der Form eines runden kleinen Siegels"); sie hätten sein Roß abreiben müssen und wären dafür mit Wein von ihm bewirtet worden. Von diesem seinem Herrn bekomme er eine Wolfshaut, so oft er sie verlange, er salbe sich am nackten Leib und werde zum Wolfe; dann laufe er in den Dörfern der Nachbarschaft umher, wo er schon

---

[316] Der schwarze Reiter findet sich auch in der Urgicht des oben erwähnten Peter Burgot. Als ihm einst durch ein Gewitter seine Herde zerstreut worden war und er suchend umherirrte, begegneten ihm drei schwarze Reiter; der letzte derselben redete ihn an, und als er die Ursache seines Kummers erfahren, riet er ihm, in den Dienst seines Herrn zu treten, und es werde ihm nie an einem Helfer mangeln. Burgot erklärte sich dazu bereit, entsagte Gott und der heiligen Jungfrau und küßte kniend mit entblößtem Haupt zum Zeichen der Unterwerfung des Reiters linke Hand, die schwarz und eiskalt war gleich der eines Toten etc. Wolfeshusius, *De lycanthropis* p. 31. Leubuscher, *Wehrwölfe*. P. 15. Dieser schwarze „*Monsieur de la forets*" erinnert an den „Grand veneur", den wilden Jäger. Als Heinrich IV. im Walde von Fontainebleau jagte, hörte er in der Ferne Hundegebell, Hörnerklang und gewaltigen Jagdlärm, der sich mit reißender Schnelligkeit näherte. Er schickte den Grafen von Soissons aus, um zu sehen, was das sei. Der Graf ritt vorwärts und hörte einen fürchterlichen Lärm, ohne zu wissen, woher er komme. Da erschien plötzlich ein langer schwarzer Mann im Dickicht, welcher rief: „Hört Ihr mich?" und sofort wieder verschwand. – Das Landvolk glaubte, das sei „*legrand veneur*" gewesen; andere halten es für die Jagd des heiligen Hubert. Pierre Mathieu, *Histoire de France*, L. I :, de l'an 1599. De l'Ancre, *Tableau* p. 312. Der Ort wo der Schwarze erschien ist an einem Kreuzweg nicht weit von der Stadt und heißt noch heute „*La croix du grand veneur*". *Quarterly review* Vol. XXII. November and March, London 1820, p. 371. Eine Erklärung der Erscheinung bei Collin de Plancy. *Dictionnaire infernal* II., p. 381. „*Le grand veneur*" erwähnt Grimm, *Deutsche Mythologie* p. 895. Gervasius, Ausgabe von Liebrecht, p. 199.

mehrere Kinder gefressen habe. Sein Vater sei gleichfalls Werwolf; drum habe sich die Stiefmutter von ihm getrennt, nachdem derselbe einmal Stücke von Hundspfoten und Kinderhänden erbrochen habe; sie seien früher auch wohl zusammen auf Raub ausgegangen. Hier und da habe er den Herrn des Waldes in Gesellschaft von anderen Männern gesehen; dieser habe ihm verboten, am Nagel des linken Daumens zu nagen; derselbe behalte ihn auch, so lange er ein Wolf sei, beständig im Auge, denn sobald er ihn aus dem Gesicht verlöre, würde er wieder zum Menschen. Eine besondere Eigentümlichkeit der Werwölfe sei, daß sie ihren Opfern die Kleider abziehen, ohne sie zu zerreißen.

Der Knabe wurde wegen seiner Jugend auf Lebenszeit in ein Kloster eingeschlossen, sein Vater freigesprochen (Bordeaux den 6. Sept. 1603). De L'Ancre besuchte den Jean Grenier später und fand einen Jüngling von 20 – 21 Jahren, klein für sein Alter und von schwachem Verstand, mit langen schwarzen Zähnen und Nägeln; er bekannte, daß er jetzt noch Lust hätte, Mädchen zu fressen; zweimal habe ihn der Herr des Waldes im Kloster besucht und ihm große Reichtümer angeboten, wenn er zurückkehre, sei aber jedes Mal durch das Zeichen des Kreuzes vertrieben worden.[317]

In den meisten dieser Fälle haben wir es ohne Zweifel mit der pathologischen Lykanthropie, mit einem epidemischen Wolfswahnsinn zu tun. Eklatant ist besonders der Fall eines gewissen Jacques Roulet, der eingestand, als Werwolf Kinder getötet zu haben. Der Lieutenant criminel von Angers verurteilte ihn zum Tode; er appellierte jedoch an den obersten Gerichtshof zu Paris, und dieser erkannte, „daß mehr Verrücktheit an diesem armen Idiot sei, als Boshaftigkeit und Zauberei", und gab Befehl, man solle ihn auf zwei Jahre in das Irrenhaus Saint-Germain-des-Prèz bringen, um ihn dort zu unterrichten und so weit in seinem Geiste wiederherzustellen, daß er zur Erkenntnis Gottes zurückgeführt werde, der ihm durch seine äußerste Armut unbekannt geblieben sei. Dies geschah im November 1598.[318]

In diesem krankhaften Wahn der Unglücklichen spiegelt sich der allgemeine Aberglaube ihrer Zeit, und es brauchte lange, bis man sich in diesen Erscheinungen so objektiv verhalten konnte, um ihr wahres Wesen zu erkennen. Leubuscher hat mit Recht diese französischen Werwolfprozesse seiner Monographie zu Grunde gelegt; wenn er aber die Sage überhaupt auf Geisteskrankheiten zurückführen will, so beirrt ihn hier sein einseitig medizinischer Standpunkt.

Die Literatur der pathologischen Lykanthropie ist sehr alt; schon Oribasius Sardianus unter Julian Apostata schrieb über diesen Wahnsinn, weiterhin der

---

[317] De L'Ancre p. 312.

[318] Bosquet, *La normandie romanesque*, Paris 1845, p. 229. Calmeil, *folie* I., 366. Leubuscher, *Wahnsinn* p. 107. Leubuscher, *Wehrwölfe* 22 f.

Araber Avicenna u.a.[319] Siehe Böttiger in Sprengels Beiträgen zur Geschichte der Medizin Bd. I. 2. Stück, Halle 1795, pag. 3-45, wieder abgedruckt in Böttigers Kleinen Schriften, gesammelt von Sillig, Dresden und Leipzig 1837, Bd. I, p. 135 ff. Friedreich, Versuch einer Literärgeschichte der Pathologie uind Therapie. Würzburg 1830. p. 17 ff.

Die Krankheit beschreibt der englische Dichter Webster in der Herzogin von Amalfi[320] folgendermaßen:

„Menschen, die geplagt,
Von diesem Übel sind, quält Einbildung
So trüber Art, daß sie sich für verwandelt
In Wölfe halten und im nächt'gen Dunkel
Zum Friedhof schleichen, Leichen auszuscharren.
So fand man vor zwei Nächten unsern Herzog
Um Mitternacht in einem schmalen Gäßchen
Hinter der Marcuskirche, mit dem Beine
Eines Begrabenen auf der Schulter, und
Entsetzlich heulend sagte er dazwischen,
Er sei ein Wolf, nur mit dem Unterschiede,
Daß bei den Wölfen sich die raue Seite
Nach auswärts kehre und bei ihm nach einwärts,
Und er bat die Begegnenden, das Schwert
Zu ziehn und selbst zu prüfen, ob's nicht wahr sei."

Ganz ähnlich war die Aussage des Kranken, der vor den italienischen Arzt Pomponacius gebracht wurde. Bauern hatten ihn im Heu gefunden, und da er ihnen zurief, sie sollten sich aus dem Staube machen oder er werde sie fressen, fingen sie ihn wie ein wildes Tier und begannen schon, ihn zu schinden, um zu erfahren, ob er wirklich das Wolfsfell nach innen gekehrt hätte, als ihn der Arzt aus ihren Händen befreite. Er wurde durch Medikamente wieder geheilt.[321] Einem Lykanthropen, der

---

[319] *Lycanthropia,* welche Avicenna *Cucubuth* nennt, andere *lupinam insaniam* oder Wolfswahnsinn. Burton, *Anatomy of melancholy by Democritus Junior,* London 1849. p. 88. – Nach Görres (*Christliche Mystik,* Regensburg 1840, Band III., p. 268) bezeichnet man die *Lycanthropie* im Arabischen mit *chatrab* – „Von einem Wasserfloh ähnlichen über die Wässer hinlaufenden Tiere."

[320] Act. V., sc. 2, s. Bodenstedt, *Shakespeares Zeitgenossen,* Berlin 1858, Band I., p. 163.

[321] Camerarius, *Operae orarum subcisivarum sive meditationes historicae,* Frankfurt 1615, p. 328. – Collin de Plancy, *Distionnaire infernal* I., 389. – *Schauplatz vieler ungereimten Meynungen,* Zweiter Band, Berlin 1739, p. 590. Leubuscher, *Wehrwölfe* p. 13, Anm. I. s. auch Job. Fincelius, *De mirabilis* L. XI. : Ein Bauer in Pavia fiel im Jahre 1441 mehrere Leute auf dem Felde an und tötete sie. Als man

von einer Masse Volks umringt, den ganzen Schenkel eines Leichnams auf der Schulter forttrug, begegnete Donatus von Altomare aus Neapel.[322]

Webster hat wohl nach diesen beiden altbekannten Fällen das Bild seines lykanthropen Herzogs entworfen.

Das Wesen der pathologischen Lykanthropie ist ein tierischer Mordtrieb, eine wollüstig grausame Gier nach Blut und Menschenfleisch. Leubuscher stellt sie mit einer Reihe ähnlicher Krankheitserscheinungen zusammen.[323] Ich verweise den Leser auf seine Abhandlung und kehre zur französischen Werwolfsage zurück.

Als schnelle Dienerinnen des Teufels erscheinen einige weibliche Werwölfe bei Nynauld:[324] Ein Bauer, der beim Dreschen durch die beständigen Bitten seines Kindes um Wasser gestört wurde, rief endlich ärgerlich: „Der Teufel soll dich holen!" Da brachen plötzlich fünf Werwölfinnen ein, raubten das Kind und brachten es dem Teufel, der ihm durch die große Zehe alles Blut im Leib aussaugte. Dann zerschnitten es die Hexen und sotten es in einem Kessel, teils um davon zu essen, teils um Salben zu bereiten. Dies geschah in Cressi bei Lausanne im Jahr 1604. Alle fünf wurden in Lausanne verbrannt.[325]

Der Glaube an Hexen und Werwölfe hat in Frankreich am Abbé Bordelon seinen Cervantes gefunden. Dieser schrieb anonym die Abtenteuer von Monsieur Oufle[326] (anagrammatisch: le fou), der durch das Lesen der vielen Zauber- und Hexenbücher verrückt wurde. Sehr ergötzlich sind die ersten Kapitel des Buchs, wo erzählt wird, wie Mr. Oufle eines Abends in der Weinlaune eine Bärenmaske seines Sohns anzieht, um seine Frau zu schrecken, darüber aber einschläft und in der Nacht, durch einen plötzlichen Lärm geweckt, sich beim Befühlen seines zottigen Äußeren

---

ihn fing, behauptete er, Wolf zu sein und die Haare nach innen zu tragen. Da schnitten ihm die Richter – gleich reißenden gefräßigen Wölfen – Arme und Beine ab, um die Wahrheit seiner Aussage zu untersuchen. Er starb trotz der ärztlichen Behandlung in wenigen Tagen. Gödelmann, *Von Zauberern, Hexen und Unholden*, übersetzt von Nigrinus, Frankfurt 1592., 4., p. 186. Gonlart, *Histoires admirables et memorables de nostre temps recueillies de plusieurs autheurs*. I. p. 286-337. ed. 1620. – Bodin. *Daemonomania* p. 236. Fischart's Übersetzung p. 121. Remigius II. 184. – Dobeneck II., 176. Leubuscher, *Wehrwölfe* 13.

[322] *De Medendis humani corporis malis* c. 9. – Leubuscher, *Wehrwölfe* p. 15.

[323] Die Menschenfleischgelüste schwangerer Frauen, deren einige ihre Männer ermordeten, um von ihrem Fleisch zu essen. Leubuscher p. 47. verschiedene Kinderfresser p. 58 ff. Bischel, Der Mädchenschlächter; Bertrand, der Leichenzerfleischer und Leichenschänder usw.

[324] *De la lycanthropie*, Paris 1615, p. 50.

[325] Von einer anderen Schweizer Hexe, die in Wolfsgestalt einen Arm verliert, siehe ebenda p. 52.

[326] Das Original war mir leider nicht zugänglich, dagegen eine gleichzeitige englische Übersetzung :*A history of the ridiculous extravagancies of Monsieur Oufle. Written originally in French by the Abbott Bordelon*, London 1711, 8. S. eine deutsche in Danzig 1712 gedruckte Übersetzung in Horsts *Zauberbibliothek*, Mainz 1822, Band III., p. 287 ff.

in einen Wolf verwandelt glaubt und mit grausigem Geheul durch die Straßen läuft, wo sich manch hübsches Abenteuer ereignet, bis ihn endlich sein vom Ball heimkehrender Sohn erkennt und nach Hause bringt.

Die Erinnerung an den Werwolf lebt noch in den heutigen französischen Volkssagen fort. So erzählt man in Poitou, daß dort die Werwölfe besonders zahlreich gewesen seien, man nannte sie „La Bete Bigourne, qui court avec La Galipode". Wenn die Leute den Werwolf heulen hören, was immer in der Mitte der Nacht geschieht, so hüten sie sich wohl, den Kopf zum Fenster hinauszustrecken, weil sie dadurch einen verrenkten Hals bekämen.[327] Wenn man den Werwolf mit einer Gabel – oder nach Pluquet[328] mit einem Schlüssel – zwischen die Augen schlägt, so ist er entzaubert.[329]

Mlle. Bosquet[330] erzählt, daß erst im Anfang dieses Jahrhunderts der Glaube an Werwölfe in der Normandie erloschen sei. Der Werwolf war ein verfluchter oder ein von Gott abgefallener Mensch, der sieben Jahre lang allnächtlich in Wolfsgestalt umherschweifen mußte; doch konnte er auch vor Ablauf dieser Zeit erlöst werden, wenn man ihm, so lang er verwandelt war, drei Messerstiche auf der Stirne zwischen den Augen beibrachte, so daß Blut floß; waren aber die Stiche zu schwach und unblutig, so erneuerte sich die Macht des Satans über den Verwandelten und seine Erlösung war noch einmal auf sieben Jahre, von diesem Augenblicke an gerechnet, hinausgeschoben. Ebenso begann seine Buße von Neuem, wenn man ihn beim Namen nannte. In anderen Gegenden glaubte man, der Werwolf müsse nur vier Jahre unherschweifen. Die Wolfshaut hieß normanisch hure. Der Werwolf mußte während seiner Verwandlung fasten, bei seinen nächtlichen Wanderungen vor jedem Kreuz Halt machen und sich von unsichtbaren Händen geißeln lassen.[331] Auch ritt ihn oft der Teufel durch Dick und Dünn, und am andern Morgen trug er nach seiner Rückverwandlung die Schrammen und Wunden an seinem Menschenleib. Im Departement La Manche glaubt man, daß man siebenmal exkommuniziert worden sein oder seine Seele um irdische Güter dem Teufel verkauft haben müsse, um Werwolf zu werden. In dieser Gegend schweiften die Werwölfe in den mannigfaltigsten Gestalten zwischen Weihnacht und Lichtmeß umher. Im Gebiet von Pont-Audemer schweiften sie dagegen nur zur Adventszeit; man nannte das courir le varou, in der Niedernormandie guérou. Im Bezirk Corneilles war ein

---

[327] Collin de Plancy, *Dictionnaire infernal* I., 388. („ La Galipode " ist die Bezeichnung für einen Werwolf in den französischen Departements Gironde und Vendée Anm. d. Ü.)

[328] *Contes populaires* etc. p. 15.

[329] Collin I., 388.

[330] *La normandie romanesque et merveilleuse par Amélie Bosquet.* Paris 1845, Chap. XII.

[331] Dubois, *Annouaire statistique fr l'Orne* 1809. Man sieht, die Sage ist hier völlig christianisiert.

Pächter im Verdacht des courir le varou, und um sich dessen zu vergewissern, verhinderten ihn seine Leute eines Abends, die Türe zu gewinnen. Doch als die verhängnisvolle Stunde kam, ergriff er einen Besenstiel, setzte sich rittlings darauf und fuhr durch das Kamin davon, Wenn man den Werwölf töten will, muß man eine geweihte Kugel haben und darf niemand seine Absicht mitteilen; hat man diese Vorsicht angewandt, so braucht man nicht auf den Wolf selbst, sondern nur auf seinen Schatten zu zielen; Einige sagen sogar, man könne ihn auf keine andere als diese Weise treffen. Der sterbende Werwolf erreicht nie mehr sein Haus, sondern bleibt in einiger Entfernung von demselben liegen, meist in der Nähe eines unbewohnten Gebäudes. Im Sterben verwandelt er sich in seine Menschengestalt, nur ist sein Wuchs bedeutend größer und ein Bein länger als das andere.

Häufig ist der Werwolf auch die verwandelte Leiche eines Verdammten, der, um den Qualen seines Grabes zu entrinnen, Sarg und Hügel durchbricht, um in der Nachtluft umherzuschweifen, widerum ein Anklang an die Vampirsage. Zuerst beginnt der friedlose Leichnam das Schweißtuch, das ihm über dem Angesicht liegt, zu benagen und aufzuzehren. Dann hört man schreckliche Klagetöne aus der Erde herauf, er hebt die Decke über sich empor, und Flammen der Hölle schlagen heraus. Aber der Pfarrer wacht über die Gräber, und wenn er nächtlicher Weile jenes Geschrei vernimmt, so gräbt er unter Beihilfe des Sakristans mit einem Spaten den Leichnam aus, schneidet ihm den Kopf ab und trägt diesen, nicht ohne Anfechtungen von Seiten höllischer Hunde, zum nächsten Fluß, wo er ihn versenkt. Das verfluchte Haupt aber ist so schwer, daß es nicht nur sofort auf den Grund fällt, sondern sich langsam durch die Erde hinabdrückt zu der Stätte seiner ewigen Qualen.

Von König Johann ohne Land ging die Sage, daß er nach dem Tode als Werwolf umgegangen sei. Ein alter normannischer Chronist berichtet, daß die Mönche von Worcester in Folge eines schrecklichen Lärms, den sie über seinem Grabe vernahmen, sich genötigt sahen, seinen Leib auszugraben und ihn aus der geweihten Erde zu werfen. „Es fand sich so das verderbliche Vorzeichen, das mit seinen Spitznamen Ohneland verbunden war, gänzlich erfüllt, da er im Leben fast alle seiner Herrschaft unterliegenden Gebiete verlor, und sogar nach seinem Tod nicht den angenehmen Besitz seines Grabes behalten konnte."[332]

---

[332]Bosquet p. 238. Gabr. Du Moulin, *Histoire de Normandie*, L. XIV., p. 259. – Bei Gelegenheit dieses königlichen Werwolfs muß ich folgende Andeutung Bodins erwähnen : „Auch finden sich viel Bücher in Deutschland öffentlich gedruckt, darinnen angezogen wird, wie einer der vornehmsten König in der Christenheit, so nicht vor unlängst gestorben oft in ein Wolf sich verwandelt habe: auch den Ruf bekommen, daß er der größte Zauberer der ganzen Welt wäre." *Daemonomanie*, Paris 1587, p. 108, ed. Francof. 1604, p. 237. Fischart's Übersetzung p. 121. Remigius II., 185. Bodin

Eine andere Art von gespenstischen Werwölfen scheinen die Lubins zu sein, welche in Scharen die Kirchhöfe heimsuchen, um die Leichen auszugraben; sie werden angeführt von einem großen schwarzen Lubin, der, sobald Menschen der Herde nahen, ausruft: „Robert es mort! Robert est mort!" Worauf sich die ganze Schar auf die Flucht begibt.[333]

Auch das Gespenst eines wirklichen Wolfs, den Saint Loup im fünften Jahrhundert mit seiner Stola gefesselt und im Flusse Drome ertränkt hat, daher La bête Saint Loup genannt, zeigt sich in der Gegend von Bayeux.[334]

Von normannischen Hexenkatzen, welche im Schlosse Vernon entdeckt wurden, berichtet Bodin.[335] Von der Erscheinung eines kettenklirrenden Hundes – Le Ronguer d'os – in Bayeux erzählen Pluquet[336] und Bosquet[337] mit der Bemerkung, daß dies ein von Zauberern oder vom Teufel verwandelter Mensch sei. Ein in der Gegend von L'Aigle und besonders in Tourouvre häufig gesungenes Volkslied erzählt von einem Mädchen, das bei Nacht als Hirschkuh im Walde schweifen muß, wo es sein eigener Bruder Lion jagt und schließlich erlegt.

> „Melden wir es dem Schinder,
> auf daß er die Hirschkuh abhäute."
> Dieser, der sie abhäutet
> Spricht :„ Ich weiß nicht, was ich sagen soll:
> Sie hat die blonden Haare
> Und den Busen eines Mädchens "[338]

---

schrieb in der zweiten Hälfte des sechzehnten Jahrhunderts. Wen er mit diesem kürzlich verstorbenen königlichen Zauberer meint, konnte ich nicht erfahren.

[333] Ausland vom 7. September 1837: Briefe aus der Normandie Bayeux. Ähnlich bei Pluquet, *Contes* p. 14.

[334] Pluquet, *Contes populaires*, Rouen 1834, p. 17.

[335] *Daemonomania*, Frankfurt 1604, p. 236. Fischarts Übersetzung p. 121. Remigius II., 184.

[336] *Contes* p. 16.

[337] *La Normandie* p. 236.

[338] *Antiquités de la ville de l'Aigle et de ses environs par G. Vangeois*, 1841, p. 584. – Bosquet p. 81 ff.

14. Kapitel.

Die Werwolfsagen der Kelten
in Irland – Hexen, die sich in Hasen verkehren

In der keltischen Bretagne, welche die Heimat der oben besprochenen Lais von Bisclaveret und Melion war, hat sich der Glaube an Werwölfe noch bis auf unsere Zeit erhalten. Die Wolfsgestalt dient hier den Zauberern als beliebte Verkleidung, wenn sie zum Hexensabbat fahren. So sagt La Tour d'Auvergne-Corret:[339] „Nach der Meinung der Bretonen legen sich dieselben Männer (die Zauberer) während der Nacht die Haut eines Wolfes an und sie nehmen einige Male diese Gestalt an, um sich zu den Versammlungen einzufinden, bei welchen der Dämon angeblich den Vorsitz führt."

Auch die Kelten jenseits des Kanals kennen diese Verwandlung. Einer walisischen Werwölfin erwähnen die Mabinogion.[340] Joseph Walker in seinem satirischen Gedicht auf die irischen Zustände[341] sagt:

> „Die nächste seltsame Geschichte, die seine Ohren
> erreichte, war eine von Wölfen und Bären,
> die einstmals Männer von Ruhm und Ehre waren,
> aber durch Zauberei zu Bestien wurden
> und (wenn die Geschichten die Wahrheit singen)
> ihre frühere menschliche Gestalt wieder erhalten würden."

Camden[342] berichtet von der Grafschaft Tipperary in Irland, dort gehe die Sage von Menschen, die jedes Jahr in Wölfe verwandelt würden; er versichert jedoch, daß er nicht daran glaube.

Ein älteres Zeugnis lesen wir bei Giraldus Cambrensis:[343] Ein Priester wurde auf seiner Wanderung durch Ulster von einem Wolfe nächtlicher Weile angesprochen: „Wir sind von einem Menschengeschlecht gebürtig aus Ossyrien (Ulster), von

---

[339] *Origines Gauloises, celles des plus anciens peuples de l'Europe.* Paris au Vme de la Rép. Francaise, p. 39.

[340] San Marte, *Beiträge zur bretonischen Heldensage* (Bibliothek der deutschen Nationalliteratur Abt.II., Bd. 3) p. 32 und 65.

[341] *Historical memoires of the Irish Bards*, London 1786, 4., p. 149.

[342] *Britannia* by W. Camden translated by Rich.Gugh. Sec. edit. London 1806. fol. Vol. IV., p. 293.

[343] *Topographia Hiberniae* L. II., c. 19, aus der zweiten Hälfte des zwölften Jahrhunderts.

welchem jeweils zwei, ein Mann und eine Frau, durch den Fluch eines gewissen Natalis, ein Heiliger und Abt, dazu verdammt sind, alle sieben Jahre ihre menschliche Gestalt abzulegen, und von den menschlichen Behausungen zu weichen. Sobald wir die menschliche Gestalt abgelegt haben, nehmen wir die von Wölfen an. Nach Ablauf der sieben Jahre, wenn wir es schaffen, zu überleben, werden zwei andere an unsere Stelle gesetzt, und wir kehren in unser Land und in unsere Gestalt zurück"[344] Der Wolf führte hierauf den Priester zu seiner Unglücksgenossin, damit er ihr, die im Sterben lag, die heilige Wegzehrung gebe, und um ihn ihres Menschentums zu versichern, streifte er ihr mit der Pfote die Wolfshaut vom Kopf bis zum Nabel herunter „und sogleich erschien sie in der Gestalt einer alten Frau". Der Priester gab ihr das Sakrament und der Wolf zog ihr hierauf das Fell wieder über den Kopf.[345] Höchst merkwürdig ist hier die Übereinstimmung mit der uralten arkadischen Werwolfsage in Betreff der regelmäßig sieben Jahre während Verwandlung; dieser Zug mag in das dunkelste Altertum hinaufreichen, wo die Kelten mit den übrigen indogermanischen Stämmen noch in innigem Verkehr standen. Der verfluchende Heilige ist an die Stelle eines beleidigten Gottes getreten; bei der Deutung mag auch hier an periodisch wiederkehrende Sühnopferfeste zu denken sein.

Die keltischen Hexen verwandeln sich vorzugsweise in Hasen und saugen an den Kühen. Giraldus erzählt davon in seiner Topographia:[346]

„Es ist eine häufige Klage, sowohl von alten Zeiten her wie auch in der heutigen, daß gewisse Hexen in Wales, genauso wie in Irland und Schottland, sich in die Gestalt von Hasen verwandeln würden, welche, indem sie unter dieser betrügerischen Gestalt an den Zitzen saugen, heimlich anderer Leute Milch rauben könnten."[347] Dies bezeugt auch das Eulogium Historiarium:[348] „in der Gestalt eines Hasen, sagen sie, saugen sie an den Eutern der Kühe und stehlen fremde Milch." Siehe weiterhin die irische Sage von der alten Frau, welche in Hasengestalt die Euter einer grasenden Kuh aussaugte, von Hunden gebissen und an ihren Wunden hernach erkannt wurde, in Folge deren sie starb.[349] Der Glaube lebt noch jetzt in

[344] Diese Stelle findet sich auch in dem neu edierten *Eulogium historiarum sive temporis* aus dem vierzehnten Jahrhundert, herausgegeben von Haydon unter den *Rerum Brittanicarum medii aevi scriptores*, London 1860. II., p. 129.

[345] Gervasius, herausgegeben von Liebrecht, p. 161.

[346] L. II. c. 19.

[347] s. Gervasius, herausgegeben von Liebrecht Anm. 7.

[348] Vol. II. p. 127.

[349] Erin v.K. Stuttgart und Tübingen 1847. Bändchen 3: *Sagen und Märchen* p. 127 ff., und mehrere Beispiele in den Anmerkungen p. 282.

Schottland: Athenaeum November 1846 p. 1141: „Sie wurde hundert Mal gesehen, wie sie die Kühe in der Gestalt eines Hasen molk."[350]

15. Kapitel.

Die Werwolfsagen in Osteuropa – der Werwolf und der Vampir – Werwolfsagen über die Neuren – Werwolfsagen in Livland, Kurland, Polen, Rußland und der Slowakei

Im Osten Europas hat der Werwolf seine unheimlichste Gestalt durch die Verbindung mit dem Vampir erhalten. Bei dem größten Teil der slawischen Stämme gehen nämlich beide Vorstellungen ineinander über. Der serbische Name für Werwolf ist vukodlak, eigentlich Wolfspelz (dlaka serbisch Haar), polnisch wilkolak, böhmisch wlkodlak, bulgarisch und slowakisch vrkolak, weißrussisch wawkalak, dalmatisch vakudlak, griechisch Brukolak;[351] dieselben Wörter werden auch für Vampir gebraucht.

In den älteren Sagen ist diese Vermischung der Vorstellungen von Werwolf und Vampir noch nicht bemerkbar. Hierher gehört nach Shasarik[352] Herodots Bericht von den Neuren, welche jedes Jahr einige Tage zu Wölfen wurden: L. IV. c. 105: „Die Skythen und die unter ihnen wohnenden Griechen halten dafür, daß jeder Neurer jedes Jahr einmal für ein paar Tage ein Wolf werde und danach wieder seine alte Gestalt annehme." – „Die Neurer verwandeln sich zu bestimmten Zeiten in Wölfe, dann, nach einem Zeitraum, welcher ihrem Schicksal zuerteilt ist, kehren sie wieder in ihre frühere Gestalt zurück." Solinus Polyhistor c. XV., 2. Herodot erwähnt sonst noch, daß die Neuren skythische Gebräuche hätten, unter welchen er an einer anderen Stelle (L. IV. c. 62) besonders die Menschenopfer hervorhebt. Solinus[353] und Pomponius Mela[354] zählen die Neuren gleichfalls zu den Völkern, welche ihrem Schlachtengott die Gefangenen opfern.

---

[350] S. auch Grose, *Glossary of provincial words*, im Anhang: Superstitions p. 26.

[351] Lettisch *wilkats*. Grimm, *Deutsche Mythologie* 1048.

[352] Grimm, *Deutsche Mythologie* 1049 f.

[353] „Entweihend ist dies ist für Gott Mars: Vor den Götterbildnissen verehren sie ihm Schwerter und halten Menschenopfer." A. a. O

[354] „Sie verehren Mars vor allen anderen Göttern, vor dessen Bildnissen weihen sie ihm Schwert und Waffengürtel, und bringen Menschen zum Opfer dar."); *De situ orbis* L. I. (c. I, 13.)

Aus dem Mittelalter haben wir Berichte von Olaus Magnus:[355] In Livland verwandeln sich alljährlich zur Weihnachtszeit unzählig viele Menschen durch Zaubertränke in Wolfsgestalt; sie kommen zusammen in den Ruinen einer alten Burg auf der Grenze zwischen Livland, Kurland und Samogitien; unter den Trümmern steht noch eine hohe Mauer, welche die Werwölfe zu überspringen haben; wessen Kräfte hierzu nicht ausreichen (und zwar bleiben während der Verwandlung die Kräfte des Menschen dieselben wie zuvor), der wird von den diabolischen Führern der Schar gegeißelt. Hierauf durchziehen sie nächtlicher Weile das Land und hausen schlimmer als natürliche Wölfe; sie fallen mordend, raubend und zerstörend in die Wohnungen, fressen Tiere und Menschen und saufen das Bier aus den zertrümmerten Fässern. Nach Majolus[356] werden die Werwölfe durch einen hinkenden Knaben gesammelt, der durch die Dörfer geht und die Diener des Teufels zusammenruft; die Säumigen werden von einem großen, langen Mann mit einer Peitsche von Eisendraht und Kettlein geschlagen. Die Spuren der Hiebe soll man noch lange an den Leibern der Mißhandelten erblicken können. Sie schwimmen über einen Fluß und werden dadurch zu Wölfen.[357] Als solche zerfleischen sie das Vieh; aber Menschen zu verletzen ist ihnen nicht gestattet. Wenn sie an ein Wasser kommen, so spaltet es der Führer mit einem Geißelschlag, und alle kommen trockenen Fußes hinüber. Nach zwölf Tagen werden sie wieder zu Menschen.[358] Olaus erzählt weiter: Ein Edelmann reiste durch einen Wald mit seinem Gefolge, worunter einige zauberkundige Bauern waren. Sie fanden kein Obdach für die Nacht und waren sehr hungrig. Da erbot sich einer der Diener, ihnen ein Lamm von einer in der Ferne weidenden Schafherde zu bringen, wenn sie sich bei allem, was sie sehen sollten, ruhig verhielten. Darauf schlüpfte er in das Dickicht, verwandelte sich in einen Wolf und raubte als solcher ein Lamm aus der Herde, das seine Gefährten freudig in Empfang nahmen. Dann kehrte er aus dem Walde wieder als Mensch zurück.[359] Aus der neueren Zeit ist folgende

---

[355] *Historia de gentibus septentrionalibus*, Romae 1555, L. XVIII., c. 45. Deutsch in Bunge's Archiv für die Geschichte Lief-Ehst- und Kurlands, Band IV., Dorpat 1845, p. 101 ff.

[356] *Dier. Canicul. Hellenopoli* 1612 II., Colloq. 3.

[357] Boissardi *Tractatus posthumus* p. 54. s. die arkadischen Werwölfe p. 37.

[358] S. auch Boissardi *Tractatus posthumus* p. 54. Poicerus, *Commentarius de precipuis divinationum generibus* 1591, p. 169. Poicer hielt die Geschichte, wie er versichert, lange für eine Fabel, bis ihn die Berichte von Kaufleuten, die viel in Livland reisten, überzeugten (Dobeneck II., 163. Bosquet, *La Normandie* p. 226.) *Simplicissimus* von Grimmelshausen, herausgegeben von Keller, Stuttgart literarischer Verein 1854, Band II., p. 907: Die Unteutsche hinder Liffland, die sich zu gewissen Zeiten des Jahrs in Werwölff verwandlen: - Schottus, *physica curiosa*, Herbipoli 1662, c. 26. – Grimm, *Deutsche Sagen*, Nr. 215. Bechstein, *Sagenbuch* p. 216. – Leubuscher, *Wehrwölfe* 5 ff usw.

[359] Leubuscher p. 6.

livländische Erzählung: Die Gattin eines Edelmanns sprach gegen einen ihrer Leibeigenen den Zweifel aus, ob die Verwandlung von Menschen in Wölfe möglich sei. Jener aber versprach ihr, er wolle, sobald sich nur eine passende Gelegenheit darböte, den Beweis liefern, ging darauf allein in sein Zimmer, und bald lief ein Wolf über das Feld hin. Hunde verfolgten ihn und rissen ihm trotz seiner hartnäckigen Verteidigung ein Auge aus. Am andern Tag erschien der Leibeigene einäugig vor seiner Herrin.[360]

Auch das benachbarte Kurland ist reich an Werwölfen, siehe die Abhandlung von Rhanäus in Supplement III. der Breslauer Sammlungen von Kanold 1728: Der Werwolf Wepster Mickel, der sich in Fleisch einen guten Tag machen will, wird von seinem Weibe Lebba gewarnt, in die Herde seiner Herrschaft zu fallen, da diese von bösen Hunden bewacht werde. Er tut es dennoch und wird vom Herrn selbst geschossen, so daß er wütend nach Hause hinkt und im Zorn seinem eigenen Pferd die Gurgel durchbeißt (angeblich vom Jahr 1697). In einer anderen Erzählung hört ein Jäger, der auf einen Haufen Wölfe schießen will, eine Stimme aus dem Haufen: „Gevatter, Gevatter, schieß nicht! Es wird nicht gut werden!" (im Jahr 1684). Zu einem verhafteten Lykanthropen wird ein Bauer ins Gefängnis gebracht, der ihn bitten muß, die Kuh eines andern Bauern, der ihn heftig beleidigt habe, zu zerreißen. Der Gefangene verspricht es nach längerem Weigern auf die folgende Nacht, und als der Bauer den Tag darauf wieder ins Gefängnis kommt, gibt er ihm die Versicherung, daß es getan sei. Die Kuh wird wirklich im Stall zerrissen gefunden; an dem Gefangenen aber hatten die dazu bestellten Wächter nichts bemerkt, als daß er die Nacht in tiefem Schlafe gelegen und nur eine kleine Zeit mit dem Haupt und den Händen und Füßen einige Bewegungen gemacht habe.[361] Hauber[362] erzählt, wie in einem kurländischen Krug ein Bauer mit seinem Glas an den Tisch einiger Deutschen trat und zu einem, der die Sprache nicht verstand, sagte: „Pusdo dac man güntzig!" zu deutsch: „Es gilt dir wie mir, mein Herr!" Der Angeredete, welcher aus den Gebärden abnahm, daß ihm der Bauer eins zugebracht habe, wollte ihm zu deutsch den Trank gesegnen. Aber es wurde ihm sofort von seinem ihm zur Seite sitzenden Landsmann der Mund zugehalten und auch den übrigen Fremden verboten, auf das Zutrinken ein Zeichen zu geben. Der Bauer aber wurde geschlagen, bis Blut kam, und dann hinausgeworfen. Als die Fremden um den Grund dieser Handlungsweise fragten, wurde ihnen erklärt, daß jeder, der den Trunk des Bauern gesegnet hätte, des Abends für gewiß zu einem

---

[360] Leubuscher p. 6.

[361] S. Sprengel, *Beiträge zur Geschichte der Medizin*, Bd. I., 2. Stück, p. 65 ff. – Leubuscher 9 f. S. oben p. 9. Nr. 4.

[362] *Bibliotheca Magica*, 29. Stück, 1742, p. 286.

Werwolf, „jener aber dessen ledig geworden wäre", solche „böse Anführung" sei schon vielen der Sprache unkundigen Deutschen begegnet. Deshalb hätte der Bauer von den andern „auch wider ihren Selbstwillen einig zu seinem Besten müssen geschlagen werden." Auch wurden dem Deutschen am folgenden Morgen eine Menge solcher nach Hause laufender Werwölfe gezeigt, welche sich vom natürlichen Wolf dadurch unterschieden, daß sie den Schwanz wie ein gerades Scheit oder Stück Holz ausreckten, während der gewöhnliche Wolf ihn unter sich und zwischen die Beine hängen läßt.[363] Die Werwölfe in Kurland hassen die Hexen und bringen sie um, wo sie nur können.[364] Dies erinnert an den Haß des Wodansheers, der wilden Jäger, gegen die Moosweibchen.

In Polen finden sich gleichfalls Spuren von jenen alten Werwölfen, welche jährlich eine gewisse Zeit umgehen, und zwar geschah dies nach dem Glauben des Mittelalters zweimal des Jahrs, um Weihnacht und zur Johannisfeier.[365] In der neueren Sage ist der wilkolak jedoch meist das Opfer der Rache einer bösartigen Zauberin: Als einst junges Volk an der Weichsel tanzte, brach ein Wolf in ihre Reihe und schleppte die schönste Dirne des Dorfs davon. Die Burschen folgten ihm, aber da sie ohne Waffen waren, entkam der Wolf mit seiner Beute in den Wald. Nach fünfzig Jahren, als sich die Dorfjugend wieder auf eben demselben Platze belustigte, erschien ein trauriger eisgrauer Mann, in dem ein Greis des Dorfes seinen längst verlorenen Bruder erkannte. Dieser erzählte, wie ihn einst eine böse Hexe zum Werwolf verflucht habe, wie er das schöne Mädchen am Erntefest geraubt und wie das arme Kind ein Jahr darauf vor Kummer im Walde gestorben sei. „Von nun an," fuhr er fort, „warf ich mich mit wütendem Heißhunger auf alle Menschen." Dabei zeigte er seine noch ganz mit Blut besprühten Hände. „Vier Jahre schon irre ich nun von Neuem in Menschengestalt umher und bin gekommen, um meine Heimat noch einmal zu sehen, denn bald muß ich wieder zum Wolfe werden." Kaum hatte er dies gesagt, als er in Wolfsgestalt aufsprang und heulend davonlief, um nie mehr gesehen zu werden. Von einem Andern wird erzählt, daß ihn eine Hexe, die in ihn verliebt war und die er abgewiesen hatte, in einen Werwolf verwandelte. Er hatte trotz seiner Tiergestalt Abscheu vor rohem Fleisch und nährte sich von Milch, Brot und anderen Speisen, die er den Schnittern im Feld abjagte. So trieb er sich, ohne zu schlafen, jahrelang umher, bis ihn einst große Müdigkeit überkam und er einschlief. Beim Erwachen sah er sich wieder zum Menschen

---

[363] Dies ist aus einem Buch: *Simia Dei oder von der Nordschwedischen Hexerei* p. 102.

[364] S. die Stelle aus Majolus bei De l'Ancre, *Tableau de l'Inconstance* p. 307 ff. – A. Lercheimer, *Christlich Bedencken*, Scheibles Kloster V., p. 302.

[365] Hanusch, *die Wer-Wölfe oder Vlko-Dlaci* in Wolf's *Zeitschrift für Deutsche Mythologie* 10, p. 197.

geworden und lief nackt, wie er war, in sein Dorf, wo er übrigens alles verändert fand.[366]

Ein Bauer war sieben Jahre Werwolf gewesen; da löste sich der Hexenfluch und er kehrte nach seiner Hütte zurück. Dort fand er aber seine Frau mit seinem früheren Knecht verheiratet, und im Zorn rief er aus: „O warum bin ich kein Werwolf mehr, um dieses böse Weib zu strafen!" Doch kaum hatte er diese frevelhaften Worte gesprochen, als er, aufs Neue zum Wolf geworden, auf seine Frau losstürzte, das Kind, das sie von dem Knecht empfangen hatte, verschlang und ihr selbst tödliche Bisse versetzte. Die Nachbarn liefen zusammen und erschlugen ihn; doch als Licht kam, entdeckten sie statt eines toten Wolfs die Leiche des ihnen wohlbekannten Mannes. Eine Hexe kam auf eine Hochzeit, drehte ihren Gürtel zusammen, legte ihn auf die Schwelle und goß einen aus Lindenholz gebrauten Trank den Leuten unter die Füße. Als darauf die Neuvermählten mit den Gästen über die Schwelle traten, wurden sie alsbald in Wölfe verwandelt. So liefen sie drei Jahre mit furchtbarem Geheul um das Haus der Hexe. Am Tag, da der Zauber um war, trat diese mit einem Pelz heraus, dessen Haare nach außen gewandt waren; damit bedeckte sie einen Werwolf um den andern und gab ihnen dadurch die menschliche Gestalt wieder. Dem Bräutigam ließ sie den Wolfsschwanz unbedeckt, und so verblieb ihm dieser. Dies geschah im Jahr 1821 oder 22. Von anderen Hochzeitsgästen wird erzählt, daß sie von einem Soldaten, den der Bräutigam mit Hunden weghetzte, zu Werwölfen verwünscht wurden. Nach einigen Jahren wurden auf einer großen Wolfsjagd drei Werwölfe getötet, unter dem Fell des einen fand man eine Geige, unter dem des zweiten das Hochzeitgewand des Bräutigams und unter dem dritten den Putz der jungen Braut. Man kann den Werwolf dadurch entzaubern, daß man ihm geweihtes Brot und ein gebratenes Ferkel vorwirft und ihm dann mit einer Heugabel auf den Kopf schlägt.[367] Man vergleicht in Polen starke Esser und mutige Krieger mit Werwölfen.

Die Russen nennen den Werwolf oboroten, was verwandelt und behände zugleich bedeutet.[368] Eine alte viel zitierte Geschichte ist die von dem Werwolf, den der Großherzog der Moskowiter verhaften ließ und fragte, ob es wahr sei, daß er sich in einen Wolf verwandeln könne. Der Zauberer bejahte es, ging etwas abseits, so weit die Ketten reichten, an denen er von den Knechten gehalten wurde, verichtete seinen Zauber und erschien plötzlich in furchtbarer Wolfsgestalt. Der Großherzog hatte aber schon zwei große Jagdhunde bereit, die den gefesselten Wolf erwürgten.[369]

---

[366] Woyzicki, *Polnische Volkssagen und Märchen*, Berlin 1839, p. 48, 49 ff.

[367] Ebenda p. 51 - 68.

[368] Hanusch, Wolf's *Zeitschrift* IV., 197.

[369] Crantzius, *Historia Daniae* L. I., c. 32. – Happelii *Relationes Curiosae*, Hamb. 1687, III., p. 487.

Wer ein Werwolf werden will, sucht im Walde einen abgehauenen Stamm, steckt ein kleines kupfernes Messer hinein und umwandelt den Stamm, indem er folgende Beschwörung murmelt:

Auf dem Meer, auf dem Ozean, auf der Insel auf Bujan,
Auf der leeren Trift scheint der Mond auf einen Espenstamm,
In den grünen Wald, in das dunkle Tal,
An dem Stamm geht ein zottiger Wolf,
Auf den Zähnen ist ihm alles gehörnte Vieh.
Aber in den Wald geht nicht der Wolf hinein,
Aber in das Tal schleicht nicht der Wolf hinein.
Mond, Mond, golden Hörnchen,
Mache flüssig die Kugeln, stumpfe die Messer,
Zertrümmere die Knotenstöcke,
Lasse los die Furcht auf das Getier,
Den Menschen und die Gewürme,
Daß sie den grauen Wolf nicht fangen,
Seinen warmen Pelz nicht schinden!
Mein Wort ist fest, fester als der Schlaf und das Wort des Helden!

Dann springt er dreimal über den Stamm und läuft als Wolf in den Wald.[370]
In der russischen Weihnachtsfeier spielen Vermummungen in Wölfe durch umge-hängte Vilcuren (Wolfspelze) eine Hauptrolle. Die so Verkleideten rennen auf den Gassen umher und necken und peinigen in Haus und Hof, wen sie erhaschen,[371] - jedenfalls Spuren eines alten Winterfestes, wo, was jetzt Scherz und Spiel ist, von furchtbar blutigem Ernst gewesen sein mag.
In Weißrußland sind die Werwolfssagen ganz besonders zu Hause;[372] dort ist der wawkalak ein vom Teufel geholter Mensch, mit dem jedoch selbst dieser nicht fertig werden kann und ihn deshalb als Wolf zu seinen Verwandten heimschickt. Diese erkennen ihn auch als einen der Ihrigen an und reichen ihm Speise, die er gutmütig nimmt, niemand beschädigt und nur in ewiger Unruhe garstig heulend umherläuft.[373]

---

[370] Rußwurm, *Aberglaube in Rußland*, nach Sacharow, Wolfs *Zeitschrift für deutsche Mythologie* IV., 156.
[371] Hanusch, *Wolfs Zeitschrift für deutsche Mythologie* IV., 196.
[372] Grimm, *Deutsche Mythologie* 1049.
[373] Hanusch, a. a. O. IV., 196.

In der Bulgarei herrschte früher große Angst vor Werwölfen, wie aus Luitprands Descriptio legationis ad Nicephorum Phocam ersichtlich ist.[374]

Auch in Mytilene und auf den kleinasiatischen Küsten fürchten sich Jung und Alt vor den Werwölfen zur Weihnachszeit und in der Karwoche.[375]

Bei den Slowaken heißt ein starker Trinker vlkodlac. Ein slowakisches Werwolf-märchen hat Hanusch in Wolfs Zeitschrift für Deutsche Mythologie IV., 244 ff. übersetzt: Ein Mann hatte neun Töchter, die alle heiratsfähig waren, aber die jüngste war die schönste. Der Vater war ein Werwolf. Einst kam es ihm in den Sinn, daß er so viele Töchter nicht länger ernähren wolle, und er beschloß, sie zu töten. Als er eines Tages, um Holz zu fällen, in den Wald gegangen war, brachte ihm die älteste Tochter das Essen; da führte er sie an eine Grube und stürzte sie hinab; ebenso machte er es mit den übrigen Mädchen bis auf die Jüngste. Diese kam zuletzt auch in den Wald, brachte ihm Gekochtes und fragte nach den Schwestern. Er antwortete: „Sie schichten dort im Tale Holz, gleich werden wir hingehen." Dann führte er auch sie zur Grube und sprach: „Kleide dich aus! Ich werde dich hier hinabstürzen zu deinen Schwestern." Sie antwortete unerschrocken: „So bitte ich Euch denn, Euch wegzukehren, während ich mich auskleide, denn ich schäme mich gar sehr." Der Alte kehrte sich ab und sie stieß ihn rasch entschlossen in die Grube; dann nahm sie ihre Kleider und entfloh. Der Werwolf aber fiel sich nicht zu Tode, sondern kletterte aus der Grube wieder hervor und verfolgte sie. Dabei brüllte er, daß alle Täler und Berge wiederhallten. Das Mädchen aber warf ihm, als er näher kam, ihr Halstuch hin, und rief: „Du erjagst mich nicht, so lange du dies Tuch nicht in Stücke reißest, zerfaserst, zusammenspinnst, webst und von neuem zusammennähst." Der Werwolf machte sich über das Tuch her, zerriß es und tat alles, was sie ihm aufgegeben; dazu brauchte er nicht eine halbe Stunde, und bald war er ihr wieder auf den Fersen. Da warf sie ihm mit den gleichen Worten den Rock (kamza) hin und darauf das Kleid (rub), dann das Achselhemd (oplecko), dann das Leibchen (kamizol) und zuletzt das Hemd (koseln). Nun hatte sie nichts mehr, und als sie ihn von neuem hinter sich brüllen hörte, kam sie just auf eine Wiese, wo Heuhaufen standen, und verbarg sich in dem kleinsten. Der Werwolf warf die großen Haufen alle durcheinander, den kleinsten aber ließ er unberührt, da er sie nicht darunter vermutete, und ging fluchend von dannen. Nach drei Tagen kam ein König nach der Jagd auf die Wiese, um sein Mittagsmahl zu halten, der fand das nackte Mädchen und nahm sie zur Frau. Sie stellte zuvor nur eine Bedingung, daß er nie einen Bettler über Nacht in seinem Schlosse lasse. Sie

---

[374] S. Horst, *Dämonomagie* I., p. 71. – *Zauberbibliothek* I., 250.

[375] Hanusch, a. a. O.

lebten glücklich zusammen und bekamen zwei Söhne. Da erschien einst ein Bettler im Schloß und wußte die Pförtner zu überreden, daß sie ihn die Nacht im Geheimen dort zubringen ließen. Um Mitternacht schlich er sich in das Zimmer, wo die Königssöhne schliefen, schnitt beiden die Hälse ab und legte das blutige Messer unter das Kissen der Königin. Darauf verschwand der Bettler aus dem Schlosse. Der König aber ließ seiner Frau die beiden Leichen an den Hals binden und verjagte sie. Nach langem Umherirren fand sie einen Einsiedler, der sie zu einer Eidechse wies, welche im Munde ein heilendes Kraut hatte, sie bestrich damit die Wunden der Kinder, worauf diese zum Leben zurückkehrten. Sie blieb mit ihnen in der Einsiedelei, wo sie endlich der König fand, ihre Unschuld erkannte und sie wieder zu sich nahm. Bald hernach kam aber der Bettler zum zweiten Mal; da schleppten ihn die Diener vor den Herrn, und nachdem er sich als Werwolf bekannt und seine Verbrechen eingestanden hatte, wurde er auf einen Wagen gebunden und mit diesem über Felsen ins Meer gestürzt, wo er mit gebrochenen Gliedern versank. In diesem Märchen ist von dem alten Werwolf nur die tierische Mordgier und das Gebrüll übrig geblieben; von einer wirklichen Verwandlung ist nicht die Rede, und das Wort vlkolak bedeutet überhaupt Zauberer, in welchem Sinn es auch bei den Kroaten und Bosniern gebraucht wird.

16. Kapitel.

Werwolf und Vampir bei den Slawen in Osteuropa – Die Vampirsagen in Deutschland

Bei den Serben und Neugriechen dagegen, obgleich sie auch an Werwölfe glauben und sie besonders zur Weihnachtszeit fürchten, bezeichnet vukodlak und Brukolak vorzugsweise den Vampir.

Zum Vampir wird, wer im Leben Werwolf war, wie bei den Kleinrussen und den Kassuben in Westpreußen,[376] oder wer von seinen Eltern oder Geistlichen verflucht wurde, oder nach walachischem Glauben wer von zwei unehelich Gezeugten unehelich gezeugt wurde,[377] oder wer von einem Vampir getötet wurde, oder schließlich wer überhaupt von seinem Schicksal dazu bestimmt ist; das letzte zeigt sich

---

[376] S. Karl's schon zitierte *Danziger Sage* p. 39.
[377] Schott, *Walachische Märchen*, Stuttg. U. Tüb. 1845, p. 297.

vornehmlich daran, daß einer mit Zähnen[378] oder mit einer Glückshaube auf die Welt kommt; auch trägt er gleich bei der Geburt einen roten Fleck am Leibe;[379] ferner glaubt man, daß er mit zwei Herzen geboren werde, deren eines auf die Ausrottung und Vertilgung des Menschengeschlechts bedacht ist;[380] nach russischem Glauben wird der Vampir im Leben daran erkannt, daß ihm der Nasenknochen fehlt oder die Unterlippe gespalten ist. Zum Vampir kann auch jeder Verstorbene werden, in dessen Leiche der Teufel sich einschleicht oder über dessen Grab eine Katze läuft, der Tote behält ein rotes Gesicht und sein linkes Auge bleibt offen stehen;[381] Raben rühren die Leiche nicht an.[382] Im Grabe findet er keine Ruhe, über dem Hügel zeigt sich ein Lichtschimmer, er erwacht am vierzigsten Tage, benagt sein Leichentuch, benagt seine Hände, und wenn er nichts mehr im Sarge aufzuzehren findet, so wühlt er sich aus dem Grabe heraus, um zuerst zu seinen nächsten Anverwandten, dann auch zu andern Menschen ins Bett zu schleichen und ihnen das warme Herzblut auszusaugen.[383] Die Getöteten findet man am andern Morgen mit einer kleinen Bißwunde auf der linken Brust. Bei den Serben ist der Vampir ein von einem höllischen Geist am vierzigsten Tage nach der Beerdigung beseelter Leichnam, er verläßt zur Zeit des Vollmonds sein Grab, und nur seinem Weibe schadet er nicht, ja er zeugt noch Kinder mit ihr, welche jedoch keine Knochen haben.[384] Dies ist auch Glaube bei den Albanesen; in Perlepe sollen mehrere Familien wohnen, die Wampiri heißen und für die Abkömmlinge solcher Wurwolaks gelten; sie verstehen sich auf die Kunst, schwärmende Wurwolaks zur Ruhe zu bringen.[385] Streut man vor Schlafengehen Salz auf die Erde und findet morgens Fußspuren darin, so ist dies (den Kleinrussen) ein Zeichen, daß der

---

[378] In Island glaubt man dagegen von Kindern, die mit Zähnen geboren werden, daß sie die Gabe der Dichtung besitzen, und nennt darum solche Zähne skaldagemlur – Dichterzähnchen. Maurer, *Isländische Sagen* p. 169.

[379] Mannhardt in Wolfs *Zeitschrift für deutsche Mythologie* IV. 260.

[380] *Ausland* vom 4. April 1844.

[381] Mannhardt, a. a. O. IV., 265, 260.

[382] Robert, *Les Slaves de Turquie*, Paris 1844, I. , 69.

[383] Bei den Kassuben läutet der Vampir, wenn er seine Verwandten getötet hat, nachts die Kirchenglocke, und so weit der Schall reicht, muß alles sterben. Temme, *Volkssagen von Pommern und Rügen*, Nr. 258.

[384] Hanusch, Wolf's *Zeitschrift* IV., 200.

[385] Hahn, *Albanesische Studien*, Wien 1853, I., 163. Die Gegen haben zwei Gattungen von umgehenden Toten: 1. *ljoybgat*, türkische Leichen mit ungeheuren Nägeln, welche, in ihre Sterbekleider gehüllt, umgehen, was sie finden, verzehren und Menschen erdrosseln., 2. *karkantsólji*, Zigeunerleichen, die besonders im Januar erscheinen, mit Ketten beladen; ihr Hauch ist tödlich. Nach dem Glauben der christlichen Gegen kann kein Christ zum Gespenst werden; bei den Tosken aber gibt die Religion kein Vorrecht. Ebenda.

Totengänger mjertovjec ins Haus kommt. Dann sucht man auf dem Kirchhof nach einem älteren Grab, das frisch aufgeschüttet scheint,[386] und gräbt die Leiche aus, die man in der Regel nackt und auf dem Gesichte liegend,[387] frisch und wohlerhalten findet; nur an den Lippen klebt frisches Blut. Man schlägt nun dem Toten einen Nagel durch die Stirn oder einen Pfahl von Eschenholz, auch Hagedorn durch die Brust, wobei er gewöhnlich dumpf aufstöhnt, sticht ihm den Kopf mit einem neuen Spaten ab, wobei frisches Blut herausspritzt, und legt ihm denselben zwischen die Beine oder unter den Arm oder schüttet Erde zwischen Kopf und Rumpf. Das Pfählen allein hilft selten; denn der Vampir reißt sich den Pfahl wieder aus dem Leib und mordet aufs neue. Das beste Mittel ist Verbrennen.[388]

Doch nicht allein an Lebende macht sich der Vampir, sondern, wie er sich selbst das tote Fleisch abnagt, so frißt er auch von den Kleidern und dem Fleisch benachbarter Leichen. Daher umgehen die Walachen ihre Gräber jedes Jahr am Todestag der Verstorbenen mit Räucherwerk, um den Vampir fernzuhalten. Auch begraben sie ihre Toten mit der sinkenden Sonne, weil sie fürchten, dieselben möchten vor dem Glanz des steigenden Lichts auf Irrwege geraten und einem umherschweifenden Vampir zum Opfer werden.[389]

Um die Leichen vor dem Wandern zu bewahren, muß man sie im Grabe beschäftigen; daher stecken ihnen die Walachen Geldstücke oder eine Ton- oder Ziegelscherbe in den Mund, oder man streut den Sarg voll Mohnkörner; dann betrachtet der Tote das Geld und kaut daran, kaut an der Scherbe und zählt die Körner. Andere geben ihm einen Strumpf oder dergleichen mit, daran reißt er jedes Jahr eine Masche auf. Andere legen ihm einen Stein oder ein mit drei Kreuzen versehenes Stück Espenholz unters Kinn;[390] die Ukosken werfen dem Toten etwas Erde auf den Leib und einen schweren Stein auf den Kopf, damit er nicht wiederkehre.[391] Andere endlich stecken ihm Knoblauch in den Mund.[392] Eine

---

[386] Bei den Serben läßt man einen Knaben auf einem ungesattelten, ganz schwarzen Hengst, der noch keine Stute besprungen hat, über die Gräber des Gottesackers reiten; wo ein Vampir liegt, bleibt oder der Hengst stehen und ist durch kein Antreiben vorwärts zu bringen. Görres, *Christliche Mystik*, Regensburg 1846, III., p. 282.

[387] Man begräbt bei den Siebenbürgern die Hexen mit dem Gesicht nach unten, über ihnen einen Kapendorn (Hundsrosen). Müller, *Siebenbürgische Sagen* Nr. 148, 149.

[388] Bei den Neugriechen heißt ein Geisterseher *álafróstatos*; dieser muß den Priester bei der Beschwörung begleiten, damit er ihm den Augenblick bezeichne, wo der *katakanás* in seinem Grabe sich befindet, und der Priester den Geist teils durch Gebete, teils durch die *solomonike boyla* (Salomonis Siegel) zur Ruhe bringen kann. Ausland vom 4. April 1844.

[389] Schott, *Walachische Märchen* p. 302, 305

[390] Mannhardt, Wolf, *Zeitschrift* IV., 261.

[391] Valvassor, *Ehre von Krain* II., B. 6, c. 4.

weitere Vorsichtsmaßregel ist, den eingenähten Namen aus dem Totenhemd zu schneiden. Man bestreut auch den Weg vom Grabe nach dem Haus, wohin der Totengänger kam, mit Mohnkörnern; wollte er wiederkommen, so müßte er zuvor die Körner alle auflesen und bleibt daher lieber fern. Die Walachen reiben einen verdächtigen Toten mit dem Fett eines Schweines ein, das am Tage vor Weihnacht geschlachtet wurde, und legen zu ihm einen dornigen Stock von wilden Rosen, daß er sich mit den Kleidern darin verwickle, wenn er aufstehen wolle.[393] Wer von einem Vampir gebissen wurde, der muß Erde von dessen Grab essen oder von dessen Blut trinken, sonst wird er nach dem Tode gleichfalls Vampir.

Der Glaube an Vampire ist die spezifisch slawische Form des allgemeinen Gespensterglaubens, der so alt ist wie das Begraben der Toten. Völker, die ihre Toten verbrennen, kennen keine eigentlichen Leichengespenster; ihnen ist, was von dem Brande des Rogus zurückbleibt, nur Asche und ein wesenloser Schatten – „Doch mich verlangte es, die Arme um die Seele meiner verstorbenen Mutter zu schlingen. Dreimal versuchte ich, sie zu umfassen, dreimal entglitt sie als ein Schatten meinen Händen."[394] So sagt die Mutter des Odysseus im Hades:

> „Es ist das Los der Menschen im Falle des Todes:
> Keine Sehnen halten mehr Fleisch und Knochen zusammen,
> sondern die Glut des Feuers vernichtet die Teile,
> wenn die Lebenskräfte die Glieder verlassen,
> und die Seele davonfliegt und wesenlos flattert."[395]

Den begrabenen Toten aber wird, so lange sie noch die äußere Form des Lebens tragen, von der Phantasie des Volks ein eigentümliches Halbleben zugeschrieben, sei es nun, daß sich Dämonen des Leibes bemächtigen, wie die indischen Vetalas und Pisachas,[396] oder daß dieser selbst aus der Ruhe des Grabes durch eine ungesühnte – eigene oder fremde – Schuld vertrieben oder von einem gleichsam

---

[392] Knoblauch schützt vor Zauber, besonders auch vor dem bösen Blick. Die Neugriechen tragen Amulette mit Salz, Kohle und Knoblauch, welche man unter Sprechung folgender Zauberformel umhängt: Knoblauch und Salz soll in den Augen unserer Feinde sein! *Ausland* vom 3. April 1844. S. auch Grimm, D. M. 1031.

[393] Schott, *Walachische Märchen* p. 298.

[394] *Odyssee* XI., 207.

[395] *Odyssee* XI., 218 ff.

[396] Auch im Mittelalter kommen Sagen vor, wo Teufel in eine Leiche fahren und sie gleich einem Lebenden sich benehmen lassen, s. z.B. die Geschichte des Edelmanns zu Paris, den der Teufel in der schönen Leiche eines gehenkten Mädchens verführt. Wolf, *Zeitschrift für deutsche Mythologie* IV., 87.

instinktiven Drang bewegt wird, durch lebendiges Blut sein gespenstisches Dasein vor der Verwesung zu schützen und die noch Lebenden zu Seinesgleichen zu machen. Seine scheinbare Bestätigung erhielt dieser Glaube durch Wiederausgraben unverwester oder in andere Lage gekommener Leichen.[397]

Unter den Germanen begegnen wir ganz ähnlichen Vorstellungen, besonders im Norden; man denke an die isländischen Wiedergänger – Leichen, welche ihr Grab verlassen und umgehen, mit Lebenden ringen, furchtbar durch die übermenschliche Totenstärke, und Gemeinschaft mit Weibern pflegen.[398] Man findet sie im Grabe unverwest mit roter Gesichtsfarbe und schlägt ihnen zur Abwehr einen Nagel durch die Sohle.[399] Darunter sind besonders Mädchen, die sich aus Liebesgram getötet haben und nun umgehen, um dem Geliebten und den Seinigen zu schaden.

Auch in Deutschland ist dieser Glaube heimisch. Tote ziehen Lebende nach; ich erinnere nur an die Sage von Lenore, die auch in einem isländischen Volkslied wiederkehrt.[400] Eine von ihrem Mann ermordete Frau kommt nachts zum Pfarrer, offenbart ihm, was geschehen ist, und fordert ihn auf, zum Wahrzeichen seinen Ring in ihre Kopfwunde zu legen. Als man die Leiche ausgräbt, findet man den Ring an derselben Stelle.[401] Hier ist von wirklichen Gespenstern, nicht von Geistern die Rede. Vampirsagen in Deutschland erscheinen besonders im Gefolge der Pest; so kam man in Hessen, als die Pest lange anhielt, auf den Argwohn, daß das „Umsichfressen" der Toten daran schuld sei. Im Schmalkaldischen riß man die Gräber wieder auf und stach den Leichen mit einem Spaten die Köpfe ab. So hörte man zu Helsa im Jahr 1558 eine Haustochter, die überaus geizig gewesen war, in ihrem Grabe fortwährend schmatzen, „wie ein großer Mensch oder eine Sau zu tun pflegt", und als man sie ausgegraben hatte, hatte sie das Kleid weit umher aufgefressen. Da wurde ihr der Kopf abgestochen, und das Fressen und Sterben hatte ein Ende.[402] Der erste, der an einer Seuche starb, sitzt aufrecht im Grabe und verzehrt sein Laken, und die Seuche dauert, bis er es ganz verzehrt hat, wenn man

---

[397] Siehe *Actenmäßige und umständliche Relation von denen Vampiren oder Menschensaugern, welche sich in diesem und vorigen Jahren im Königreich Serbien hervorgethan* 1732, 8. Die Ausgrabungen wurden auf Befehl Kaiser Karl VI. von Prinz Alexander von Württemberg, der damals Statthalter von Serbien war, angeordnet.

[398] Maurer, *Isländische Sagen* p. 112, 300.

[399] Ebenda 57.

[400] Ebenda 73. Ähnlich in einem neugriechischen Volkslied: Kind, *Anthologie neugriechischer Volkslieder*, Leipzig 1861, p. 96 ff.

[401] Baader, *Volkssagen aus dem Lande Baden* Nr. 91.

[402] Lyncker, *Deutsche Sagen und Sitten* Nr. 192. – Von Vampiren handelt Luther in den *Tischreden*, Werke, herausgegeben von Walch, Bd. XXII., p. 1162.

(110)

ihn nicht zuvor ausgräbt und ihm mit einem Spaten den Kopf absticht.[403] So wurde auch die Cholera in der Gegend von Konitz auf die Blutsauger geschoben; Blutsauger, Gierrach, Gierhals, Begierig, Unbegier sind die deutschen Namen des Vampir, und das preußische Landvolk glaubt heute noch daran.[404] Die Blutsauger lieben besonders das Blut von Jungfrauen.[405]

In Thessalien, Epirus und bei den Wlachen im Pindus glaubt man an lebendige Vampire, - Menschen, die aus Mordlust nachts aus ihren Hütten schleichen und herumschweifen, um alles Lebende, das ihnen begegnet, anzufallen; sie haben besonders Lust nach Mädchenblut und vermischen sich häufig mit dem weiblichen Dämon Viechtiza.[406]

Hierdurch werden wir auf die Verwandtschaft zwischen Vampir und Werwolf zurückgeführt. Beiden gemeinsam ist ein unersättlicher Morddurst, eine unerbittliche Feindschaft gegen die Menschen, beide haben übernatürliche Kräfte und üben nächtlicher Weile ihre blutigen Taten. Ihre ursprüngliche Verschiedenheit liegt nur darin, daß der Werwolf ein in verwandelter Gestalt umgehender lebender Mensch, der Vampir eine umgehende Leiche ist. Doch auch diese wesentlichen Vorstellungen haben sich vermischt: wir begegneten schon in Deutschland und in der

---

[403] Tettau und Temme, *Die Volkssagen Ostpreußens* p. 277. Davon erzählt auch Kornmann, *De miraculis mortuorum*, 1610, Pars VII., Cap. 64: *Von dem gestorbenen, Stöcke fressenden Weib.* Man legt dem Toten einen Stein oder eine Münze in den Mund, daß er beim Beißen auf diese harten Gegenstände stoße und ablasse. Dies soll häufig in Sachsen geschehen. Gabriel Rollenhagius, I. IV. *De mirabilibus peregrinis* c. 20, Nr. 5. – Damit der Doppelsauger nicht aus dem Grabe wiederkomme, muß man ihm ein Stück Geld in den Mund stecken. Kuhn, *Märkische Sagen* p. 382.

[404] S. Tettau und Temme, a. a. O. p. 275: den berühmten Fall in der Wollschlägerschen Familie im vorigen Jahrhundert.

[405] Karl, *Danziger Sagen* p. 38. Verwandt mit dem Vampir ist der Alp, die Nachtmahr, welche nachts die Leute drückt; im Vorarlberg heißt dieses Gespenst *Doggi*, es legt sich nachts über schlummernde Kinder und saugt ihnen die Brustwarzen wund. Bonbun, *Sagen Vorarlbergs* p. 23. *Doggele* heißt dieses Wesen auch im Elsaß und hat eine zusammengeknäuelte Tierform. Stöber, *Sagen des Elsaß* p. 30. Stalder, *Schweizerisches Idioticon* p. 287.: *doggeli, doggi – incubus.* In Schwaben heißt es Schrettele und drückt die Kinder dergestalt, daß ihnen die Brüste schwellen wie erwachsenen Mädchen und Milch geben. Meier, *Schwäbische Sagen* I., 172 f. etc. In Flandern heißt Blutsauger ein krötenähnliches Tier, das keuschen Mädchen in den Leib kriecht und 9 Monate lang denselben wie eine Schwangerschaft anschwellt. Wolf, *Deutsche Sagen* Nr. 363. – Blutsauger, die im Leib krebs- und krötenähnlich umkriechende Bermutter s. Schmeller, *Bairisches Wörterbuch* I., 188; Grimm, *Deutsche Mythologie* I 132.

[406] Robert, *Les Slaves de Turquie*, Paris 1841, I., 69. Ihr Name lautet auch *vestica* – Wahrsagerin; sie wird als ein Geist mit Feuerflügeln gedacht, der oft den ermüdeten Kriegern neue Kraft und neuen Mut einhaucht, oft aber auch in Gestalt eines Wolfs oder einer Hyäne den Müttern ihre Kinder raubt. Jordan, *Slavische Jahrbücher* 1844, II., 216. – Hanusch, *Wolf's Zeitschr.* IV., 195. S. weiter über die *vjeschtitza* der Serben bei Grimm, Deutsche Mythologie 1031.

Normandie[407] gespenstischen Werwölfen, und diese sind im Grunde nichts anderes als Vampire in Wolfsgestalt, denn auch der Vampir kann jede beliebige Gestalt annehmen.[408] Nach preußischem Glauben wird jeder, der im Leben Werwolf war, im Tode Vampir.[409] Die oben genannten lebendigen Vampire aber verlieren ihre wesentliche Eigenschaft und kommen dem gewöhnlichen Werwolf ganz nahe; auch dieser trinkt und saugt mit gieriger Lust Menschenblut, während auf der anderen Seire der Vampir nach Wolfessitte von Leichen frißt.[410]

Ein mit Werwolf und Vampir verwandtes Wesen ist der walachische Priccolitsch, - ein lebender Mensch, der nachts als Hund umherschweift und auf seinen Zügen Pferde, Rinder, Schafe, Schweine, Ziegen usw. durch Anstreifen tötet und deren Lebenssäfte an sich zieht, weshalb er stets gesund und blühend aussieht. Er hat einen förmlichen Hundsschwanz als Rückgratsfortsatz.[411] Ein weibliches Unge-heuer dieser Art heißt Priccolitschone. Der Priccolitsch soll viel häufiger vorkom-men als der Murony (walach. Vampir)[412]; der Umstand, daß er lebend in verwan-delter Gestalt umherschweift, nähert ihn dem Werwolf; der aber, daß er fremde Lebenssäfte an sich zieht, um selber frisch und blühend auszusehen, bringt ihn mit dem Vampir zusammen.

---

[407] Verwandlungen nach dem Tod in Tiergestalt erwähnt auch Woycicki, *Polnische Sagen* p. 7.

[408] Schott, *Walachische Märchen*, p. 297.

[409] Karl, *Danziger Sagen* p. 38.

[410] Näheres über den Vampir bei Collin de Plancy, *Histoire des Vampires*, Paris 1820. – Horst, *Zauberbibliothek*, I. Teil, Mainz 1821, p. 251 ff. – Ranftii *De masticatione mortuorum in tumulis liber.*, Lips. 1728, 8 Übers. Michael Ranfts, Diaconi zu Nebra, *Traktat von dem Kauen und Schmatzen der Toten in Gräbern*, Leipzig 1734. – Nork in Scheible's Kloster XII., 686. – Hanusch und Mannhardt in Wolf's *Zeitschrift* IV., 198, 259 ff. – Weitere Schriften aufgeführt in Gräße's *Bibliotheca Magica et Pneumatica*, Leipz. 1843, p. 21.

[411] An geschwänzte Menschen glaubt man in Albanien, Griechenland und Kleinasien. Hahn, *Albanesische Studien* I., 163. Auch die Hexen in Siebenbürgen werden an einem Schwänzchen erkannt, eine ist sogar bei Müller, Siebenb. S. Nr. 150, 158, - Blutsaugerin – und gleicht somit völlig der *Priccolitschone*: sie wird geschwemmt und bringt wohl ihren Körper völlig unter Wasser, aber das Schwänzchen ragt hervor, und sie wird verbrannt. – Das Schwänzchen erscheint auch alks Holda's Attribut. Grimm, *Deutsche Mythologie* 249.

[412] Schott, *Walachische Märchen* p. 298.

17. Kapitel.

Tierverwandlungen bei den Indianern Nordamerikas

Auch die Indianer in Nordamerika haben Sagen von Tierverwandlungen. Ihre heiligen Tiere sind besonders der Bär, der Büffel und der Biber.[413] Ihre Genien haben Hasengestalt.[414] Sie glauben an eine Seelenwanderung durch Tierleiber.[415] Der Menschenleib ist ablegbar wie ein Kleid, so in der schönen Erzählung „Des Jägers Traum". Ein Jüngling folgt seiner toten Geliebten südwärts aus dem Land des Eises in das milde Sonnenland der Seligen; am Eingang desselben muß er bei einem greisen Wächter seinen Leib zurücklassen und bald findet er auf einer schönen Insel die Seele seines Mädchens; aber der unsichtbare Herr des Lebens ruft ihm zu: „Kehre zurück, nimm deinen Leib wieder und werde ein tapferer Krieger! Dann, wenn du deinen vorgeschriebenen Lauf vollendet hast, sollst du mit der Geliebten auf immer vereint werden."[416] Ogim-a-wisch, ein sehr alter, und blinder Häuptling von der Westküste des Michigansees erzählt folgende Sage: Ein weißer Mann, der die Indianersprache gelernt hatte, sagte, daß die Indianer in der Schlacht den Augen der Weißen wie Tiere des Waldes und Raubvögel erscheinen, die fortwährend ihre Gestalt mit einer anderen vertauschen und vor Kugeln durch Zauber geschützt sind. Der Alte erklärt, dies bewirke eine Salbe von Pflanzensaft – pezhikawusk genannt, - mit der sie sich vor dem Kampf die Leiber einreiben.[417]

Eine chippewayische Sage berichtet von einem gewissen Shingebiß, daß er zur Ente wurde und wieder zum Menschen, sobald es ihm beliebte, und es brauchte weiter nichts, als daß er das eine oder das andere wollte.[418] Auch verwandelnde Hemden finden sich; so wird in Jones Traditions II, 19 erzählt, daß sich einer von den Indianern der Urwelt an den Ufern des Great-Bear-Sees niederließ. Er hatte einige junge Hunde, und immer, wenn er von der Fischerei zurückkehrte, hörte er, indem er sich dem Zelte näherte, innerhalb desselben ein Geräusch, welches dem Plaudern, Lachen, Schreien und Weinen von Kindern glich; jedoch fand er beim Eintreten immer nur die jungen Hunde. Eines Tages nun verbarg er sich in der Nähe und stürzte, als er wieder das Geräusch hörte, plötzlich in das Zelt, wo er einige schöne Kinder lachend und scherzend fand, mit den Hundebälgen neben sich. Letztere

---

[413] Schoolcraft, *Indian Tribes of the united states*, Philadelphia 1851, v. p. 420.
[414] Ebenda III., 321
[415] Scherr, *Geschichte der Religion*, Leipz. 1865, Bd. I. p. 26.
[416] Ebenda I., 321.
[417] Ebenda III., 491.
[418] Ebenda III., 324.

warf er rasch ins Feuer, worauf die Kinder ihre Gestalt behielten und später die Stammeltern des Dog-Rib-Stammes wurden.[419] Eigentümlich sind folgende Erzählungen: Ein alter Indianer ließ seinen Sohn zur Probe seiner Ausdauer zwölf Tage fasten; jeden Morgen besuchte er ihn und sprach ihm Mut ein; der Sohn gehorchte, obgleich er zu sterben meinte. Am zwölften Morgen wurde der Verschmachtende in ein schönes Rotkehlchen verwandelt und rief seinem wiederkehrenden Vater zu: „Beklage mich nicht! Ich bin glücklicher so, als wenn ich Mensch geblieben wäre. Ich konnte deinen Stolz als Krieger nicht erlaben, aber ich will dich durch meinen Gesang erfreuen, daß du so fröhlich werdest wie ich; denn ich bin frei von Sorg' und Schmerz."[420] Hier ist der Sohn wohl als gestorben zu betrachten, und der Vogel ist seine verwandelte Seele. Von ganz besonderem Interesse für unsere Untersuchung ist aber die Sage vom Bruder Wolf.[421] Ein Indianer, der mit seiner Familie einsam am Ufer eines abgelegenen Sees wohnte, ließ sich von seinen beiden älteren Kinder, einem Knaben und einem Mädchen, auf dem Sterbebett versprechen, daß sie ihren jüngeren Bruder, der zart und schwächlich war, nicht verlassen wollten. Mit der Zeit aber vergaßen jene ihr Gelübde, der Bruder ging in die Welt, die Schwester folgte ihm zu den Wohnsitzen der Menschen und vermählte sich dort. Der Kleine blieb in der Wildnis allein; im Sommer nährte er sich von Beeren, im Winter trieb ihn der Hunger zu den Wölfen, die ihr Futter mitleidig mit ihm teilten. Als der Frühling wieder kam, schweifte er mit den Wölfen durch das Land. Sein Bruder fischte eines Tages in einer entfernten Bucht des Sees, als er aus der Wildnis den Schrei eines Kindes hörte; er ruderte dem Lande zu, da sah er seinen kleinen Bruder, der mit klagender Stimme sang:

> Nesia, Nesia, mein Bruder, o sieh!
> Ich werde zum Wolf!
> Ich werde zum Wolf!

Am Schluß seines Gesanges heulte er wie ein Wolf. Als der ältere Bruder dem Gestade näher kam, sah er mit Entsetzen, daß das Kind schon halb in einen Wolf verwandelt war. Er sprang ans Land, um ihn in seine Arme zu fassen, und rief: „Mein Bruder, mein Bruder, komm zu mir!" Der Knabe entschlüpfte ihm aber und entfloh, indem er seinen klagenden Gesang von neuem anstimmte. Der Bruder rief ihn lauter und folgte ihm in Angst; aber je näher er ihm kam, um so schneller ging

---

[419] Gervasius von Liebrecht p. 169.
[420] Ebenda II. 229.
[421] Ebenda II., 232-34. Siehe auch Schoolcraft, *The Myth of Hiawatha and other oral legends,* Philadelphia 1856, p. 136 und 339.

die Verwandlung von Statten; der Knabe sang sein Lied und heulte danach und rief bald den Namen seines Bruders, bald den seiner Schwester, bis er endlich schrie: „Ich bin ein Wolf!" und in der Wildnis verschwand. Hier kommt eine bis jetzt noch nicht berührte Vorstellung ins Spiel, welche Hakewill[422] als einen Haupterklärungsgrund für die Entstehung der Werwolfssage hervorgehoben hat: der Glaube, daß Menschen, die unter Tieren aufwachsen und in enger Gemeinschaft mit ihnen leben, mit dem tierischen Wesen auch tierische Gestalt annehmen.

18. Kapitel.

Schluß

Damit mag es der einzelnen Sagen genug sein. Werfen wir zum Schluß einen Rückblick auf die durchwanderten Länder, so sehen wir, daß unter den verschiedensten Himmelsstrichen, unter den fremdesten Völkern der Glaube an Tierverwandlung einheimisch, daß dieser, wie der Glaube an Zauberkünste überhaupt, ein allgemein menschlicher ist. Die eigentümliche Entwicklung der Werwolfsagen aber finden wir vorzugsweise auf eine bestimmte Völkergruppe konzentriert, auf die aus der mittelasiatischen Urheimat westwärts gewanderten Stämme der Griechen, Römer, Kelten, Germanen und Slawen; bei den jenen alten Sitzen näher gebliebenen südwärts gezogenen Stämmen der Inder und Iranier sind uns gleiche Sagen nicht begegnet. Ob der Ursprung derselben allen westlichen Stämmen zusammengnommen, oder nur einem einzelnen darunter zuzeignen sei, läßt sich mit Sicherheit nicht entscheiden. Am massenhaftesten treten die Werwölfe bei den Slawen auf, und ihnen gehört die älteste historische Erwähnung der Sage.[423] Doch weist der griechische Mythos von Lykaon und den arkadischen Werwölfen in weit fernere Vergangenheit zurück. Und wer will das Alter der Sage bei den Kelten von Irland und Armorica, wer den ersten Anfang jener urwaldwüchsigen Wolfssage von Sigmund und Sinfjötli historisch bestimmen?

Allen jenen ältesten Überlieferungen gemeinsam ist die periodische Dauer der Verwandlung. Bei den Neuren kehrt diese alle Jahre wieder und währt jedes Mal nur einige Tage, ebenso bei den Livländern (zwölf Tage); einer alljährlichen Ver-

---

[422] *An Apologie of the Power and Providence of God,* Oxford 1627, p. 11. Verwandt ist hiermit die oben (p. 97) erwähnte Geschichte von Raimbaud de Ponto, der, in den Wäldern der Auvergne umherirrend, aus Verzweiflung zum Wolf wird. Gervasius, herausgegeben von Liebrecht p. 51.

[423] Herodot IV. C. 105, sofern das slawische Blut der skythischen Neuren erwiesen ist.

wandlung begegneten wir auch in Irland in der Grafschaft Tipperary.[424] Größere Zeiträume nennen die übrigen Sagen: bei den Arkadiern dauert die Verwandlung bis ins zehnte Jahr, sieben Jahre in Armenien und bei den Ossyrienses auf Irland, vier oder sieben Jahre in der Normandie, sieben Jahre in einer polnischen Sage.

Diese periodische Regelmäßigkeit der Verwandlung deutet (wenigstens bei Griechen, Slawen und Kelten) mit Sicherheit auf bestimmt wiederkehrende Kultusvorgänge, auf Sühnfeste zu Ehren der verderblichen Naturgewalten, wo sich entweder das ganze Volk, wie bei den Neuren und Livländern, dem wölfischen Gott symbolisch zum Diener weihte, oder einzelne, wie in den übrigen Sagen, als erlesene Vertreter des Gesamtvolks den Fluch dieser Dienstbarkeit in die einsame Wildnis trugen. Daran knüpft sich der altgermanische Rechtsbrauch, die Geächteten, aus der menschlichen Gemeinschaft in das friedlose Tierleben des Waldes Verstoßenen, für Wölfe zu erklären.

In der christlichen Zeit, wo man die Existenz der heidnischen Götter zugab, um sie für Teufel erklären zu können, wurde der heidnische Kultus zum Greuel der Teufelsanbetung, die Diener der Götter zu Teufelsdienern,[425] und hier entstand mit dem Hexenglauben die Vorstellung von Menschen, die sich mit Hilfe des Satans aus reiner Mordlust zu Wölfen verwandeln. So wurde der Werwolf in düster poetischer Symbolik das Bild des tierisch Dämonischen in der Menschennatur, der unersättlichen gesamtfeindlichen Selbstsucht, welche alten und modernen Pessimisten den harten Spruch in den Mund legte: Homo homini lupus – „Der Mensch ist des Menschen Wolf."

---

[424] Mehrere Male im Jahr; um Weihnacht und Johanni in Polen; Spuren in der russischen Weihnachtsfeier; zur Weihnacht und Karwoche in Mytilene; um die Adventszeit bis Lichtmeß, Departement Manche: in den Zwölften in Deutschland, Kuhn und Schwartz, *Norddeutsche Sagen*; Kuhn, *Märkische Sagen*; mit jedem Neumond bei Gervasius; allmonatlich auch bei dem Bauern von Ottensee; jeden Montag, Mittwoch und Samstag beim abnehmenden Mond im Prozeß des jungen Grenier; wöchentlich dreimal im *Lai de Bisclaveret*.

[425] I. Korinther X, 20, 21.

Über die Werwölfe und Tierverwandlungen im Mittelalter

Ein Beitrag zur Geschichte der Psychologie

von

Dr. Rud. Leubuscher

Privatdozenten und praktischen Arzt in Berlin

Berlin
Druck und Verlag von G. Reimer.
1850

Vorwort.

Die Beschäftigung mit Lykanthropie führte mich vor längerer Zeit zu dem Werke von Calmeil; eine Bearbeitung desselben ist vor zwei Jahren veröffentlicht worden. (*Der Wahnsinn in den letzten vier Jahrhunderten*. Halle 1848). Die folgenden Zeilen sollten ursprünglich unmittelbar nach jener größeren Arbeit erscheinen; sie stehen mit ihr auf demselben Grund und Boden. Ich gebe sie jetzt als monographischen Versuch und habe auch die früher schon mitgeteilten Fälle der Vollständigkeit wegen hier einfügen müssen; nur zwei indes, die Schilderung aus Boguets *Discours des sorciers* und den Prozeß von Garnier verdanke ich Calmeil; alle übrigen sind mir aus den Quellen selbst bekannt geworden.

Möge man die Arbeit als einen kleinen Beitrag zur Geschichte der Psychologie nicht zurückweisen. Zwar ist es eine zertrümmerte Zeit, auf welche ich die Blicke zu richten versuche, und ein gespenstischer Gegenstand, den ich in die lebendige Wirklichkeit hineinführt. Aber es ziemt dem Naturforscher, auch diese grauenvollen Nachtseiten der menschlichen Natur anzuschauen und zu durchwandern; und die tierische Gier des Lykanthropen gehört ebenso gut zu dem vollen Bild des Menschen wie die aus einer begeisterten Stimmung hervorbrechende Halluzination eines Dichters. Auch die Sagen und Mythen der Völker haben größtenteils einen physiologischen Grund und Zusammenhang. Aber die Kräfte und Kenntnisse von Medizinern allein dürften, wie ich wohl fühle, schwerlich ausreichen, diesen großen und weiten Gedanken zu bewältigen und zur lebendigen Anschauung zu bringen.

Ende Dezember 1849.

Inhalt:

I.Die Werwolfssucht (Lykanthropie)

Historische Angaben

Die Wahnvorstellung, daß sich Menschen in Tiere verwandeln könnten, die zuweilen noch in unseren heutigen Irrenhäusern auftaucht, läßt sich bis ins Altertum zurückverfolgen. Weil die Verwandlung vorzugsweise in Wölfe und Hunde geschehen sollte, so erhielt die Krankheit den Namen Lykanthropie und Kynanthropie. Nach einem Fragment des Marcellus Sidetes sollten die von diesem Wahnsinn Befallenen, besonders bei der Annäherung des Frühlings, im Februar den Trieb in sich empfinden, es den Wölfen und Hunden gleich zu tun, und sich die Nacht über in einsamen Begräbnisplätzen aufzuhalten.

Die älteste Tierverwandlung, der überhaupt im Altertum Erwähnung geschieht, ist die eines Königs von Arkadien Lykaon, der von Jupiter wegen seiner Verbrechen (er soll ihm bei einem Mahle Menschenfleisch vorgesetzt haben, um zu prüfen, ob der Gott wirklich ein Gott sei) in einen Wolf verwandelt wurde. Die Lykanthropie schlägt im Altertum ihren Sitz hauptsächlich in Arkadien auf. Plinius erzählt aus dem Evanthes, daß an dem Tag des Jupiter Lycaeus aus dem Geschlecht des Anthus einer durch das Los ausgewählt werde. Diesen führt man an einen arkadischen See, er muß seine Kleider an einen Baum hängen und den See durchschwimmen, dessen Wasser ihn in einen Wolf verwandelt. Erst nach neun Jahren darf er, wenn er innerhalb der Zeit kein Menschenfleisch gegessen, durch den See wieder zurückschwimmen, und erhält seine menschliche Gestalt wieder, ist aber natürlich um neun Jahre älter geworden. Nach Agrippa soll Demaenetus aus Parrhasia bei einem Opfer, bei dem die Arkadier dem Jupiter Lycaeus Menschenfleisch darbrachten, von dem Fleisch eines geopferten Knaben gegessen und sich in einen Wolf verwandelt haben, durfte nach zehn Jahren aber seine menschliche Gestalt wieder annehmen und wurde noch Sieger in einem olympischen Faustkampf. Böttiger glaubt den Ursprung dieser abergläubischen Vorstellung aus der Beschaffenheit des Landes herleiten zu dürfen. Ein rohes Hirten- und Jägervolk, wie es die alten Pelasger in Arkadien waren, unter einem rauen Klima, mit kindischen Religionsbegriffen, die mit Vorstellungen von Zaubermitteln und Hexerei vielfach durchwebt waren, mußte für eine Art des Wahnsinns, wie die Lykanthropie besonders empfänglich sein, Wölfe beunruhigten ihre Herden, es lag nahe, daß sie die Vorstellung von Tieren, die ihrer Einbildung am schrecklichsten vorschwebten, in ihren Wahnsinn hineinzogen. Die Unglücklichen, die von diesem Wahnsinn ergriffen waren, konnten nach der Vorstellung des Altertums nicht anders von diesem Zorn der Götter befreit werden, als durch Sühnopfer. Man gab also den in Arkadien einheimischen Nationalgottheiten, Zeus und Pan eine besondere dahin zielende Benennung, man nannte sie *Lukaious* und opferte ihnen, als das wirksamste Sühneopfer, einen unschuldigen Knaben. Als den Stifter dieser Sühnungsfeier nannte man den Lykaon, den man sich später, als man die Menschenopfer immer mehr verabscheuen lernte, als abschreckendes Beispiel selbst in einen Wolf verwandelt dachte. Wir kennen aus dem Altertum als analoge Erscheinungen, die Boanthropie (Verwandlung in Kühe) der argivischen Frauen, die *Theleia noysos* der Skythen, die in Weiber verwandelt zu sein glaubten, die Krankheit des Nebukadnezar etc.

Ich verweise in Bezug auf das Weitere über die Sagen des Altertums auf die genannten Abhandlungen; mir scheinen die Untersuchungen über den Ursprung vielmehr der Philologie als der Geschichte der Psychologie und der Medizin anheim zu fallen. Die Aussagen bestehen viel zu sehr in einzelnen Andeutungen der alten Schriftsteller; die Schilderungen der krankhaften Erscheinungen sind viel zu sehr schematisch zusammen gefaßt, als daß man gezwungen wird, mehr nach Analogie der später bestimmt abgegrenzten Fälle die mögliche Entwicklung der Krankheit im Individuum zu konstruieren. Die Araber beschreiben die Krankheit ebenfalls, so Avicenna und Ibn Sina. In größerer Ausdehnung, in einzelnen Gegenden, in fast epidemischer Verbreitung tritt sie uns im Mittelalter entgegen. Wie das ganze Mittelalter erfüllt war von dem Glauben an Dämonen, an die persönliche Einwirkung des Teufels, so tritt auch die Lykanthropie als eng verbunden mit der Dämonomanie auf; sie erscheint zwar auch als selbstständige Krankheit; es scheint bald von Anfang an, der Wahn sich bloß auf die Verwandlung in einen Wolf zu richten, aber dann findet sie sich, wenn ich mich so ausdrücken darf, als eine bloße Varietät der Dämonomanie überhaupt.

Wir werden die einzelnen Fälle in fortwährender Beziehung mit dämonomanischen Vorstellungen behandeln müssen, und namentlich bei den Erklärungen der einzelnen Schriftsteller, selbst aufgeklärter Ärzte, welche die Wolfsverwandlung schon als eine reine Krankheit auffassen, den ungeheuren Einfluß von dem Glauben an die unmittelbare Einwirkung des Teufels kennen lernen.

Der deutsche Name für Lykanthrop, Werwolf auch Bärwolf scheint aus dem französischen *Loup-garou* übertragen zu sein, das Francois Phoebus, ein Graf von Foix in einem Buch über die Jagd erklärt, er komme von *gardez-vouz.*

Auffallend ist bei dem Überblick über die Fälle der Lykanthropie ihre weite Verbreitung. Sie kommt in Frankreich, in Deutschland, im Norden und Süden Europas vor, und ähnliche Sagen von Verwandlung einer ganzen Menschenklasse in Hyänen sind in Äthiopien heimisch. Die Gemeinsamkeit einer Sage unter verschiedenen Himmelsstrichen, bei verschiedenen Völkern deutet auf ein gemeinsames menschliches Gesetz, auf ihre Entstehung aus denselben Grundzuständen des menschlichen Organismus. Dieser Hinblick gibt uns eine Art Berechtigung der Verbreitung der Sage nachzuspüren.

Der Norden Europas ist besonders reich an Vorstellungen von Gespenstern, von Tierverwandlungen. Es ist eine weit verbreitete Furcht, daß die Toten aus ihren Gräbern aufsteigen, und den Lebendigen einen Schaden zufügen, woran sich die Vorstellung des Vampirismus knüpft, der im Mittelalter an vielen Orten und zu Anfang des 18. Jahrhunderts in Ungarn, Serbien um sich gegriffen hatte (Leloyer: *Des spectres*. T. II. ferner A Calmet: *Gelehrte Verhandlung der Materie von den Erscheinungen der Geister, und der Vampire in Ungarn und Mähren*. T. II.) Von dem letzteren ist die Lykanthropie nur beiläufig behandelt[426] In Hybernien, Schottland und Wallis ging die Sage, daß die alten Weiber in Hasen verwandelt werden, um als solche Milch zu saugen. – Von Frotho dem Dänenkönig wird erzählt, daß er ausgezogen sei, um die Wohnung einer Zauberin zu erobern. Da habe sich diese zuerst in en Pferd verwandelt, dann bei Frothos Annäherung in eine Meerkuh, und ihre Kinder wurden zu Kälbern. Als der König aus dem Wagen stieg, stieß sie ihn mit ihrem Horn tot. Die Soldaten töteten sie und die Kälber und sahen nun erst, daß sie menschliche Körper mit Tierköpfen waren.[427] Olaus Magnus[428] erzählt, daß in Preußen, Livonien und Litauen um Weihnachten in der Nacht an einem bestimmten Ort viele zusammenkämen und dort in Wölfe verwandelt würden, dann in derselben Nacht mit der größten Wildheit auf Tiere und Menschen losbrächen, in die Häuser hineinstürzten, Gerätschaften fortschleppten und Bier austränken.[429] Zwischen Litauen, Livonien und Kurland soll sich die Mauer eines alten Kastells befinden, wo jährlich mehrere Tausende zusammenkommen, und jeder seine Geschicklichkeit im Springen erproben muß. Wer nicht springen kann, wird mit Geißeln geschlagen. Die Wolfsverwandlung geschieht nach Olaus Zeugnis dadurch, daß mit bestimmten Beschwörungsformeln ein Becher ausgetrunken wird. – Kap. 47 erzählt Olaus: Ein Edelmann machte eine Reise durch einen großen Wald, in seinem Gefolge befanden sich einige Bauern, die der Zauberei kundig waren. Sie fanden kein Haus, in dem sie übernachten konnten, und der Hunger quälte sie. Da machte einer der Diener den Vorschlag, er wolle, wenn sich alle nur ruhig verhielten bei allem, was sich immer ereignete, ihnen ein

---

[426] Ich habe die darüber sprechenden Tatsachen zusammengestellt in: *Der Wahnsinn* etc. p. 210 ff.

[427] Bei Schottus, *Physica curiosa* etc. Herbipoli 1662. cap. XXVI nach Cranzus, *Hist. Danine* lib. I cap. XXXII.

[428] Olaus Magnus *Historia de gentibus septentrioanlibus* etc. Romae 1555. lib. 18 cap. 45

[429] Darin liegt vielleicht eine Andeutung der Sage von den Hausgeistern oder Kobolden (franz. Lutins und fullets).

Lamm von einer in der Ferne weidenden Schafherde zur Speise zuführen. Darauf zog er sich in das Dickicht des Waldes zurück, und verwandelte seine menschliche Form in eine Wolfsgestalt, stürzte sich auf die Herde und brachte noch als Wolf ein Lamm zu seinen Gefährten, die das Geschenk freudig in Empfang nahmen. Dann kehrte er aus dem Wald wieder als Mensch zurück.

In Livonien ereignete es sich vor einigen Jahren, daß die Gattin eines Edelmanns gegen einen ihrer Sklaven den Zweifel aussprach, die Verwandlung von Menschen in Wölfe sei doch nicht möglich. Jener aber verspricht ihr, er wolle, sobald sich nur eine passende Gelegenheit darböte, den Beweis liefern, geht darauf allein in sein Zimmer, und bald läuft ein Wolf über das Feld hin. Hunde verfolgen ihn und reißen ihm trotz seiner hartnäckigen Verteidigung ein Auge aus. Am andern Tage erscheint der Sklave einäugig vor seiner Herrin. Nach Majolkus (dier. Canicul tom. 2. colloq. 3) berichtet Schottus (loc. Cit. P. 121)[430] von den Neuren:[431] Um die Weihnachtszeit geht ein Knabe umher, der auf einem Fuß lahm ist, der die Anhänger des Teufels, deren Zahl eine ungeheure ist, zusammenruft und zum Folgen auffordert. Wer zurückbleibt oder zögernd mitgeht, wird von einem anderen Mann mit einer eisernen Geißel zum raschen Fortschreiten angetrieben, deren blutige Spuren noch lange nachher sichtbar sein sollen. Diejenigen, welche folgen, verlieren bald ihre menschliche Gestalt und scheinen zu Wölfen zu werden. Es kommen einige Tausende zusammen. Voran geht der Führer mit der eisernen Geißel, dann folgt die Schar derer, welche in ihrer Einbildung sich überreden, von einer Wolfsgestalt umgeben zu sein. Mit ihren Zähnen stürzen sie auf die Viehherden und zerfleischen sie, aber Menschen anzufallen oder zu verletzen, ist ihnen nicht gestattet. Wenn sie an Flüsse kommen, so spaltete der Führer mit einem Schlag der Geißel das Wasser, so daß es auseinander zu treten scheint, und ein trockener Pfad zum Durchgehen sichtbar wird. Nach zwölf Tagen verschwindet der Haufe, jeder nimmt seine menschliche Form wieder an und kehrt nach Hause zurück (Majoli episc. *Vulturoniensis dier. Canicul.*etc. Helenopoli 1662). –

In einer Dissertion von Müller[432] wird (nach Cluverius und Danhaverus *Academ. Homilet.* p. II) aus Moscovien von einem gewissen Albertus Pericoscius erzählt, daß er seine Untertanen auf die grausamste Weise gequält und ihnen auch ihr Vieh geraubt habe. Als er in einer Nacht von seinem Haus entfernt ist, geht die ganze, auf unrechtmäßige Weise erworbene Herde, plötzlich zugrunde. Als man ihm das

---

[430] Ausführlich ist dieselbe Geschichte mitgeteilt von Caspar Peucerus *Commentarius de praecipuis divinationum generibus etc.* 1591., S. 169.

[431] Es ist wahrscheinlich, daß es dieselben Völkerschaften sind, von denen schon Herodot erzählt.

[432] *De lykanthropia seu transmutatione hominum in lupos.* Lispae 1673.

Unglück bei seiner Rückkehr mitteilt, bricht der Ruchlose in die schändlichsten Verwünschungen gegen Gott aus: „Wer es getötet hat, mag es auch fressen; wenn Du willst, magst Du auch mich verzehren." Bei diesen scheußlichen Verwünschungen gegen Gott fielen Blutstropfen auf die Erde, und in einen abscheulichen Hund verwandelt, stürzte er sich heulend auf das tote Vieh und fing an von ihm zu fressen und frißt vielleicht noch heute davon. Seine schwangere Frau starb aus Schreck über dieses göttliche Strafgericht. Es sollen für diese Begebenheit nicht bloß Ohren- sondern auch Augenzeugen existiert haben. Veranlassung zu der ganzen Abhandlung war, wie in der Einleitung mitgeteilt wird, ein vor kurzem vorgekommener, dem vorigen ganz ähnlicher Fall. Ein Edler in der Nähe von Prag hatte ebenfalls seine Untertanen grausam mit einer Menge von Abgaben gequält und ihnen sobald sie nicht bezahlen konnten, sogar auch ihr Vieh wegnehmen lassen, Einer armen Witwe mit fünf Kindern nahm er, taub gegenüber ihren flehentlichen Bitten, ihre letzte Kuh; als Strafe fallen alle seine Kühe, während die der Witwe ganz unversehrt bleibt. Er stößt Lästerungen gegen Gott aus und wird dafür in einen Hund verwandelt. Der menschliche Kopf bleibt aber. – Einem Herzog von Preußen wurde nach der Erzählung von Majolus ein Gefangener von den Bauern zugeführt, weil er das Vieh zerfleischt hatte. Es war ein mißgestalteter Mensch, er hatte Wunden im Gesicht, welche er zur Zeit, als er ein Wolf war, durch Bisse von Hunden empfangen haben wollte. Er gestand, daß er sich jährlich zweimal in einen Wolf zu verwandeln pflege, das eine Mal um die Zeit des Weihnachtsfestes, dann um die Zeit des Festes von Johannes dem Täufer. Es machte ihm sehr viel Unruhe und Beschwerde, wenn die Haare anfingen hervorzubrechen und sich seine Gestalt verwandelte. Er wurde lange Zeit im Gefängnis behalten und genau beobachtet, ob vielleicht während der Zeit eine Wolfsverwandlung vorkäme, aber man wartete vergebens.[433]

Über die Wölfe in Kurland findet sich in den *Breslauer Sammlungen*[434] eine Abhandlung von Rhanaeus (*Von den berüchtigten Werwölfen und übrigen Zauberwesen in Kurland*). Er meint: „sie hätten gewiß nicht bloß aus Hörensagen, sondern aus untrüglicher Erfahrung zu viele Beispiele, daß wir von unserer Meinung nicht abgehen können: daß der Satan (was wir gar nicht leugnen wollen, daß es einen gibt, und in den Kindern des Unglaubens seine Werke der Finsternis habe) auf

---

[433] Auch Olaus Magnus (I. c. cap. 47) berichtet von einem Herzog von Preußen, der einen Menschen gefangen hielt, um seine Verwandlung zu beobachten. Nach Olaus geschah die Verwandlung wirklich. Der Fall ist jedoch nicht in extenso mitgeteilt und es läßt sich deshalb nicht entscheiden, ob es dieselbe Geschichte sein soll.

[434] Supplement III, *Curieuser und nutzbarer Anmerkungen von Natur- und Kunstgeschichten*, gesammelt von Kanold 1728.

dreierlei Art die Lykanthropen in seinem Netz halte; I. daß sie selbst als Wölfe wirklich etwas verrichten, wie z. B. ein Schaf holen, das Vieh verletzen usw., nicht in einen Wolf verwandelt (was kein Schreiber in Kurland glaubt) sondern in ihrem menschlichen Körper und Gliedern, doch aber in solcher Phantasie und Verblendung, nach welcher sie sich für Wölfe ansehen und von anderen durch ebenmäßige Verblendung als solche angesehen werden: Auch dergestalt unter natürlichen ebenfalls in den Sinnen unrichtigen Wölfen laufen; 2. daß sie sich in tiefen Schlaf und Traum einbilden, das Vieh zu schädigen, indessen aber nicht von ihrer Schlafstelle kommen, sondern ihr Meister statt ihrer dasjenige verrichtet, was ihre Phantasie ihnen vorstellt und zueignet; 3. daß der leidige Satan natürliche Wölfe etwas zu verrichten antreibt und indes den schlafenden und an ihrem Ort unbeweglich liegenden, sowohl im Traum, als bei ihrem Erwachen einbildet, von ihnen selbst verrichtet zu sein."

Unter den mitgeteilten Zaubergeschichten sind drei von Werwölfen. Ein Herr kommt gerade dazu, wie ein Wolf ein Schaf aus seiner Herde anfällt und schießt auf ihn, worauf sich der Wolf ins Gebüsch zurückzieht. Als der Herr von seiner Reise zurückkehrt, findet er das ganze Gebiet voll von der Sage, daß er in seinem eigenen Kerl einen Wirt, Wepster Mickel, am gemeldeten Tage und Tageszeit erschossen, welches des Mannes eigenes Weib namens Lebba ausgebracht, auch beständig bejaht und zwar mit dieser Erzählung: Als ihr Mann den Roggen ausgesät hatte, habe er mit dem Weib geredet, wo sie doch nun Fleisch hernehmen möchten, um einen guten Tag zu haben. Das Weib habe ihm geraten, er solle sich ja nicht an der Herde Herrschaft zu schaffen machen, weil dieselbe von bösen Hunden bewacht werde. Solcher Warnung ungeachtet, habe sich doch ihr Mickel an das Vieh der Herrschaft gemacht, sei aber so von den Hunden empfangen worden, daß er bald wieder nach Hause gehumpelt und im Zorn, daß es ihm mißlungen sei, habe er seinem eigenen Pferd die Gurgel ganz durchgebissen (1697). In der zweiten Erzählung (1684) hört einer, als er auf einen Haufen Wölfe schießen will, um ihn auseinander zu jagen, eine Stimme aus dem Haufen: „Gevatter, Gevatter, schieß nicht, es wird nicht gut werden." In der dritten Geschichte wird mitgeteilt. Es wurde ein Lykanthrop verhaftet, und als nichts Erhebliches gegen ihn aufgebracht werden konnte, so bestellte der Richter einen von seinen Bauern zu ihm ins Gefängnis, um sich von ihm im Vertrauen den Dienst zu erbitten, einem anderen Bauern, der ihn heftig beleidigt, eine Kuh zu zerreißen, was doch ohne Verdacht zu erregen, am besten in seiner Gestalt als Wolf geschehen könne. Nach anfänglicher langer Weigerung versprach es der Gefangene auf die folgende Nacht, und als er den Tag darauf wieder ins Gefängnis kam, gab ihm der Gefangene die Versicherung, daß dies geschehen sei. Die Kuh wurde wirklich im Stall zerrissen aufgefunden, und an dem Gefangenen hatten dazu bestellte Wächter bemerkt, daß er die Nacht in tiefem Schlaf gelegen und nur eine kleine Zeit mit dem Haupt, Händen und Füßen einige Bewegungen gemacht habe. Eine andere, vielfach zitierte Erzählung, die zuerst in Nierembergius (*De mirabilibus Europae* lib. II. cap. XLII) vorzukommen scheint (N. beruft sich indes noch auf Silvestro Girardo) ist von einem Priester, der sich in einem Wald einem Feuer nähert. Da kommt ein Wolf an ihn heran, spricht ihm freundlich zu, er solle sich nicht fürchten, und antwortet ihm auf seine Frage, wer er sei: „Wir sind aus dem Geschlecht der Ossyrer, (wahrscheinlich eine litauische Familie), und infolge einer Beschwörung muß zu einer bestimmten Zeit, ein Mann und eine Frau die menschliche Gestalt ablegen und Wolfsgestalt annehmen. Erst nach sieben Jahren dürfen wir, wenn wir solange am Leben bleiben, in unsere Heimat zurückkehren und unsere frühere Gestalt wieder annehmen. Er erbat sich dann, daß der Priester seine kranke Frau tröste und mit dem Labsal des Abendmahls erquicke. Der Priester entschloß sich endlich dazu, nachdem er vorher gesehen, wie der Wolf um jeden Zweifel zu entfernen, den Fuß wie eine Hand brauchte, und der Wölfin die Haut vom Kopf bis zum Nabel zurückschlug, wobei die Gestalt eines alten Weibes zum Vorschein kam.

Ehe wir von diesen nordischen Vorstellungen, zu den im mittleren Europa beobachteten Fällen übergehen, wollen wir, als den Endpunkt der Verbreitung der Sage im Süden, noch den Bericht aus Äthiopien hier anreihen (nach Pearce):

„Die Silber-, Gold- und Kupferarbeiter, auch Zimmerleute werden, als Personen von hohem Rang, sehr geachtet. Aber die Eisen- und Tonarbeiter dürfen sich nicht einmal in gewöhnlicher Gesellschaft aufhalten, noch dürfen sie das Sakrament als Christen empfangen. Selbst ihre nächsten Nachbarn schreiben ihnen das Vergnügen zu, sich in Hyänen verwandeln zu können, oder in andere Tiere, und deshalb fürchtet sie jedermann. Alle Konvulsionen und hysterischen Zufälle, die in Äthiopien ebenso häufig, wie anderswo sind, werden ihrem bösen Blick zugeschrieben. Die Amhara nennen sie Buda, die Tigré Tebbib. Es gibt auch mohammedanische und jüdische Budas. Diese Budas scheinen sich durch einen besonderen goldenen Ohrring vor den übrigen Klassen auszuzeichnen, und Coffin erklärt, er habe diese Art Ring oft bei Hyänen gefunden, die er selbst geschossen oder mit dem Speer getötet, aber wie der Ring dahin gekommen, hat Coffin auch bei der sorgsamsten Nachforschung nie herausfinden können. Außer ihrer Fähigkeit, sich in Tiere zu verwandeln (Hyänen scheinen ihnen noch die liebsten zu sein) werden ihnen noch eine Menge von anderen Dingen zugeschrieben, und die Äthiopier sind so vollkommen überzeugt, daß sie um Mitternacht gewöhnlich die Gräber plündern, daß kein Mensch wagen wird, in ihrem Haus getrocknetes Fleisch zu essen während man nicht das mindeste Bedenken trägt, ein frisches Mahl, wo das Tier vor den Augen des Gastes getötet worden ist, bei ihnen einzunehmen. Coffin erzählt, als Augenzeuge, noch folgende Geschichte: Unter seinen Dienern hatte er einen Buda gemietet, der an einem Abend, als es eben noch hell war, zu seinem Herrn kam, und ihm um Urlaub bis zum nächsten Morgen bat. Er erhielt die Erlaubnis und ging fort, aber kaum hatte Coffin seinen Kopf weggedreht, als einer von seinen Dienern ausrief: „Sieh, er verwandelt sich in eine Hyäne!", und nach der Richtung wies, die der Buda genommen hatte. Coffin sah sich um, aber obwohl er nicht die Verwandlung selbst sehen konnte, war der junge Mann doch fort, und er sah ungefähr in einer Entfernung von 100 Schritt eine große Hyäne vorbeilaufen. Es war eine Ebene ohne Baum und Strauch, der die Aussicht hätte hemmen können. Am anderen Morgen kehrt der junge Mann zurück, und wurde von seinen Gefährten wegen seiner Verwandlung geneckt, die er eher zu gestehen, als zu leugnen schien, sich mit der Gewohnheit seines Standes entschuldigend.[435]

Es scheint, daß die Budas selbst diesen Glauben nähren; ihre Gewerbe sind die gewinnreichsten, und es vererbt sich stets von Vater auf Sohn. Vielleicht fangen sie junge Hyänen und legen ihnen Ohrringe an. Auch Coffin, dem ich (Halls) diese Ansicht mitteilte, hielt sie nicht für unwahrscheinlich. Bei den einzelnen angegebenen Fällen ist nicht die Zeit, in denen sie beobachtet worden, angeführt." Soweit Pearce.

Guilielmus Brabantius (bei Wier, bei Forestus) berichtet, daß ein ganz verständiger Mann, durch die Kunst des Teufels, so verführt worden sei, daß er zu manchen Zeiten des Jahres sich für einen reißenden Wolf gehalten habe, daß er sinnlos in den Wäldern umherirrte und besonders kleine Knaben verfolgte, daß er aber endlich durch die Gnade Gottes wieder vernünftig wurde.

Nach Job. Fincelius (*De mirabilibus* lib. XI.) versicherte 1541 ein Bauer aus Pavia, er sei ein Wolf, fiel auf freiem Feld viele Menschen an und tötete sie. Als man ihn nach vieler Mühe endlich gefangen genommen hatte, behauptete er, der einzige Unterschied zwischen ihm und einem wirklichen Wolf bestände nur darin, daß bei einem Wolf die Haare nach außen, bei ihm aber nach innen gekehrt seien. Um die Wahrheit seiner Aussage zu erproben, schnitten ihm seine unmenschlichen Richter, in Wahrheit reißende Wölfe, Arme und Beine ab; er starb an dieser Verstümmelung.[436]

---

[435] *The life and adventures of Nathaniel Pearce written by himself during a residence in Abyssinia from 1810–19* edited by Halls London 1831, t. I, S. 278.

[436] So wurde nach der Erzählung von Majolus dem Pomponiatus ein Kranker mit Lykanthropie gebracht, den man unter dem Heu gefunden und der gerufen hatte, man solle fliehen, weil er sonst alles zerfleischen würde. Die Bauern wollten ihm die Haut abziehen, um zu sehen, ob er *verspipellis* sei, d.

Forestus (in dem Kapitel *de cerebri morbis observ.* XXV.) berichtet aus eigener Anschauung, aus der Mitte des 16. Jahrhunderts, aus Alcmaar in den Niederlanden von einem Bauer, der jedes Frühjahr Anfälle von Wahnsinn bekam. Bald schweifte er auf dem Kirchhof umher, bald lief er in die Kirche und war keinen Augenblick ruhig, sprang über die Bänke etc. Er trug einen langen Stock in der Hand, verletzte aber keinen damit, sondern wehrte nur die Hunde damit von sich ab, von deren Bissen seine Schenkel mit Geschwüren bedeckt waren. Das Gesicht war bleich, die Augen tief in ihre Höhlen zurückgesunken. Nach diesem Symptomkomplex erklärt F. diesen Menschen für einen Lykanthropen. Die spezifische Wahnvorstellung, ein

---

h. ob die Haare nach innen gekehrt seien, wie man damals glaubte. Pomponiatus aber heilte ihn binnen Kurzem durch geeignete Arzneien (bei Schottus l. c.). Das Wort *versipellis* kommt, in Bezug auf die Wolfsverwandlungen, schon vielfach bei den alten Schriftstellern vor, und wird als Schimpf-wort gebraucht, so bei Petronius, bei Lucilius und Plautus.

Außerdem glaubte man aber durch Verstümmelung eines Werwolfes seine Rückverwandlungen in menschliche Gestalt zu erzwingen. Bei den Waldensern (au pays de Vaud) war die Ansicht, daß wenn eine verwandelte Hexe eine Wunde empfing, sie in demselben Augenblick, wo Blut flösse, ihre Gestalt wieder annehmen müsse. Zusammengestellt sind derartige Geschichten in Bodin (l. c.). Der königliche Generalprokurator Bourdin hatte ihm einen Prozeß mitgeteilt, wo ein Wolf von einem Pfeil in den Schenkel getroffen wurde, und wo man denselben Pfeil bei einem Mann im Bett herauszog. In Vernon, um das Jahr 1566 versammeln sich die Zauberer gewöhnlich unter der Gestalt von Katzen in ungeheurer Zahl. Vier oder fünf Menschen blieben eine Nacht dort und wurden nun von einer Masse Katzen angefallen. Einer von ihnen wurde getötet, aber auch mehrere Katzen bedeutend verwundet. Hernach fand man mehrere verwundete Frauen. Weil aber die Sache zu unwahrscheinlich, diese Weiber auf diese Indizien hin, als Hexen zu verurteilen, so ließ man die Untersuchung fallen, gegen den Willen der in solchen Dingen viel mehr erfahrenen fünf Inquisitoren (wie es in *Malleus maleficarum* heißt), die zur Bestätigung noch eine Geschichte von einem Arbeitsmann in Straßburg erzählen, der von drei Katzen angefallen wurde und diese verwundete. Man fand diese Katzen als verwundete Frauen wieder vor, die dem Richter Zeit und Umstände der Verwundung genau angaben. Bodin tut noch einiger Schriftsteller Erwähnung, die ich sonst nirgends zitiert finde. Pierre Mamor will in seinem *Traité des sorciers* in Savoyen die Verwandlung in Wölfe gesehen haben. Ulrich Molitor erzählt in einem kleinen dem Kaiser Siegmund gewidmeten Buch von der Hinrichtung eines Lykanthropen in Konstanz. In Nynauld (*De la lycanthropie* etc. Paris MDCXV, p. 52) wird berichtet: In einem Dorfe in der Schweiz (pres Lucens) wird ein Bauer in einem Gehölz von einem Wolf angefallen; er verteidigt sich und hackt dem Wolf ein Vorderbein ab. Als das Blut fließt, verwandelt sich der Wolf sogleich in ein Weib, dem ein Arm fehlt. Das Weib wurde verbrannt. – Als Merkzeichen, daß Tiere eigentlich verwandelte Hexen seien, wird angegeben, daß solche Tiere keine Schwänze hätten; wenn aber der Teufel in Gestalt eines Menschen erscheint, so erkennt man ihn doch an seinen Füßen, die gewöhnliche Bocksfüße sind, an seinen langen und gekrümmten Nägeln. Übrigens spricht Petronius schon im Gastmahl des Trimalchio in ähnlicher Weise von Lycanthropen. Niceros erzählt da, wie ein Mensch, der mit ihm wanderte, die Kleider auszog, ein Wolf wurde und in die Wälder lief. Als Niceros nach Hause kommt, erfährt er, daß ein Wolf das Vieh angefallen, aber von einem Knecht in den Hals gestochen worden sei, und er findet darauf seinen Gefährten als Mensch im Bett wieder, wo ein Arzt seinen verwundeten Hals behandelt, cap. 61.

Wolf zu sein, scheint bei diesem Menschen nicht stattgefunden zu haben. In der Scholie zu diesem Fall berichtet F. noch von einem spanischen Edelmann, der ungefähr um dieselbe Zeit, in dem Wahn, ein Bär zu sein, in den Wäldern umherschweifte.

Donatus von Altomare aus Neapel (*De medend. Human.Corp. Malis lib.* Cap. 9) ebenfalls aus er Mitte des 16. Jahrhunderts, hat zwei Fälle dieser Krankheit gesehen; er begegnete dem einen einmal, wie er von einer großen Volksmasse umringt, den ganzen Schenkel eines Leichnams auf seinen Schultern forttrug. Er wurde später geheilt, und als er Donatus wieder begegnete, so fragte er ihn, ob er sich damals nicht vor ihm gefürchtet habe. Er hatte also, was Donatus besonders hervorheben zu müssen glaubt, das Gedächtnis über die Vorfälle seines Wahnsinns nicht verloren.

Ausführlich endlich sind folgende Fälle mitgeteilt:

Im Dezember des Jahres 1521 fand vor dem Generalinquisitor Boin, der für die Diözese von Besancon eingesetzt war, ein Verhör von Peter Bourgot genannt Peter Magnus und Michael Verdung, statt, die wegen des Verbrechens der Zauberei eingezogen waren. Peter gestand: „Vor ungefähr 19 Jahren, an dem Tage eines Jahrmarktes in Poligny, hatte ein heftiges Unwetter die mir anvertraute Herde auseinander gejagt. Vergeblich bemühte ich mich mit anderen Bauern, sie wieder zusammen zu finden. Suchend ging ich abseits. Da kamen drei schwarze Reiter, und der letzte sagte zu mir: „Wohin gehst du? Du scheinst bekümmert zu sein." Ich erzählte ihm das Unglück von meiner Herde. Er hieß mich guten Mutes zu sein und versprach mir, wenn ich ihm Vertrauen schenken wolle, so würde sein Meister in Zukunft meine Herde beschirmen, sagte mir auch zu, daß ich die jetzt verlorene Herde binnen Kurzem wiederfinden würde und verhieß mir auch Geld. Wir wollten nach vier oder fünf Tagen wieder zusammentreffen Meine Herde fand ich bald wieder zusammen, und bei der zweiten Begegnung erfuhr ich von dem Fremden, daß er ein Diener des Teufels sei. Ich schwor Gott, der heiligen Jungfrau, allen Heiligen und Bewohnern des Paradieses und das Christentum ab, küßte ihm darauf die linke Hand, die schwarz war, wie die eines Toten und eisig kalt. Dann fielen wir auf die Knie und brachten dem Teufel unsere Huldigung dar. Zwei Jahre stand ich im Dienst des Teufels und betrat die Kirche niemals eher, als am Ende der Messe, oder wenigstens nach Aussprengung des Weihwassers; denn so hatte es mein Meister gewollt, dessen Name Moyset ich erst später erfuhr. Die Sorge für meine Herde und Abwehr der Wölfe hatte der Teufel ausschließlich übernommen; ich brauchte mich um gar nichts zu bekümmern. Diese Sorglosigkeit machte mich aber im Dienst des Teufels wieder nachlässig; ich begann wieder die Kirche fleißiger zu besuchen, bis ich von Michel Verdung von neuem zum Gehorsam gegen den

Teufel ermahnt, unter der Bedingung ihm wieder anzugehören, versprach, wenn man mir Geld gäbe. In einem Wald bei Chastel Charnon, kamen wir mit vielen anderen, die ich aber nicht kannte, zusammen; es wurden dort Tänze aufgeführt; ich sah in der Hand eines Jeden eine grüne Kerze mit einer blauen Flamme.[437] Wieder unter der Vorspiegelung, ich solle Geld erhalten, hat Michel vorgeschlagen, mich fähig zu machen, mich mit der größten Schnelligkeit fortzubewegen und nachdem ich mich nackt ausgezogen, rieb er mich mit einer Salbe ein; ich glaubte mich sofort in einen Wolf verwandelt, erschrak über die vier Wolfsfüße und über die Haare, mit denen ich plötzlich bedeckt war, aber mit der Schnelligkeit des Windes konnte ich forteilen; dies konnte nur mit Hilfe unseres mächtigen Meisters indes geschehen, der bei unseren Ausflügen fortwährend zugegen war, obgleich ich ihn nicht eher erblickte, als bis ich wieder menschliche Form angenommen hatte. Michel machte es ebenso; wenn wir dann eine oder eine Paar Stunden in dieser Metamorphose zugebracht hatten, so rieb uns Michel wieder ein, und schneller, als ein Gedanke hatten wir unsere frühere Gestalt. Die Salbe wurde uns von unseren Meistern geschenkt, mir von Moyset, dem Michel von seinem Meister Guillemin."

Müdigkeit wollte Peter nach solchen Exkursionen nicht empfunden haben, obwohl der Richter besonders danach fragte.[438]

Als Wolf will Peter das eine Mal einen Knaben von sechs oder sieben Jahren mit seinen Zähnen ergriffen haben, um ihn zu töten; da aber der Knabe zu heftig schrie, mußte er zu seinen Kleidern zurückflüchten und sich einreiben, um wieder Mensch zu werden. Beide zusammen wollen eine Frau getötet haben, die Schoten pflückte; ein Herr von Chusnee, der dazu kam, wurde von ihnen vergeblich angefallen. Dann gestanden sie, daß sie als Lykanthropen ein Mädchen von ungefähr vier Jahren getötet, und bis auf einen Arm ganz aufgezehrt hätten; das Fleisch hätte besonders dem Michel sehr gut geschmeckt. Ein anderes Mädchen wollen sie erdrosselt und ihr Blut geschlürft haben, von einer dritten aßen sie bloß ein Stück des Magens; in einem Garten hatte Peter einem Mädchen von neun Jahren den Hals entzwei gebrochen, obwohl sie ihn vergeblich um Erbarmen angefleht hatte. Einer Ziege hatte er auf dem Feld des Meisters Peter Lerugen in den Hals gebissen, und sie hierauf mit einem Messer getötet. Michael wurde mit seinen Kleidern in einen Wolf verwandelt, Peter aber bloß, wenn er nackt war; er begriff selbst nicht, wo die

---

[437] Diese grünen Kerzen kommen in der Schilderung von mehreren Hexensabbaten vor.

[438] Es war nämlich gewöhnlich, daß die Angeschuldigten über ihre große Müdigkeit nach den Hexenfahrten klagten. In manchen Fällen genügte diese Müdigkeit allein, Menschen in Anklagezustand wegen Hexerei zu versetzen. Neuere Schriftsteller betrachten die Müdigkeit als Beweis für die Anwendungen von narkotischen Hexensalben.

Haare hinkämen, wenn er wieder menschliche Gestalt annähme. Beide versichern öfters mit Wölfinnen den Beischlaf vollzogen und dabei eben so viel Vergnügen, wie mit menschlichen Weibern empfunden zu haben.

Bei den Einzelverhören stimmen Beider Aussagen nicht ganz miteinander überein. (cf. Joannis Wieri *De praestigiis daemoum et incantationibus ac veneficiis*. Basil. 1577 lib. VI., cap. XI)

Gegen Ende des Herbstes 1573 wurden durch einen Parlamentserlaß die Bauern in der Umgegend von Dole (in der Franche Comté) autorisiert, auf Werwölfe Jagd zu machen.[439]

Einige Monate später verurteilte das Parlament von Dole den Gilles Garnier, genannt den Eremiten von St. Bonnot zum Feuertod, weil er als Wolf mehrere Kinder getötet habe. Die einzelnen Angaben sind: Der Angeklagte habe bald nach dem letzten Tag des Festes des heiligen Michael unter der Gestalt eines Werwolfes, ungefähr eine Viertelstunde von der Stadt entfernt, in dem Ort Gorge, einem Weinberg zu Chastenoy gehörig, nahe bei dem Gehölz de la Serre, ein kleines Mädchen von 10 oder 12 Jahren mit seinen scheinbar in Tatzen verwandelten Händen und seinen Zähnen getötet, habe sie dann bis zum den Gehölz geschleppt, entkleidet, das Fleisch von ihren Schenkeln und Armen abgenagt und damit nicht zufrieden, auch noch seiner Frau Appolline in seine Wohnung, die Eremitage von St. Bonnot, nahe bei Amenges etwas mitgebracht – er habe acht Tage nach dem Allerheiligenfest ebenfalls als Werwolf, nahe an der Wiese de la Pouppe, auf dem Territorium von Athume und Chastenoy ein anderes Mädchen ergriffen und ihr mit seinen Zähnen und Händen fünf Wunden beigebracht, mit der Absicht, sie zu

---

[439] Dieser Erlaß lautet wörtlich: „Auf die Anzeige, die an das souveräne Gericht des Parlaments in Dole gemacht wurde, daß in den Gebieten von Espagny, Salvange, Courchapon und den umliegenden Dörfern, - öfter aber vor ein paar Tagen, - man einen Werwolf gesehen und getroffen habe, wie sie sagen, welcher schon ein paar kleine Kinder gefangen und verschleppt hatte, ohne daß sie seitdem gesehen oder gefunden worden sind, und versucht hätte, auf den Feldern eine Reitergesellschaft anzugreifen und zu verletzen, welche mit großen Schwierigkeiten und Gefahren ihrer Person Gegenwehr geleistet hatten;
dieses Gericht größere Unannehmlichkeiten vermeiden möchte und erlaubt darum den Bauern und Bewohnern der genannten Orte und anderen trotz der Edikte, die die Jagd anbelangen, sich zu versammeln und mit Speeren, Hellebarden, Piken, Arkebusen, Knüppeln etc. den genannten Werwolf an allen Orten wie sie ihn finden können, zu jagen und zu verfolgen, und ihn gefangen zu nehmen, und zu töten, ohne daß ihnen dadurch eine Strafe oder Geldbuße entstehen dürfe... Gegeben in Rücksprache mit dem genannten Gerichtshof den 13. Tag des Monats September 1573." (S. Calmeil vol. I, p. 279.), der die Mitteilung des Manuskripts selbst Ernst von Fréville zu danken hat.
Ich selbst habe diesen Fall in den Quellen nicht auffinden können; Bodin gibt in seiner *Démonomanie* S. 96 nur die Grundzüge des Falles und verweist dabei auf ausführlichere Bearbeitungen, die in Orléans bei Eloy Gibier, in Paris bei Pierre des Hayes und in Sens erschienen seien.

verzehren, woran er indes durch das Hinzukommen von drei Personen gehindert wurde, was er mehrmals anerkannt und eingestanden hat – er habe vierzehn Tage nach dem Allerheiligenfeste gleichfalls als Wolf, ungefähr eine Meile von Dole zwischen Gredisans und Menoté ein anderes männliches Kind von ungefähr zehn Jahren erdrosselt und getötet, wie die vorigen, und von dem Fleisch der Schenkel, Beine und des Bauches gegessen, nachdem er noch ein Bein von dem Körper gänzlich losgetrennt – endlich habe er am Freitag vor dem letzten Bartholomäusfest einen Knaben von 12 oder 13 Jahren unter einem großen Birnbaum nahebei dem Gehölz des Dorfes Perrouze ergriffen, in das Gehölz geschleppt, erwürgt, um ihn ebenso, wie die anderen Kinder zu verzehren, was er auch getan hätte, wenn er nicht durch das Herannahen von Menschen daran gehindert worden wäre. Aber das Kind war schon tot, und der Angeklagte erschien als Mensch und nicht mehr als Wolf. Trotzdem es aber Freitag war, würde er unfehlbar von dem Fleisch gegessen haben, wenn nicht Leute gekommen wären, wie er mehrmals gestanden hat.

Aufgrund der freiwillig wiederholt abgelegten Geständnisse verurteilte ihn der Gerichtshof, zum Richtplatz geschleift und dort lebendig verbannt zu werden. –

Es fehlt in diesem Prozeß die genauere Beschreibung des Garnier und seine ausführliche Angabe über die Art seiner Geständnisse, woraus möglicherweise ein deutlicheres Bild seines geistigen Zustandes zu gewinnen gewesen wäre.

Nach Boguets Schilderung (*Discours de sorciers* 1603 bis 1610) herrschte um das Jahr 1598 im Juragebirge die Lykanthropie in einer Art epidemischer Verbreitung. Es ist namentlich die Krankheit einer Familie für die pathologische Auffassung der Lykanthropie besonders wichtig, wenn man auch den Erzählungen der Inquisitoren, die, um nur recht viel Verbrecher zu bekommen, die Untersuchungsakten oft genug verfälscht haben mögen, immer nur mit einem gewissen Mißtrauen nachgehen darf. Pernette Gandillon lief auf allen Vieren auf dem Felde umher, da sie sich in eine Wölfin verwandelt glaubte; sie fällt ein kleines Mädchen an, das mit ihrem vierjährigen Bruder Früchte abpflückt. Der Knabe verteidigt seine Schwester, aber Pernette entreißt ihm ein Messer, welches er in der Hand trägt, und bringt ihm eine tödliche Wunde am Hals bei. Pernette wurde von dem wütenden Volk in Stücke zerrissen. Bald darauf wurde der Bruder von Pernette, Pierre Gandillon der Zauberei angeklagt. Er solle seine Kinder zum Sabbat geführt, Hagel gemacht, mit Inkuben und Sukkuben verkehrt haben etc. Der Teufel hat ihm eine Salbe gegeben, durch die er eines Abends in einen Hasen verwandelt wurde; gewöhnlich verwandelte er sich aber in einen Wolf, seine Haut wurde zu einem rauen Fell; er streifte durch die Felder, fiel Tiere, und wenn er besonderen Hunger hatte, auch Menschen an. Wollte er wieder menschliche Gestalt annehmen, so rieb er sich die Haut mit betautem Gras ein. Sein Sohn Georg gesteht, daß er sich auch die Haut mit Salbe eingerieben, daß er zum Sabbat gegangen wäre etc. Als Wolf ist er auf allen Vieren in den Bergen umhergeschweift und hat zwei Ziegen getötet. In der Nacht eines grünen Donnerstags blieb er wie tot drei Stunden in seinem Bett liegen, dann sprang er plötzlich aus dieser Erstarrung auf. Seine Schwester Antoinette gesteht, sie habe Hagel auf die Felder fallen lassen, und mit dem Teufel in Gestalt eines schwarzen Bockes den Beischlaf vollzogen. Alle drei wurden vom Henker erdrosselt und dann verbrannt. Zu bemerken ist noch, daß die von Pernette angefallenen Kinder aussagten, sie hätten deutlich gesehen, daß kein Tier, sondern Pernette sie mit ihren unbewaffneten Händen angefallen hätte. Boguet und der Schreiber Claude Meynier wollen Georg und Peter Gandillon im Gefängnis ganz so, wie es Wölfe tun, auf allen Vieren herumlaufen gesehen haben. Auch waren sie am Gesicht, an den Armen und Beinen ganz zerkratzt und verwundet, namentlich Peter. In wirkliche Wölfe, meinen sie, hätten sie sich deshalb nicht verwandeln können, weil sie keine Salbe gehabt und sie auch im Gefängnis keine Macht gehabt hätten.

Thievenne Paget, die mit dem Teufel vielfach verkehrt, den Beischlaf mit ihm vollzogen haben wollte, und eine genaue Beschreibung seiner Geschlechtsteile gibt, war ebenfalls nach ihrer Erzählung öfters in eine Wölfin verwandelt gewesen, hatte als solche auf ihren nächtlichen vom Teufel geleiteten Exkursionen in den Bergen und Schluchten Vieh und Kinder getötet. Ebenso haben sich mit Thievenne Paget, Clauda Jean Prost, eine lahme Frau, Clauda Jean Guillaume im Verein mit Jean Boquet mit Hilfe einer Salbe in Wölfe verwandelt und Kinder getötet, von denen fünf sogar namentlich aufgeführt werden. Sie alle klagen sich auch anderweitigen Umgangs mit dem Teufel und des Besuches des Sabbats an.

Ebenfalls im Jahre 1598 wurde in Angers der Prozeß eines Lykanthropen verhandelt (Delancre: *L'incredulité et mécréance du sortilege etc.* Paris 1622, S. 785 ff.) Man sieht, wie ansteckend diese Vorstellungen waren.

Man hatte in der Nähe von Caude an einem wilden abgelegenen Orte den zerfleischten Leichnam eines fünfzehnjährigen Knaben gefunden. Als man hinzukam, flüchteten zwei Wölfe, die noch von dem Körper gefressen hatten. Man verfolgte sie, kam von der Spur ab, fand aber in der Nähe einen seltsam verwilderten Menschen mit langem Haar und Bart und mit blutigen Händen, mit langen Nägeln, wie mit Krallen. Dieser Mensch hieß Roulet. Nach einigen Zeugenaussagen sollte er ebenfalls erst bei der Annäherung von Menschen von dem Leichnam geflüchtet sein. Er war blutarm und erbettelte sich mit seinem Cousin Julien und seinem Bruder Jean seinen Unterhalt in den benachbarten Ortschaften. Als die Tat geschah, war er schon acht Tage von zu Hause fort. Im Verhör gab er an, daß er sich auf seiner Reise mit seinen Begleitern in Wölfe verwandle, mit Hilfe einer Salbe, die er von seinen Eltern erhalten habe. Er gestand ein, daß er das Kind überfallen und zuerst durch Ersticken getötet; die beiden andern Wölfe seien seine Verwandten gewesen; er erkannte die Kleider wieder, die er an jenem Tage angehabt, den Leichnam des Kindes, gab die Stelle an, an der die Tat geschehen, und erkannte den Vater des Kindes als denjenigen, der auf das Geschrei desselben zuerst zur Hilfe herbeigeeilt war.

Roulet zeigte sich im Gefängnis als Idiot. Bei seiner Gefangennehmung war sein Bauch sehr gespannt, aufgetrieben und hart; im Gefängnis trank er an dem Abend einen ganzen Eier mit Wasser aus und wollte seitdem nichts mehr zu sich nehmen.

Seine Eltern waren brave Leute, und es erwies sich, daß sein Bruder und sein Cousin sich an demselben Tag nicht an demselben Ort befunden hatten. Es ist wahrscheinlich, daß wirkliche Wölfe jenen Knaben zerrissen haben: hätte ihn Roulet getötet, so begreift man nicht, wie Wölfe so plötzlich auf den Leichnam hätten losstürzen können. Roulet mag sich in der Nähe befunden haben, und um seinen Hunger zu stillen, da er schon acht Tage in den Wäldern umherirrte, mag er, während man die Wölfe verfolgte, sich auf den Leichnam gestürzt haben, wobei er sich mit Blut besudelte.

Der Lieutenant criminel verurteilte Roulet zum Tode.[440]

Er appellierte jedoch an das Parlament zu Paris, und dieses erkannte: es stecke mehr Tollheit in dem armen Idioten, als Bosheit und Zauberei und befahl, ihn auf zwei

---

[440] Das Fragenverhör des Lieutenant criminel Pierre Hérault lautete :

- Welchen Namen, Alter und Beruf hat Er?

- Ich trage den Namen Jaques Roulet, 35 Jahre alt, ich bin ein armer Bettler.

- Wessen ist Er beschuldigt?

- Ein Spitzbube zu sein, Gott beleidigt zu haben; mein Vater und meine Mutter gaben mir eine Salbe; ich weiß nicht, wie sie beschaffen ist.

- Und wenn Er sich mit dieser Salbe geschmiert hat, wurde Er dann zum Wolf?

- Nein, derweil habe ich das Kind Cornier getötet und gegessen; ich war Wolf, als ich ihn zerrissen habe.

- War Er Wolf, als man Ihn gefangengenommen hat?

- Ich war Wolf.

- War Er gekleidet wie ein Wolf?

- Ich war gekleidet wie jetzt; ich hatte deswegen Gesicht und Hände blutig, weil ich gerade vom essen des Fleisches besagten Kindes kam.

- Die Füße und Hände: Erschienen sie Ihm als Wolfspfoten?

- Ja.

- Der Kopf: Erschien Ihm der Kopf, wie der Kopf eines Wolfes, der Mund größer?

- Ich weiß nicht, wie mein Kopf im Moment des Angriffs war; ich erinnere mich an meine Zähne; ich hatte den Kopf wie heute; ich habe andere kleine Kinder verletzt und von ihnen gegessen; ich ging auch auf den Sabbat.

Jahre in ein Irrenhaus zu stecken, damit er unterrichtet und zur Erkenntnis Gottes zurückgeführt werde, die er in seiner bitteren Armut außer Acht gelassen habe.

Ebenfalls in demselben Jahre 1598 am 14. Dezember wurde in Chalons gegen einen anderen Lykanthropen das Urteil des Feuertodes vom Parlament in Paris ausgesprochen. – Ein Schneider hatte gestanden, mehrere Kinder getötet, sie gekocht und gebraten zu haben, als wenn es gewöhnliches Fleisch wäre. Man fand bei ihm ein Fäßchen, voll von abgenagten Kinderknochen. Er war so ruchlos, daß er sogar die Fleischwerdung unseres Herrn Jesus Christus leugnete und war bewandert in allen Arten von Flüchen, die man gar nicht wissen darf. Der Gerichtshof befahl, seinen Prozeß mit ihm zu verbrennen, so viel Schmutz und Schlechtigkeit steckte darin (Delancre: *L'incredulité et mécréance du sortilege etc.* Paris 1622. P. 790).

Vor dem Parlament von Bordeaux wurde 1603 Jean Grenier, ein Knabe von 13 Jahren, der Lykanthropie angeklagt.

Margarethe Poirier, ein Mädchen von 13 Jahren, hatte mit dem Knaben zusammen das Vieh gehütet; sie will ihn öfter sagen gehört haben, daß er Wolf werden könne, so oft er wolle, daß er schon oft Hunde getötet, ihr Blut getrunken und ihr Fleisch gegessen habe; es schmeckte aber bei weitem nicht so gut wie das Fleisch kleiner Mädchen; vor einiger Zeit erst habe er ein Kind getötet, einige Stücke davon selbst verzehrt, und das Übrige einem Wolf, der sich gerade in der Nähe befand, hinge-worfen, etwas später noch ein kleines Mädchen, die er bis auf die Arme und Schul-tern ganz und gar aufgegessen habe. Eines Tages, als sie das Vieh hütete, habe sich ein wildes Tier auf sie geworfen, sie an der Hüfte der rechten Seite am Kleid gefaßt und dasselbe mit scharfen Zähnen zerrissen; sie schlug das Tier mit einem Stock auf den Rücken; es war dichter und kürzer als ein Wolf, das Fell war rot, der Schwanz kurz; nach den Schlägen entfernte sich das Tier einige Schritte, setzte sich wie ein Hund auf den Hintern und starrte sie mit wütendem Blick an, so daß sie aus Angst entfloh; der Kopf dieses Tieres war kleiner als der eines Wolfes.

Ein anderes Mädchen Jeanne Gaboriant 18 Jahre alt, sagt aus: Als sie eines Tages mit anderen Mädchen das Vieh gehütet, sei Jean Grenier mit der Frage zu ihnen gekommen, welche von ihnen die schönste sei. Auf ihre Frage, weshalb? Erwidert ihr Grenier, weil er sie heiraten will, und wenn Du es bist, so will ich Dich heiraten! Sie fragte ihn weiter, wer sein Vater sei? „Er ist ein Priester", war die Antwort, und auf die Frage, warum er so schwarz aussähe, und ob das vom Er-frieren oder Verbrennen herkäme, meinte er, das schwarze Aussehen, das käme vom Tragen einer Wolfshaut, die habe er von einem gewissen Pierre Labourant em-pfangen; das sei ein Mensch mit einer eisernen Kette um den Hals, an der er fort-während nagte, und in seinem Hause säßen brennende Menschen auf Stühlen, andere lägen auf glühenden Betten, ein Teil röstete Menschen und legte sie über

Feuerblöcke, wieder andere steckten in großen Kesseln, das Haus aber und das Zimmer wären sehr groß und ganz finster. Dieser Labourant habe ihm gesagt, daß er sich mit seiner Wolfshaut in einen Wolf oder in ein anderes Tier verwandle; er habe als Wolf Hunde getötet und ihr Blut getrunken, aber das kleiner Mädchen schmeckte besser; und er streifte in dieser Absicht bei abnehmendem Mond mit neun anderen Nachbarn, deren Namen er teilweise nannte, jeden Montag, Freitag und Sonnabend gegen Abend und gegen Morgen, täglich eine Stunde umher.

Jean Grenier ist der Sohn eines armen Arbeitsmannes in St. Antoine de Pizon; seit drei Monaten hat er sich von seinem Vater entfernt, um zu betteln, doch ist er innerhalb dieser Zeit noch bei verschiedenen Herren als Viehhüter im Dienst gewesen. Er erzählt: „Als ich zehn oder elf Jahre alt war, hat mich unser Nachbar Duthillaire in der Tiefe eines Waldes einem schwarzen Mann vorgestellt, der sich Herr vom Walde nannte (Monsieur de la Forest) und der mir und Duthillaire Salbe und eine Wolfshaut übergab. Seitdem bin ich als Wolf umhergelaufen. Die Aussage von Margarethe Poirier ist richtig; ich habe sie töten und aufzehren wollen, und sie hat mich mit einem Stock geschlagen;" doch will er nur einen weißen Hund getötet, aber nicht von seinem Blut getrunken haben. – Über die Kinder befragt, die er als Wolf getötet und verzehrt habe, gibt er an, er sei einmal auf dem Wege von St. Coutras nach St. Anlaye in einem Dorf, dessen Namen er nicht wisse, in ein menschenleeres Haus hineingegangen, habe ein Kind aus der Wiege gerissen, und es hinter einem Zaun im Garten großenteils verzehrt; den Rest habe er einem Wolf überlassen. – Bei dem Kirchspiel St. Antoine du Pizon habe er ein kleines Mädchen in einem schwarzen Kleid, welches die Schafe hütete, angefallen und es ebenso, wie bei dem vorigen Kind gemacht. Vor ungefähr sechs Wochen habe er ein anderes Mädchen in der Nähe eines Steinbruchs angefallen, in Eparon die Hündin eines gewissen Millon, die er aber nicht habe töten können, weil Millon mit dem Degen dazu gekommen sei. Er habe eine Wolfshaut bei sich, welche ihm der Herr vom Walde bringe, wenn er ihn auf die Jagd ausschicken wolle; vorher aber müsse er sich, nachdem er sich nackt ausgezogen, mit einer Salbe einreiben, die er in einem Topf verwahrt halte, und seine Kleider verberge er dann im Gesträuch. Er laufe gewöhnlich bei abnehmenden Mond ein oder zwei Stunden am Tage, zuweilen auch in der Nacht, einmal sei er mit Duthillaire umhergelaufen, doch ohne zu töten. Sein Vater habe ihn mehrmals eingerieben, und sei ihm beim Anziehen der Wolfshaut behilflich gewesen, auch er besitze eine Wolfshaut du habe mit ihm gemeinschaftlich bei dem Dorf Grillaud ein Mädchen, das Gänse hütete, aufgezehrt. Seine Stiefmutter habe sich von seinem Vater deshalb getrennt, weil sie einmal gesehen, daß er Füße von Hunden und die Hände von kleinen Kindern erbrochen habe. – Er fügt hinzu, daß ihm der Herr vom Walde streng verboten habe, an dem Nagel des Daumens seiner linken Hand zu nagen, der auch viel dicker sei, als die übrigen, daß ihn dieser, sobald er sich in einen Wolf verwandelt, niemals aus den Augen verliere, und er sogleich seine menschliche Form wieder annehmen müsse, sobald ihn dieser aus dem Gesicht verlöre. – Duthillaire und Grenier werden festgenommen, der Vater des Letzteren stellt sich selbst zum Verhör. – Die Aussagen der Eltern sind ganz übereinstimmend in Bezug auf den angegebenen Ort, die Zeit, die Wunden der Kinder, die Art der Hilfe, welche sie selbst ihren Kinder geleistet, die dabei gesprochenen Worte etc., man konfrontiert ihn, er wird wieder erkannt, namentlich mit Margarethe Poirier, die er unter vier oder fünf Mädchen heraus erkennt, und der er seine nicht geheilten Wunden zeigt und mit einem Mann, welcher ihm seinen kleinen Neffen mit den Worten entrissen hatte: „Ich will dich schon festhalten." – Bei der ersten Konfrontation mit seinem Vater änderte er manches in seinen Aussagen; man sah, daß die lange Dauer des Gefängnisses und sein Elend ihn schwachsinnig gemacht hatten. Bei der zweiten Konfrontation bestätigte er seine frühere Aussage. Gegen die Führung des Vaters lag indes nicht das Geringste vor, und er wurde nach einer weitläufigen Untersuchung von der Anklage losgesprochen.

Ehe das Parlament ein Urteil fällte, setzte der erste Präsident d'Assis in einer glänzenden Rede, in welcher alle Fragen über Zauberei, über die Möglichkeit oder Unmöglichkeit der Verwandlung in Tiere berührt wurden, die Gründe auseinander, weshalb Grenier nicht mit dem Tode zu bestrafen sei. Der Gerichtshof, sagte er, hat auf das Alter und die Schwachsinnigkeit dieses Kindes Rücksicht genommen, welches so stupide und so sehr Idiot ist, daß Kinder von 7 bis 8 Jahren gewöhnlich mehr Überlegung haben; verkümmert in jeder Beziehung ist er so wenig entwickelt, daß man ihn für zehnjährig halten würde. Das Gericht hofft noch auf seine Besserung. In der weiteren Ausführung wird Lykanthropie und Kynanthropie direkt als eine Abart des Wahnsinns bezeichnet, der als solcher vor Bestrafung nicht unterliegen könne. Grenier wird verurteilt lebenslänglich in einem Kloster in Bordeaux eingeschlossen zu werden; seine Entweichung aber soll mit dem Tode bestraft werden. –

In der ersten Zeit nach seiner Einsperrung lief Grenier mit großer Leichtigkeit auf allen Vieren umher, und verschlang mehrmals die noch rohen, blutigen Eingeweide von Fischen. Delancre besuchte ihn sieben Jahre nach seiner Verurteilung; er fand ihn klein, scheu, so daß er niemanden ins Gesicht zu sehen wagte; seine Augen waren tiefliegend und unstet; seine Zähne lang, breit und nach außen hervorstehend; seine Nägel schwarz, lang und an einzelnen Stellen abgenutzt. Sein Verstand schien ganz vertrocknet, er war nicht fähig, die gewöhnlichsten Dinge zu begreifen. Er erzählte Delancre, früher sei er als Wolf in den Feldern umhergelaufen und gestand, daß er auch jetzt noch Appetit nach frischem Fleisch habe, namentlich nach dem von jungen Mädchen, das besonders gut schmecke, und wenn man ihn nicht abhielte, würde er es sich schon zu verschaffen wissen. Zweimal wollte ihn in seinem Gefängnis Herr vom Walde besuchen, er wollte ihn aber mit dem Zeichen des Kreuzes verjagt haben. Er bestätigte damals noch alle Angaben aus seinem Prozeß. Er starb in seinem zwanzigsten Lebensjahr. (Delancre: *Tableau de l'inconstance etc.* S. 305.).

Grenier stellte einen ganz ausgebildeten Blödsinn dar, ebenso wie der vorige Fall, wie Roulet. Es sind namentlich diese beiden Fälle äußerst wichtig, weil sie von den Gerichten für blödsinnig erkannt worden sind, und es kann bei ihnen nicht gut der Verdacht begründet werden, daß der ganze Prozeß von bereitwilligen Richtern ihnen zur Last gelegt worden ist. Es ist dieser Verdacht für die ganzen Hexenprozesse geltend gemacht worden, daß die Schilderungen der Angeklagten nur erdichtet und den Angeklagten nur durch die Martern der Folter nach einem bestimmten Schema ausgepreßt seien. Ich habe mich a. a. O. (der Wahnsinn etc. Einleitung) weitläufiger über die Unzulässigkeit ausgesprochen, dieser Annahme eine so weitgreifende Bedeutung zu geben. Sie bleibt deshalb hier unberücksichtigt, wenn ich auch für die Lykanthropie nicht die gelegentlichen Zutaten weglegen will, welche die Richter und Ankläger nach den grade herrschenden abergläubischen Ansichten gemacht haben. — Wiederholt wird das Weihnachtsfest, der Tag Johannes des Täufers, der abnehmende Mond als die eigentliche Zeit der Lykanthropen bezeichnet, Zeiten, die überhaupt in genauerer Verbindung mit dem Hexenwesen des Mittelalters gedacht werden, und deshalb zur Lykanthropie nur eine nebensächliche Beziehung haben. —

Die mitgeteilten Fälle sind alle, die ich habe auffinden können; der Vampirismus, der im 17. und Anfang des 18. Jahrhunderts in verjüngter Gestalt auftritt, ist in gewissem Sinn die Fortsetzung der Lykanthropie. Der Wahn der Dämonomanie als Volksleidenschaft ist jetzt vernichtet und der Wahn der Tierverwandlung in die abgeschiedenen Mauern der Irrenhäuser zurückgedrängt, aber noch lebt die Sage in vielen Gegenden Europas, im südlichen Frankreich, in den Ostseeprovinzen, in Ungarn, Mähren etc. und selbst in der Mitte Deutschlands, in der goldenen Aue ist der Name „Werwolf" noch als ein Schimpfwort für jeden gierigen und lüsternen Menschen übrig geblieben.

2. Auffassung des Mittelalters, Hexensalben.

Es ist notwendig, daß wir die Ansichten der Schriftsteller des Mittelalters über Lykanthropie durchmustern, so wüst und unheimlich sie uns auch entgegentreten. Die allgemeine Volksüberzeugung, die sich in den literarischen Erzeugnissen einer Zeit kundgibt, die Überzeugung von der realen Gestaltung einer Wahnvorstellung oder wenigstens von der Möglichkeit ihrer Verwirklichung, trägt unendlich viel zu ihrer Weiterverbreitung bei, und hindert, indem sie die Erklärung nach natürlichen Gesetzen zurückweist, ihr Absterben. Die Betrachtung der vorwaltend herrschenden Ansichten wird uns auch die notwendige Kombination der Lykanthropie mit der Dämonomanie nachweisen.

Daß eine vollständige Verwandlung in Tiere, in andere Gestalten stattfinden könnte, scheuen sich selbst die abergläubischsten Schriftsteller zu versichern. Der Körper freilich kann verwandelt werden, aber die unsterbliche Seele bleibt. Auch dann wird noch der Unterschied zwischen einer wirklichen und bloß scheinbaren oder eingebildeten Verwandlung gemacht. Bodin, auch Fernelius hält freilich die Verwandlung des Körpers für wirklich und beruft sich dabei auf das Zeugnis des Thomas von Aquino, der im zweiten Buch seiner Sentenzen allen guten und bösen Engeln ihrer natürlichen Fähigkeit nach, auch das Vermögen zuspricht, unsere Körper umzugestalten. Die essentielle Form des Menschen aber, seine Vernunft bleibt auch hier, und nur der Körper ist wandelbar; denn, fährt Bodin, indem er sich auf dasselbe Zeugnis beruft, fort, wenn die Menschen Rosen auf einen Kirschbaum verpflanzen, Eisen in Stahl verwandeln, wenn sie künstlich Steine machen können, ist es da befremdlich, daß der Satan bei der großen Gewalt, die er auf die Elementarwelt ausübt, die Form eines Körpers in die eines andern verwandeln kann? (*Démonomanie.* lib. II, cap. 6). So fragt auch Emanuel de Ville (*Questions notales sur le sortilege avec deux celebres arrets du senat de Savoye* 1697 in 12. in Leon Menabréa *Memoire de la société Academique de Savoye* 1846.) ob nicht, wenn auch die wirkliche Verwandlung von Menschen in Tiere unmöglich ist, der Satan, von den Körperchen, die in der Luft Schweben, eine Wolfshülle machen, oder auch die Haut eines wirklichen Wolfes nehmen und die Lykanthropen darin einschließen könne?

Für das Fortbestehen der vernünftigen Seele in solch umgewandelten Körpern zitieren die Schriftsteller eine Menge von Geschichten. Es soll in Italien sogenannte *Mulieres stabulariae* gegeben haben, die den Wandern einen giftigen Käse beibrachten, wodurch sie in Lastvieh verwandelt wurden. So erzählt ein gewisser Praestantius von seinem Vater, daß dieser nach dem Genuß von solchem Käse eingeschlafen, nach vielen Tagen erst erwacht und innerhalb dieser Zeit die Form eines Pferdes gehabt, auch genau angegeben, wohin und welche Lasten er getragen. Zu derselben Zeit soll auch wirklich ein Pferd von der beschriebenen Form an den bezeichneten Orten gewesen sein. Vielfach modifiziert, findet sich die Geschichte einer Eselsverwandlung. Es ist ein Engländer in Zypern, den seine Gefährten, nachdem ihn eine Zauberin in einen Esel verwandelt, verstoßen, bis die Beobachtung, daß der Esel einmal in der Kirche die Knie beugt, auf die Entdeckung der Schandtat führt, welche die Hexe mit dem Leben büßen muß, nachdem sie ihm die frühere Gestalt wieder zurückgegeben hat. Ein Schauspieler, den zwei *Stabulariae* auf der Straße nach Rom in einen Esel verwandelt hatten, soll besonders ergötzlich gewesen sein, und seine Kunststücke sollen viel Geld eingebracht haben, bis er sich zufällig einmal ins Wasser tauchte und dadurch wieder Mensch wurde.[441]

Indes widerspricht auch die Annahme einer wirklichen Verwandlung, selbst des Körpers zu sehr den philosophischen und namentlich den theologischen Ansichten des Mittelalters, als daß man dauernd dabei hätte verweilen können. Man macht geltend: Alle Dinge streben nach Vervollkommnung, die Pflanzen haben nur den *esprit vegetatif,* sie streben nach dem *esprit sensitif,* und werden von Tieren verschlungen, die Tiere wieder von Menschen; so gehen die niederen Formen in die höheren auf; auch die Menschen streben nach höheren Formen aber nicht nach niederen (Prieur: *De la Lykanthropie.* Louvain 1596). Außerdem ist aber nur Gott imstande, den Körper wirklich zu verwandeln, und es ist Sünde, solche Macht dem Teufel oder einem andern Wesen zuzugestehen. In diesem Sinne sprich sich schon Nisanius (*DeLykanthrop.* Wittenberg 1654) aus. Ebenso unmöglich ist diese Macht in Bezug auf den Körper, denn die bestimmte und abgegrenzte Form des menschlichen Körpers kann nicht mit der unbestimmten Wolfsform verbunden werden.

So vereinigen sich denn die meisten Erklärungen mit unwesentlichen Modifikationen dahin, daß die Tierverwandlung ein Zauber ein*praestigium* (Verblendung) sei. Der *Malleus maleficarum,*dessen erste Ausgabe 1487 erschien, nachdem Innozenz VIII. 1484 Heinrich Institoris, und Jacob Sprenger mit der berüchtigten Hexenbulle nach Deutschland gesandt hatte, jener Codex für alle Hexenprozesse, unterscheidet fünf Arten von *praestigien*

I) eine große Kunstfertigkeit, die nur wenige Menschen besitzen, die deshalb anderen, welche sie nicht besitzen, wunderbar erscheint;

---

[441] Schon in der Erzählung des Plinius (s. oben) findet sich die zauberische Kraft des Wassers. Die genaueren und ursprünglichen Quellen dieser Erzählungen, die sich bei vielen Schriftstellern mit unwesentlichen Änderungen vorfanden, vermag ich nicht anzugeben; S. z. B. Delrio: *Disquis mag.* Lib. 3 quaest. 18, dann Schottus: *Physic. Cur.* Lib. I, c. 26 Bodin, Delancre etc.

2) eine *force speziale*, die in manchen Körpern wohnt, wie manche Steine und Pflanzen bestimmte Eigentümlichkeiten haben;

3) ein anderer Zauber entsteht dadurch, daß der Teufel die Gestalt eines Körpers annimmt;

4) daß er die Organe des Gesichts blendet und verwirrt;

5) daß er die Einbildungskraft erregt und die Sinne bezaubert. Diese Grundsätze sind in den weiteren Diskussionen über die Zulässigkeit und Möglichkeit der Wolfsverwandlung wieder herauszuerkennen.

Mit großer Klarheit und Vollständigkeit natürlich nur nach dem damaligen Standpunkte der Ansichten setzt Casmannus (*Psychologia anthropologica sive animae humanae doctrina*. 1594, p. II, cap. VIII) die Unmöglichkeit einer Tierverwandlung auseinander: Die Verwandlung könnte entweder bloß in Bezug auf den Körper oder in Bezug auf Körper und Seele stattfinden. Im ersteren Falle müßte die Seele den Körper verlassen. Das ist nicht möglich, denn

1) muß dann der entseelte Körper zurückbleiben,

2) wissen wir, daß ein Scheiden der Seele Schmerzen verursacht, und die Tierverwandlung soll im Gegenteil Wohlbehagen verursachen,

3) ist das Loslösen der Seele eigentlich gleichbedeutend mit Tod; kein Mensch spricht aber bei der Tierverwandlung von Sterben.

4) Es ist nicht einzusehen, wo die fortgegangene Seele sogleich wieder einen Körper finden soll, und weder die guten, noch die bösen Engel können ihr sogleich einen anderen verschaffen, auch ist die Seelenwanderung als Prinzip nicht anzuerkennen; endlich

5) wenn die Seele einen anderen Körper fände, dann besäße sie zwei Körper, und dann entsteht die große nicht zu lösende Frage, in und mit welchem Körper sie auferstehen sollte. Wenn aber die Seele wirklich in ein Tier übergeht und zwar in eins der vollkommeneren, wie in einen Wolf, wo soll die Tierseele hin, da zwei Seelen in einem Körper nicht existieren können? Assimilieren kann sich die menschliche Seele mit dem tierischen Leben ebenfalls nicht, denn die Seelen der höheren Tiere werden aus der Kraft der Materie herangeführt. Die scheinbar Verwandelten haben auch kein tierisches Gelüst; die Katzen fallen nicht Mäuse an, sondern Menschen (kleine Kinder). So kommt Cassmann dazu, das Ganze für ein Blendwerk des Teufels zu erklären, welcher die Phantasie so umzuformen vermag, und er bedarf dazu nicht einmal des Mittelgliedes von Zauberei, nicht der Anwendung von Salben oder von giftigem Käse, des Eintauchens ins Wasser etc.

Müller in seiner Dissertation (Lipsiae 1673) unterschiedet eine Mutation der Substanz und *der* Zufälligkeit, gegen die sich aber vielerlei Bedenken erheben ließen, und eine Mutation durch Verblendung. Diese kann auf verschiedene Weise vermittelt werden. Sie kann eine objektive und eine subjektive sein. So dringt schon Schottus (S. 12) darauf, anzuerkennen: es sei doch ein großer Unterschied, ob auch andere Menschen, die in Wölfe, Hunde und Katzen verwandelten, sähen, oder ob die Menschen sich selbst nur so vorkämen. Ein Dämon kann zwar die Menschen einschläfern und den Schlafenden allerhand Gaukelbilder vorspiegeln, und das geschieht auch sehr oft, aber wenn dies vorkommt, so erscheinen die Menschen doch nicht anderen als Tiere, sondern bloß sich selbst.[442]

Die objektive Verwandlung kann nach der Meinung einiger auch dadurch bewirkt werden:

1. Der Teufel nimmt heimlich den menschlichen Körper fort und substituiert einen tierischen dafür.

2. Er schläfert die, die er verwandeln will, ein, entrückt sie den Augen aller, und nimmt selbst die Form des Tieres an, entweder wirklich oder als Luftgebilde.

3. Er wirft tierische Gliedmaßen und Felle über den menschlichen Körper. Wir haben oben ein solches Beispiel von der sterbenden Wölfin gehabt, welcher ein Priester das Sakrament reichte, und die ihre Wolfshaut bis zum Nabel abstreifte und dann als altes Weib erschien.

4. Er umgibt den menschlichen Körper mit luftigen Gebilden, welches das Ansehen von Tieren haben. Daß bei Verwundungen des tierischen Körpers auch der Mensch mit verwundet wird, erklärt sich daraus, daß das luftige Gebilde nachgibt und zurückweicht (S. oben).

Bei der Auseinandersetzung der subjektiven Verwandlung müssen die Schriftsteller natürlich darauf kommen, irgendeine krankhafte Veränderung im Organismus anzunehmen, welche Phantasmen erzeugt; denn, wie schon früher angeführt, entschließen sich selbst die am meisten Befangenen aus theologischen Gründen nicht, eine völlige Umgestaltung, eine Veränderung von Leib und Seele zuzugestehen.

Für eine Krankheit, ohne sich weiter auf den Ursprung der bestimmten Wahnvorstellung einzulassen, erklären die alten Ärzte Aegineta, Aetius, die Araber die Lykanthropie, sie ist ihnen ein Art der Melancholie; auch Foresus, dessen Beispiele wir oben angeführt haben, ist derselben Ansicht (S. a. van Swieten: *Commentar. in Boerhave* tom III. § 1120).

Wie aber im Mittelalter jede Erscheinung, die etwas außergewöhnlich war, auf den Einfluß eines bösen Geistes geschoben wurde, so fallen selbst diejenigen Schriftsteller, welche die Lykanthropie als eine Art Ekstase, als eine Melancholie betrach-

---

[442] Es ist richtig, daß er die Ansicht von Weier verwirft, der ganze Wahn sei bloß durch im Schlaf erzeugte Phantasmen entstanden, und wir werden dies ausführlicher zu besprechen haben, aber die Art und Weise, wie es Schottus getan hat, ist natürlich nicht haltbar.

ten, immer noch auf den Teufel, als den letzten Erklärungsgrund. Wenn sie auch nach dem Standpunkt der damaligen Kenntnisse (gewöhnlich auf humoralpathologische Weise) eine Erscheinung wissenschaftlich zerlegt haben, es scheint ihnen keine Befriedigung zu gewähren, dabei stehen zu bleiben, sondern durch Einmischung ihres abergläubischen Unsinns bringen sie sich sofort wieder um jedes Verdienst, was man ihnen sonst hätte zuschreiben können.

Caspar Peucer, der Schwiegersohn von Melanchthon, stellt in seinem Buch *Commentar. de praeciuis divinationum generibus etc.* (Servestae 1591) die verschiedenen Ansichten über Ekstase zusammen (p. 166).

„Ein Loslösen der Seele vom Körper findet nicht statt. Aus sich aber hat der Geist jene wunderbaren und grausamen Gedanken nicht, sondern wird nur vom Teufel darin unterrichtet. Denn ohne die Hilfe und das Mittelglied des Gehirns und der *spiritus animales* kommen gar keine Gedanken. Kommen doch Gedanken, so können sie nur von Teufel sein. Die Ärzte rechnen Ekstase zu den Formen der Melancholie. Der *humor melancholicus* verändert nämlich die Mischung des Gehirns und der Geister; danach findet ein Zurückziehen und Versenken (*successus* und *demersus*) der Seele in sich selbst statt, eine stärkere Richtung und ein Hinneigen auf einen Gedanken. So entfernt sich die Seele gleichsam von der Verwaltung des Körpers, sie ist einzig und allein auf das Werk der Gedanken gerichtet; der Körper ist entseelt, verlassen von seinem Führer, unfähig seine Funktionen weiter auszuüben. Nur das Gehirn wird von dem *humor melancholicus*[443] gereizt und erzeugt Phantasien. Die gebildeten Gedanken aber entsprechen der Natur des *humor melancholicus*; wenn frischeres Blut die Schwarzgalligkeit aus dem Gehirn wegspült, so sieht der Mensch freundliche Bilder, im Gegenteil hat er Bilder von Mord und Brand etc. Doch, meint er weiter, könnten gewiß nicht alle Ekstasen, wo wunderbare, unbekannte Dinge zum Vorschein kämen, auf diese Weise gedeutet werden, und nachdem er noch viele Beispiele angeführt, selbst zugegeben hat, daß bei manchen Völkern diese wilden Ahnungen epidemisch seien, kommt er doch noch zu dem Ausspruch: Der eigentliche Grund aber ist nur der Teufel, der mit dem lieben Gott streitet; bloß die Kirche kann entscheiden, ob die Visionen göttlich oder teuflisch seien.

Nynauld (*De la lykanthropie etc.* Paris 1615)[444] der übrigens die Lykanthropie für eine reine Krankheit erklärt, deutet bis auf den einen Punkt, daß er doch den Teufel

---

[443] D. i. nach der alten Medizin eine negative Gedankenbilder hervorrufende Zusammensetzung der Körpersäfte.

[444] Der vollständige Titel lautet: *De la lykanthropie, transformation et extase des sorciers, ou les astuces du diable sont mises tellement es évidence, qu'il est presque impossible, voire aux plus iugnorants, de ce laisser doresnavant séduire. (Avec la refutation des argumens copntraires que Bodin allegue*

hineinspielen läßt, die Visionen ganz vernünftig: Der Teufel verwirrt bloß die Sinne; bei schwer verdaulichen Speisen (die meisten Hexen sind arme Leute und nähren sich deshalb vorzugsweise von Hülsenfrüchten) und bei schwacher Verdauung an der alte Weiber für gewöhnlich auch leiden, verwandelt sich fast die ganze Speise in *vapeurs grosses*,[445] welche die Intelligenz schwächen, und dadurch der Phantasie größeren Spielraum geben. Die Melancholischen sind am meisten solchen Anfechtungen unterworfen (cap. I).

Der *humor melancholicus* und die *vapeurs grosses* bilden in diesen Ansichten schon das vernünftige Mittelglied. Von größerer Bedeutung als diese Erklärungen ist die Meinung, das die Phantasien vom Sabbat, die wunderbaren Aussagen der wegen Hexerei Angeklagten die Erzeugnisse eines kataleptischen Zustandes seien, die Erzeugnisse der Anwendung von narkotischen Mitteln. Man findet durch das ganze Mittelalter hindurchgehend Angaben über die Anwendung von narkotischen Salben. Es konnte den Untersuchungsrichtern nicht entgehen, daß die Angeklagten zu der Zeit, wo sie beim Hexensabbat gewesen sein sollten, sich nicht von der Stelle gerührt, ihr Bett nicht verlassen hatten. Wie war es also möglich, daß sie von den Erscheinungen des Sabbats genaue Erzählungen machen konnten? Man deutete sich das so, daß manche Hexen und Zauberer, gewöhnlich die von hoher Stellung und vornehmer Herkunft, nicht in Person zu den Versammlungen der Synagoge des Teufels zu gehen wagten, aus Furcht erkannt zu werde. Deshalb gestatte ihnen der Teufel geistig hinzugehen; wenn sie sich mit einer Salbe eingerieben haben, so bleibt der Körper im Bett liegen und die Seele trennt sich auf einige Stunden von ihm. Man hat diese Erklärung auch für die Lykanthropie geltend gemacht, und ich muß deshalb, obgleich ich diesen Gegenstand bereits in einer Bearbeitung des Calmeil berührt habe (S. 65) noch genauer darauf zurückkommen.

Wir finden im Mittelalter eine Menge von Beispielen von ekstatischen Zuständen mit Katalepsie; nach dem Erwachen erzählen die Befallenen wunderbare Gesichte; so in Bartholomäus de Spina (*De strigibus* gewöhnlich den Ausgaben des *Malleus maleficarum* beigedruckt; in Weier: *De praestigiis*, in Delrio: *Disquis. Magicae* etc.) Peucer (*Commentarius de praecipuis divinationun generibus.* S.172.) erzählt bei einem rohen und abergläubischen Volk, welches den äußersten Teil von Skandinavien bewohnt, von einem ähnlichen Orakeldienst, wie bei den alten Völkern, wo jedoch ebenfalls durch eine Art wahrscheinlich künstlich erzeugter Ekstase Prophezeiungen entstanden:

---

au 6 chap. du secons livre de sa démonomanie pour soustenir la réalité de ceste prétendue transformation d'hommes en bestes par Nynauld, Dr. En med.

[445] Vermeintlich durch zum Gehirn aufsteigende Blähungen verursachte Beschwerden und darauf gegründete Launen, besonders der Weiber.

Wenn irgendein Fremder wünscht, über die Seinigen etwas zu erfahren, so geschieht es, und wenn diese auch noch so weit entfernt wären, auf folgende Weise: *Incantator, postquam visitatis ceremoniis evocatos deos suos compellavit, subito collabitur et exanimatur, quasi exstincto illo, revera abscedat ex corpore nima. Neque enim aut spiritus in eo reliquus esse aut restare cum vita sensus aliquis et modus videtur. Sed ut adsint semper aliqui, oportet, qui projectum et exanime corpus custodiant, quod cum non fit, daemones id abripiunt. Horis viginti quatuor elapsis reverente spiritu, ceu profundo somno, cum gemitu expergiscitur exanime corpus, quasi revocetur in vitam ex morte, qua conciderant. Postea sic restitutus interrogata respondet et ut fidem fuciat, percontatori recenset aliquid, quod agnoscat ille et certo sciat, in aedibus suis aut cognatorum fuisse.*[446]

---

[446] „Sie bedienen sich auch öfters der Trommel zu zauberischen Wirkungen, wie zum Beispiel, wenn sie die Neugier überkommt, zu erkunden, was in anderen Ländern vorgeht, so nimmt einer von ihnen diese Trommel, legt auf jene an den Ort, wo das Bildnis der Sonne ist, eine Menge Messingringe an einer Kette von Messing, schlägt später mit einem Schlegel von einem Knochen, welcher vorne wie eine Gabel aussieht auf die Trommel, damit die Ringe sich bewegen und singt dazu mit deutlicher Stimme ein Lied, welches die Lappen *Jouck* nennen. Die Anwesenden beiderlei Geschlechts singen zugleich ihr Lied und nennen zuweilen das Land, von welchem sie gern Nachricht hätten. Nachdem der Lappe einige Zeit so auf die Trommel geschlagen hat, setzt er sie auf eine gewisse Weise auf sein Haupt, fällt gleich darauf plötzlich zur Erde und bleibt dort unbeweglich ohne ein Lebenszeichen liegen. Indessen setzen die Anwesenden ihren Gesang fort, bis jener wieder zu sich kommt. Wenn sie hingegen vom Gesang ablassen, oder jemand ihn mit der Hand oder dem Fuß berührt und aufwecken will, so stirbt er. Man gebraucht sich sogar der Vorsicht, alle Fliegen von ihm zu verjagen, damit er nicht etwa vom Gesurr derselben erwachen und allzu früh zu sich selbst kommen möchte. Wenn er aber zu sich kommt, so antwortet er auf das, was man ihn von dem Land, nach welchem er geschickt worden ist, fragt."

Bei demselben Volk herrscht auch eine große Furcht vor Gespenstern. Die Schatten ihrer eigenen Verwandten kommen am häufigsten wieder und beunruhigen sie. Sie wissen dies bloß durch ein Mittel und zwar dadurch zu verhüten, daß sie deren Leichname unter ihrem eigenen Herd beerdigen. Ähnliche Beobachtungen sind in neuerer Zeit im nördlichen Asien von dem ekstatischen Wahnsinn der Schamanen gemacht worden; von Matuschkin, welcher den Oberst Wrangel auf seiner Nordpolexpedition begleitete, hat in Alar Süüt eine Tagereise von Werchojansk 1820 einen solchen Fall beobachtet. Der Schamane versetzt sich nicht bloß durch sehr gewaltsame heftige Bewegungen seines Körpers, durch wilden Tanz in eine unnatürliche Aufregung, sondern er genießt auch in den Zwischenaugenblicken des Ruhens noch ein aus Fliegenschwamm bereitetes Getränk oder starken Branntwein und atmet starken Tabak ein. Dann fällt er bewußtlos zu Boden, es folgen heftige Zuckungen, endlich ein dem Starrkrampf ähnlicher Zustand. Zuweilen erwacht er von selbst, oder er wird durch das Klingen metallener Gerätschaften aufgeweckt. Seine Augen sind starr, seine Glieder von andauerndem Zittern befallen, und nun antwortet er auf die Fragen der Herannahenden und prophezeit . Der Zustand endet gewöhnlich, daß der Schamane abermals zu Boden stürzt, in Konvulsionen verfällt, aus denen er allmählich zu sich kommt. Ein bleiches gedunsenes Gesicht, rote entzündete Augen, ein hinfälliger Körper verraten eine Disposition zum schamanischen Wahnsinn.

Die Fähigkeit wahrzusagen interessiert uns bei diesem Volk zunächst nicht ; was wir hauptsächlich hervorheben wollen, ist die Ansicht von der völligen Loslösung der Seele vom Körper. „Es müssen andere über den entseelten Körper wachen, damit ihn die Dämonen nicht fortreißen." So hat man auch bei den Hexen beobachtet, daß wenn man sie aus ihrem ekstatischen Zustand weckt, oder genau zusieht, bis sie von selbst aufwachen, die fortgezogene Seele in Form einer goldenen Fliege wiederkehrt und dabei etwas Geräusch macht. Dann erst wacht die Hexe auf. Man hat dadurch mehre Hexen entdeckt und Gelegenheit gefunden, sie zu verbrennen. Der Mund muß deshalb bei solchen Ekstasen auch immer halb geöffnet bleiben und man behauptet, daß wenn man den Mund zumacht oder den Körper umdreht, die Seele, die nun keinen Zugang mehr zum Körper habe, wieder fortfliege. Nynauld hält dies für unmöglich und schiebt alles auf den Teufel, der selbst unter der Form einer Fliege (Beelzebub, Fliegengott) den ganzen Spuk verübe.

Die Sache läßt sich auf natürlichem Wege so erklären: Es mögen die Tatsachen häufig genug beobachtet worden sein, daß Weiber in ekstatisch kataleptischen Zustand gestorben sind, oder daß man einen Zustand von Bewußtlosigkeit aus irgendwelchen Ursachen entstanden, für eine Ekstase gehalten hat. Für einen Menschen, bei dem die Respiration ohnehin sehr dürftig vonstatten geht, ist es ein noch größeres Hindernis für das Fortleben, wenn man den Mund zumacht oder wenn man ihn gar auf den Bauch legt und den Thorax dadurch zusammendrückt.

Die Zusammensetzung der Salben wird von den Hexenschriftstellern ziemlich übereinstimmend angegeben (S. bes. Bapt. Porta: *Magia natural.*Lib. II, Nynauld, Remy: *Daemonolatria*. Lib I, cap. III, endlich Möhsen: *Geschichte der Mark Brandenburg*, in denen sich die Angaben der übrigen Schriftsteller am vollständigsten zusammengetragen finden.) Es sind fast alle Narkotika aufgeführt, Nachtschatten, Blauer Eisenhut, Bilsenkraut, Tollkirsche, Opium, Mohn, Kalmus, Merk. Diese werden gemengt, gekocht und eingedickt mit Öl, oder mit dem Fett kleiner Kinder, die geschlachtet worden sind, wie dies besonders die Hebammen am Rhein (S. Bodin und Sprenger) getan haben sollen, Blut von einer Fledermaus, von einem Wiedehopf, das Öl und Fett nach einigen nur deshalb, damit die Poren geöffnet werden sollen, und die Substanzen besser eindringen können, das Fett kleiner Kinder aber nur auf besonderen Antrieb des Teufels, damit er die Zauberer durch so unermeßliche Sünden ganz zu seinem Eigentum mache, endlich werden Pappelblätter, Ruß, Bitumen etc. hinzugetan. Nach der verschiedenen Zusammen-

---

(S. Schubert Geschichte der Seele S. 393 etc.) Über ähnliche krankhafte Erscheinungen und besonders über den in vielen Beziehungen hierher gehörigen *second sight* der Schotten und der Bewohner der fernen Insel S. hauptsächlich Horst *Deuteroskopie.*

setzung werden Unterschiede der Salben, je nach ihrer Wirkungsweise gemacht. Die erste läßt, wenn der ganze Körper bis zum Rotwerden eingerieben worden ist, glauben, daß der Körper in die Lüfte gehoben worden sei; je nachdem die narkotischen Substanzen zum Gehirn in die Höhe steigen, drängen sich phantastische Figuren mit ins Bewußtsein, und das Gehirn wird mit verschiedenen Bildern angefüllt. Durch die zweit Art der Salbe führt der Teufel die Menschen große Stecken weit fort, und durch die dritte erregt er den Wahn der Umwandlung in Tiere. So sind in der *Magianatur.* (lib. VIII) Fälle, wo ein Mensch nach einem Tranke eine Gans zu sein glaubt, und mit dem Schnabel auf dem Fußboden umherhacken will, ein anderer glaubt sich in einen Fisch verwandelt und macht in der Luft Schwimmbewegungen. Es schließt sich hier die Ansicht an, die sich in der Therapie des Mittelalters als die Lehre von den Signaturen geltend machte, daß, wenn man die Teile eines Tieres in einer bestimmten Mischung gäbe, der Wahn entstehe, in dieses Tier verwandelt zu sein, Träumereien, welche durch die Experimente mit Transfusionen sich wissenschaftlich zu begründen versuchten. Wir haben oben in den einzelnen Geständnissen der wegen Lykanthropie Angeklagten gesehen, daß auch sie Anwendung von Salben gemacht haben wollten.

Dies sind die herrschenden Ansichten in der Literatur des Mittelalters, welche auf die Verwandlung in Wölfe ihre Anwendung finden können. Das Bewußtsein einer sachgemäßen Erklärung einer natürlichen Deutung der pathologischen Verhältnisse, das im Altertum viel entschiedener sich herausgebildet hatte, wird durch die fortwährende Rücksicht auf dämonische Einwirkung verdüstert und verkümmert; die Versuche, die Erscheinungen durch Narkotika zu erklären, bilden gewissermaßen die Zwischenstufe, den vermittelnden Übergang der Ansicht, die sich von der sinnlos abergläubischen Vorstellung der unmittelbaren, dämonischen Wirkung zwar losgerissen hat, die sich aber zu der reinen unverfälschten Ansicht des Tatbestandes noch nicht erheben konnte. Daß in manchen Fällen Narkotika angewendet sein können, daß Narkotika seltsame Halluzinationen hervorzurufen imstande sind, will ich keinen Augenblick in Abrede stellen. Gerade die, in der neuesten Zeit mit dem Haschisch, einem Extrakt aus dem Samen der *Cannabis indica* und einem gewöhnlichen Berauschungsmittel im Orient bei uns angestellten Experimente scheinen der Wahrscheinlichkeit Vorschub zu leisten, daß im Mittelalter Ähnliches stattgefunden habe (S. Moreau: *Du haschisch.* Paris 1845, Brierre de Boismont: *Des hallucinations*). Ich will nur einen Fall hier zitieren. Macario (*Sur les hallucinations* in den *Annales medico-psychologiques* tom. 6, S. 30) hat selbst eine Dosis von diesem Extrakt genommen, obwohl er leider nicht angibt, wie viel. Nach einer Viertelstunde fühlt er Ameisenkriechen in den Beinen; es kommt ihm vor, als ob seine Hände mumienartig vertrockneten. Er springt wütend in die Mitte des Zimmers, weil er in diesem Augenblick glaubt, ein Räuberhauptmann zu sein; seine Persönlichkeit ist dabei nicht aufgehoben, er weiß sehr wohl, daß er kein Räuberhauptmann ist, aber ein unwiderstehliche Gewalt zwingt ihn, sich so zu benehmen. Nach einer halben Stunde sehr große Hinfälligkeit, dann wird er sehr heiter und im dritten Stadium ganz rasend und kann nur mit Mühe von Gewalttätigkeiten zurückgehalten werden. Halluzinationen hat Macario in keinem Stadium gehabt, wohl aber andere Personen, welche ebenfalls von dem Mittel genommen hatten. Einer sah Schmetterlinge, einer die Sonne in der Mitte der Zimmerdecke; alle hatten ein großes Gefühl von Leichtigkeit, als ob sie in den Lüften davon fliegen sollten. Ähnliche Beobachtungen haben wir bei Experimenten mit diesem Mittel an Geisteskranken in der Charité in Berlin zu machen Gelegenheit gehabt, (*Medicinische Reform* No. 26). Trotz dieser, scheinbar einen sicheren Anknüpfungspunkt darbietenden Erfahrungen, fühle ich mich doch keinen Augenblick der Nötigung enthoben, für die Lykanthropie noch andere wissenschaftliche Erklärungsgründe aufzusuchen; es scheint mir ein zu summarisches Verfahren, wenn man den ganzen Hexenprozeß und auch die Lykanthropie der Anwendung narkotischer Salben beimessen wollte. Die in einer gewissen Reihenfolge entwickelten Vorstellungen der Lykanthropen zwingen uns, bei den Narkotika nicht stehen zu bleiben. Wenn sie von Einzelnen angewendet worden ist, so konnten sie nur eine große Exaltation erzeugen, unter Umständen vielleicht einen kataleptischen Zustand, eine allgemeine phantastische Aufregung und dadurch eine Disposition zu bestimmten Halluzinationen und Wahnvorstellungen. Nach den gewöhnlichen medizinischen Erfahrungen verursachten Excitantia,[447] ebenso wie Narkotika nur eine untergeordnete Folge von Sinnestäuschungen, und sie geben keinen Aufschluß über die spezifische Form der Halluzination, der Wahnvorstellung.

Nicht einmal im Mittelalter erschien die Wirkung einer giftigen Salbe allein genügend, um den Zauber hervorzubringen. So sagt Remy (*Daemonolatria*. Colon. 1596, lib. I cap. III): Die Hexen bestrichen mit ihrer magischen Salbe die Hände und sich ganz und gar ohne Schaden; für andere jedoch, welche nur den äußersten Saum am Kleid der Hexe berühren, wird die Salbe sogleich tödlich, wenn nämlich der Wille zu schaden damit verbunden ist; und Remy glaubt daher, daß die äußere Einreibung nur ein Symbol für das Bewußtsein sei, welches die Unglücklichen zu ihrem verabscheuungswürdigen Verbrechen unter Leitung und auf den Rat des Teufels mitbringen. Der Teufel also, oder vielmehr der innerliche Vorgang, den der Teufel vermittelt, ist die Hauptsache und die stoffliche arzneiliche Wirkung nur ein

---

[447] Heilk. Erregungs- oder Reizmittel.

beigeordnetes unterstützendes Mittel. Noch entschiedener äußert sich Casmannus darüber (P. II., p. 64). Es ist ganz falsch, daß man den Einreibungen oder Beschwörungen oder dem Wasser oder gewissen Speisen und Getränken die Kraft zuschreibt, die Menschenleiber zu verwandeln. Der Grund dieser scheinbaren Verwandlung ist nur in zwei Dingen zu suchen, einmal in denjenigen, welche sich selbst verwandelt vorkommen, dann in denjenigen, welche andere in diesen fremdartigen Gestalten zu erblicken meinen. Wir haben nur zu fragen, was jene glauben läßt, verwandelt zu sein, und was die Sinne der anderen so verblende.

Auch die Annahme einer spontanen Ekstase, eines bloßen Träumens, wie es vorgekommen sein kann (S. oben den Fall von Kanold) genügt keineswegs, um die vorhandenen Tatsachen zu entkräften, und enthebt uns nicht der Verpflichtung, eine weitere Erklärung für die eigentümliche Form der Wahnvorstellung zu suchen.

3. Epikrise.

Die Entstehung des Wahns der Tierverwandlung.

Was wir aus dem Altertum über die Tierverwandlung wissen, ist in Sagen und Märchen gehüllt; erst im Mittelalter formen sich die Personen und Verhältnisse und werden zu Krankengeschichten, aber es ist ein so grauses und spukhaftes Wesen darin, es liegt dem gewöhnlichen Leben so fern und scheint so sehr ohne innern organischen Zusammenhang mit dem, was sonst der Mensch fühlt, denkt und will, daß der oberflächliche Beschauer versucht wird, das Ganze als eine isolierte, rätselhafte und unzerlegbare Tatsache stehen zu lassen. Ich werde in den folgenden Zeilen versuchen, den Wahn der Tierverwandlung an menschliche Zustände, Gefühle und Vorstellungen gebunden darzustellen. Auch die Phantasie hat ihre Gesetze; nicht schrankenlos, sondern an organische Prozesse gefesselt, muß sie in ihren kühnsten und freisten Kombinationen den gegebenen natürlichen Grund auffinden lassen. Es ist der Mythenkreis eines jeden Volkes aus einfachen wahren Begebenheiten hervorgewachsen, denn je weiter eine Begebenheit in der Vergangenheit zurücktritt, desto mehr liebt und strebt der Mensch, auch in seinem eigenen kurzen Leben, sie mit einem dichterischen Gewand zu umkleiden. Der Historiker, der Naturforscher muß aus dieser Umhüllung das Wirkliche herauserkennen; er kann es, weil die Grundbedingungen des menschlichen Lebens, des leiblichen und des geistigen überall und zu allen Zeiten dieselben gewesen und geblieben sind. Halten wir diese Gedanken für die Lykanthropie, für den Wahn der

Tierverwandlung fest, so wird sich die wunderbare, isolierte Tatsache bald in einen zusammenhängenden Prozeß auflösen.

Nur allmählich löste sich das Bewußtsein der Menschen von der ihn umgebenden Natur ab; er war ursprünglich eins mit den Bäumen, Quellen und Tieren. Im unmittelbaren Verkehr traten ihm die Tiere am nächsten.[448]

„Es ist nicht bloß die äußere Menschähnlichkeit der Tiere, auch die Wahrnehmung ihrer mannigfaltigen Triebe, Begehrungen, Kunstvermögen, Leidenschaften und Schmerzen zwingt in ihrem Innern ein Analogon von Seele anzuerkennen, das bei allem Abstand von der Seele des Menschen ihn in ein so empfindbares Verhältnis zu jenen bringt, daß ohne gewaltsamen Sprung Eigenschaften des menschlichen Gemüts auf das Tier und tierische Äußerungen auf den Menschen übertragen werden dürfen. – Die früheren Zustände menschlicher Gesellschaft hatten dies Band noch fester gewunden. Alles atmete noch ein viel frischeres, sinnliches Naturgefühl. Jäger und Hirte sahen sich zu einem vertrauten Umgang mit den Tieren bewogen, und tägliches Zusammensein üben sie im Erlauschen und Beobachten aller ihrer Eigenschaften. Damals wurden eine Menge nachher verlorener oder geschwächter Beziehungen zu den Tieren entwickelt. – Blieben nun zwar in der Wirklichkeit immer Schranken gesteckt und Grenzen abgezeichnet, so überschritt und verschmolz sie doch die ganze Unschuld der phantasievollen Vorzeit allenthalben. Wie ein Kind, jene Kluft des Abstands wenig fühlend, Tiere beinah für Seinesgleichen ansieht und als solche behandelt, so faßt auch das Altertum ihren Unterschied von den Menschen ganz anders als die spätere Zeit. Sagen und Mythologien glauben Verwandlungen von den Menschen in Tiere und hierauf gebaut ist die wunderbare Annahme der Seelenwanderung."

Wie sich dann später um diesen Zusammenhang des tierischen und menschlichen Lebens her die vielgeschäftige Sage und die nährende Poesie ausbreitet und ihn dann wieder in den Duft einer entlegenen Vergangenheit zurückschiebt und die Grundlage der Tierfabel abgibt, berührt nicht mehr unseren Zweck; wir haben in den oben angesprochenen Sätzen den in der Entwicklung des Menschengeschlechts natürlich gegebenen Hintergrund für den Glauben an die Verwandlung in Tiere gefunden.

In den mythologischen Vorstellungen des Orients bildet die Tierverwandlung einen integrierenden Teil, selbst die Götter Griechenlands lassen sich herab und bedienen sich eines Tiergewands, um irdische Zwecke schneller, sicherer und unentdeckt ausführen zu können, weil es ihnen in menschlicher Form weniger leicht geglückt wäre. Von der Annahme einer menschenähnlichen Tierseele und der Annahme des

---

[448] Jacob Grimm: *Reinhart Fuchs*, Kap. I.

Übergangs der Menschenseele in das Tier (Metempsychose) und umgekehrt ist nur ein kleiner Schritt. Die Lehre der Metempsychose ist zunächst auf das Bewußtsein der Stufenleiter vom Tier zum Menschen gegründet. Die Annahme einer beseelten Tierwelt war da, aber für das reflektierende Bewußtsein war dies noch ein Rätsel, denn noch kann die Naturwissenschaft nicht die Entwicklung der psychischen Tätigkeitsäußerung aus dem Organismus herleiten. Die menschliche Seele mit ihrem Bewußtsein erscheint als ein fertig Gegebenes und Präexistierendes; psychologisch liegt in der Annahme der Metempsychose die erste Ahnung oder das Streben nach einer Geschichte des entwickelten Bewußtseins. Die Naturphilosophie hat in der neueren Zeit für die Bildung des Organismus denselben Gedanken ausgesprochen, und in der Bildung des menschlichen Fötus eine Reihe von Tierwandlungen zu sehen geglaubt, ein Fortschreiten von der niederen Gattung zu der höheren. Nach dem Tode geht die Entwicklung der Seele weiter; sie kann erst stufenweise zu ihrem Zurücksinken in den Äther, in den *Nouz*, in Brahma, in Gott gelangen. Das menschliche Leben ist nur ein Teil jener Entwicklung, und auf jeder Stufe kann sie stehen bleiben und zurücksinken in größere Niedrigkeit; deshalb wird in religiöser Hinsicht, in der Schilderung des Lebens nach dem Tode die Metempsychose verwertet, als Belohnung und Bestrafung. Ein wilder, grausamer Mensch wird in den Leib eines wilden Tieres hineingebannt, und frühzeitig schon erscheint die Tierverwandlung als Fluch der Götter für eine böse Tat.[449] (S. Lykaon). Wo sich ferner mit der Vorstellung an das lebendige Eingreifen böser, unheimlicher Wesen (Dämonen) in das menschliche Geschick der Glaube an Zauberei ausbildet, da wird zur Bezeichnung des nicht Menschlichen, des Widerlichen und Menschenfeindlichen ein solch böser Geist und seine Untergebenen, die Zauberer, Hexen, etc. unter der Form einer scheußlichen Tiergestalt dargestellt, wovon das ganze Altertum, wie auch das Mittelalter wimmelt. Aus dem Mittelalter

---

[449] S. Über die Seelenwanderung bei den Indern Windischmann: *Die Philosophie im Fortgang der Weltgeschichte.* I. Bd. 4. Abt. 1834. *Die Lose und Wanderungen des Lebendigen.* S. 1624 etc. Auszüge aus *Manu* und den *Upanischaden.* So kommt z. B. derjenige, der einen Brahma getötet hat, in den Mutterleib einer Gazelle hinein, in den eines Hundes, Schweins oder Kamels; wer Fleisch gestohlen hat, wird ein Geier, wer eine Kuh, ein Alligator etc. S. Stenzler. *Yajnavalkya's Gesetzbuch.* Deutsch herausgegeben. Berlin 1849 S. 112 Vers 207.

Die Begriffe von Metempsychose in der griechischen Philosophie bei den Pythagoräern, in der weiteren Ausbildung der Platonischen Lehre sind offenbar orientalischen Ursprungs, denn auch die Perser, die Thraker etc. hatten dieselben Vorstellungen. Es ist bekannt, wie die Juden aus der Babylonischen Gefangenschaft ein ausgebildetes System von Engeln und gefallenden Engeln oder Teufeln mitbrachten, und dann in ihre religiösen Vorstellungen hineintrugen. Bei Platon sind die darüber sprechenden Stellen namentlich im *Phaedrus* und *Timaeus*, dann vid. Cicero in *Tuscul. Quaest.* I, und *Somnium scipion.*

erinnere ich nur an die Katzen, als welche die Hexen, um ihr Vampirgelüst zu befriedigen, sich zu den kleinen Kindern schlichen, an die Bocksgestalt des christlichen Teufels, etc. Auch in der indischen Mythologie kommen Buhlgeister unter der Form von Hunden, Katzen und Tigern und anderen scheußlichen Tiergestalten zu den Frauen und erdrücken sie. So dichteten sich diese Vorstellungen in dem Suchen nach Analogien, die aus einer natürlichen, sinnlichen Anschauung entnommen sein sollten, zusammen; war aber eine solche Auffassung in den Mythenkreis eines Volkes eingedrungen, so mußte bei der innigen Verkettung der religiösen und mythischen Anschauungen der Glaube daran umso fester in den Gemütern Wurzel fassen, und so erklärt sich auch, daß eine im Allgemeinen im Aber- und Wunderglauben befangene Zeit, wie das Mittelalter, diese Vorstellung auch von Neuem wieder dichten und gestalten konnte. Wir haben oben in den Ansichten der Schriftsteller das Ringen Einzelner gesehen, sich loszureißen und frei zu werden von den überkommenen verzerrten Vorstellungen, aber auch ihr Zurücksinken in die allgemeine Befangenheit des Jahrhunderts.

Das Zustandekommen einer Wahnvorstellung im Individuum, die längere Zeit dauert, bedarf meist, auch wenn im Allgemeinen durch Erörterung der Zeitvorstellungen die Möglichkeit des Glaubens an ihre Realität nachgewiesen ist, doch nach besonderer individueller Verhältnisse. Wir haben durch den Nachweis einer Volksvorstellung nur die formgebenden Elemente der Krankheit des Einzelnen gewonnen. Es können diese in der Zeit liegenden Elemente die Ursache der Krankheit werden, indem sie in die Einzelnen hineinwirken, aber auch das Umgekehrte findet statt. Die Krankheit beginnt im Einzelnen und findet an den vorhandenen Ideen ihre Stütze und den Anstoß zur weiteren Fortbildung. Wir haben uns somit nach den individuellen und zwar pathologischen Zuständen umzusehen, aus denen sich im Individuum eine derartige Wahnvorstellung entwickelt. Es ist dieser Nachweis umso notwendiger, als sich in unseren heutigen Irrenhäusern Analogien dafür darbieten, welche uns zugleich die Kontrolle für das Gegebene liefern, und die in die Vergangenheit entrückte Forschung noch inniger an die Wirklichkeit anknüpften.

Es verdienen in dem Bild der Lykanthropie verschiedene Erscheinungen einzeln unsere Aufmerksamkeit. Die älteren Schriftsteller, welche sie im Allgemeinen anführen, stellen sie kurzweg als eine Abart zur Melancholie, ja Einzelne halten die Wahnvorstellung, in einen Wolf verwandelt zu sein, scheinbar gar nicht für notwendig; der Fall von Forestus (s. oben) ist nach seiner kurzen Skizze nur ein Fall von allgemeiner Melancholie.[450] Offenbar waren aber Lykanthropen selbst fest von der Umwandlung ihres Körpers überzeugt. Wie viel dabei auf die im Mittelalter oft angeregte Einwirkung der Salben, der Narkotika überhaupt zu geben sei, ist oben schon behandelt worden. Nach unseren jetzigen Erfahrungen kann der Wahn der Umwandlung pathologisch auf folgende Art zustande kommen (S. *Grundzüge zur Pathologie der psychischen Krankheiten.* Berlin 1848. S. 64 ff.)

In fieberhaften Krankheiten wird die Sensibilität oft in der Weise verändert, daß die Kranken sich über den Raum, den ihre Glieder einnehmen, täuschen, ihr Körper kommt ihnen zu groß, oder zu klein vor, oder einzelne Gliedmaßen recken und dehnen sich ins Unendliche oder schrumpfen zu sehr kleinen Teilen zusammen. Es ist bei Typhuskrankheiten nichts seltenes, überhaupt bei vielen Zuständen, wo das Nervensystem besonders angegriffen ist, daß sie sich vorübergehend nicht zu ihren Gliedmaßen bekennen wollen, daß sie meinen, es lägen zwei Personen im Bett und sich nur für die eine halten, oder daß sie sich halbiert vorkommen. Dieselben Erscheinungen kommen in der Rekonvaleszenz nach erschöpfenden Krankheiten vor, obwohl seltener. Es können diese Täuschungen sowohl von einer gesteigerten, als auch verminderten Empfindlichkeit der peripherischen sensiblen Nerven herrühren, doch scheint in einzelnen Fällen keines von beiden stattzufinden, sondern eine ganz eigentümliche Affektion des Gemeingefühls vorhanden zu sein. So habe ich eine Kranke beobachtet, welche von jeher sehr sensibel, reizbar und schwächlich, durch viele Geburten sehr heruntergekommen, schon früher mehrmals geisteskrank, das eine Mal nach dem Wochenbett, in Folge eines Wortwechsels mit einer Nachbarin so außer sich geraten war, daß sie sich mit einem Rasiermesser einen tiefen, aber ungefährlichen Schnitt in den Hals beigebracht hatte. Sie fieberte mehrere Wochen lebhaft, hatte heftige Delirien, die Wunde heilte langsam und nach drei Wochen trat reichliche Abszeßbildung und Zellgewebsvereiterung an den

---

[450] Ebenso wenig kann ich einen von Mathey (*Nouvelles recherches sur les malaies de l'esprits* 1816. S. 96) als Lykanthropie angeführten Fall als solchen anerkennen: Ein Maurer verfiel im Herbst des Jahres XII (nach dem französischen Revolutionskalender) ohne nachweisbare Ursache in tiefe Melancholie. In der Nacht schwebten phantastische Erscheinungen vor seinen Augen, und am Tage suchte er abgelegene Orte auf, um sich zu verbergen. Am zweiten Tag seiner Krankheit verweigerte er jede Nahrung, aber einige Tage später stürzte er sich mit ungeheurer Gier auf die ihm dargebotenen Nahrungsmittel und stieß dabei ein Geheul aus wie Wölfe, machte auch, in einer Art von Wutanfall, mehrfach den Versuch zu beißen. Am vierten Tag lief er in der einen Nacht heulend auf den Feldern umher. Wiederholtes Begießen mit kaltem Wasser brachte ihn etwas zu sich. Am achtzehnten Tag endete die Krankheit durch einen heftigen 24 Stunden andauernden Fieberanfall.
Ich gestehe, daß mir das „Schnappen nach Speisen" und das „Heulen" doch nicht genügt haben, um einen Werwolf daraus zu machen, denn sonst müßten wir viele Fälle von „Tobsucht", in denen allerdings zeitweise solch tierisches Gebärden vorkommt, für Lykanthropie erklären.

Händen und Vorderarmen ein, Das erste Zeichen ihres wiederkehrenden Bewußtseins waren Klagen über den Verlust ihrer Glieder. Die Empfindlichkeit war nicht
aufgehoben, sie klagte beim Verbinden jedes Mal lebhaft über den Schmerz, aber
ihr Arm war fort, ihr Hals und ihr Kopf. Mit wiederkehrender Kräftigung kehrte
das Gefühl der Zugehörigkeit ihrer Glieder allmählich zurück, aber einzeln, so daß
sie selbst schon darüber lachte, daß sie den auf dem Bett liegenden Arm nicht als
den ihrigen hatte anerkennen wollen, aber noch besorgt war, wo ihr Hals
hingekommen sei.

Eine andere Reihe von hierher gehörigen Fällen bilden die bei Hypochondrischen
vorkommenden Störungen des Gemeingefühls, daß einzelne Körperteile aus
anderen Stoffen bestehen, daß die Beine von Glas sind und ähnliche Vorstellungen,
die sich dann über den ganzen Körper erstrecken können, und den Wahn einer
ganz und gar veränderten Persönlichkeit bedingen. Ein einziges Mal habe ich bei
einem Mann, einem Theologen, der stark onaniert hatte, und sich immerfort mit
seinen Geschlechtsteilen zu tun machte, die Einbildung beobachtet, daß er ein
Weib sei oder ein Zwitter; ich glaube, daß bei dieser Wahnvorstellung jedes Mal
geschlechtliche Reizungen zugrunde liegen. Es wird übrigens dieser Wahn meist
nur von Männern erzählt. Die *Theleia noysos* der Skythen ist oben schon
angeführt.

Die Entfremdung der eigenen Persönlichkeit kann noch auf andere Weise zustande
kommen. Ein Monomaniakus,[451] der sich aus irgendeinem wahnsinnigen Grund für
ein anderes Wesen zu halten berechtigt glaubt, sucht allmählich sein ganzes
Denken, Fühlen und Wollen in diese fremde Persönlichkeit hineinzulegen; er findet
darin einen Beweis für die Richtigkeit seines Wahns, wenn diese neue, aus ihm
herausgetretene und objektiv ihm gegenüberstehende Persönlichkeit sich auch mit
seinem eigenen Fleisch und Blut bekleidet. Deshalb benimmt er sich, handelt so, wie
es diesem eingebildeten Zustand zukommt und bemüht sich, dieselben Bedürfnisse,
Begierden und Empfindungen sich einzureden. Je mehr er dies versucht, desto
lebendiger und fester wird ihm die innere Wahrheit. Je nach dem sonstigen Wesen
der Kranken und der durch andere Verhältnisse begründeten Eigentümlichkeit des
Wahns bewegen sich diese Metamorphosen in glänzenden oder düsteren Bildern,
so wie sich auch die Qualität der umgewandelten neuen Gestalt zuweilen auf den
ursprünglich ergriffenen Teil zurückführen läßt. Nähert sich der Kranke dem
Blödsinn, d. h. mindert sich die Energie seiner geistigen Kraft, so verschwindet auch
die Zähigkeit, mit der er an einer Metamorphpose festhielt und bei der Unfähigkeit,
sich in einem phantastischen Zustand scharf einzuengen und abzugrenzen, wechseln

---

[451] Jemand, der in einem auf einen einzelnen Gegenstand gerichteten Wahnsinn befangen ist.

die Rollen und die Personen, die er spielt, wechselt das Gefühl, das ihn in die oder jene Verwandlung hineintreibt. Ich habe mehrmals in diesen Zuständen einen Übergang in der Weise beobachtet, daß der Kranke zuletzt bei leblosen Gegenständen anlangte, daß er früher Prinz oder Christus etc., überhaupt in einer Rolle, mit der notwendig das Gefühl der Herrschaft, der Kraft verbunden sein mußte, allmählich versteinerte, sich unendlich alt vorkam, zu einer Statue wurde, zu Porzellan, zu einem hölzernen Ding. Ein Mädchen, die an *Dementia paralytica*[452] zugrunde ging, lag viele Monate an einem ungeheuren, jauchenden Decubitus,[453] ehe sie starb; ihr Bewußtsein war vollkommen verloren gegangen; wenn man sie bei ihrem Namen anredete, so wollte sie nichts von der Person wissen, weil die lange gestorben sei, aber in den letzten Wochen war fast die einzige geistige Äußerung, daß sie auf das abscheuliche Schwein schimpfte, das da im Bett läge und das man tot machen müsse. Es war offenbar das Gefühl des Ekels vor ihrem eigenen Schmutz und Unrat, das sich in diesen Schimpfworten Luft machte und ihr die Vorstellung eines Schweins aufnötigte.

Dies sind, soweit ich übersehen kann, die pathologischen Zustände, welche häufig die Möglichkeit für den Wahn einer Umwandlung in ein anderes Objekt in sich schließen. Der Dualismus des Bewußtseins, als welcher uns dieser Wahn entgegentritt, ist auch im gesunden Leben vorhanden; nicht bloß im Traum, auch im Wachen können wir uns so lebendig in einen anderen Zustand, in eine andere Persönlichkeit hineinphantasieren, daß wir uns selbst verloren zu haben scheinen. Wir kommen wieder zu uns selbst, der Kranke bleibt das, was er gedacht hat. Nur vorübergehend will ich, weil dies zu weit abführen würde, an jenes Doppelleben erinnern, wie es in Ekstasen, in somnambulen Zuständen vorkommt, wie es in der tiefen Versunkenheit in der Betrachtung des Göttlichen, wovon uns der Orient, und namentlich Indien wunderbare Geheimnisse mitteilt, den Menschen fortzureißen scheint in eine übersinnliche, unfaßbare Welt, die nur an der Hand des Glaubens zu beschreiten ist; wir bedürfen für unseren vorliegenden Zweck der Erörterung dieser Zustände und Erscheinungen nicht, die indes einer naturwissenschaftlichen Betrachtung sehr wohl fähig und bei der Menge von Vorurteilen, die sich an sie knüpfen, immer noch bedürftig sind. Ohne jenem in dem Streben nach Übersinnlichkeit verschwimmenden Doppelleben nachzugehen, bleiben wir vorläufig am Boden haften, zufrieden damit, wenn wir die Möglichkeit für den Gedanken einer Verwandlung überhaupt gefunden haben.

---

[452] Spätsyphilitische chronische Entzündung des Nervengewebes mit dessen fortschreitender Zerstörung (Demenz).
[453] Das Aufliegen, Wundliegen der Kranken.

Daß bei manchen Lykanthropen eine perverse Sensation der peripherischen Hautnerven da gewesen sei, also eine Annäherung an die bei Hypochondrischen beobachteten Erscheinungen, darauf scheinen mir die Angaben von dem Wachsen der Haare zu deuten, und jener mehrfach gebrauchte Ausdruck *versipellis*, daß die borstige Haut nach innen gekehrt sei. Wie der Wahn an eine Tierverwandlung, und zwar in einen Wolf, sich gebildet habe, scheint zunächst darin seine Erklärung zu finden, daß die meisten Lykanthropen Hirten waren, Menschen, die im Freien lebten, mit Tieren viel verkehrten, wochenlang von menschlichem Verkehr abgeschlossen, und der Wolf dasjenige Raubtier, welches ihrer Einbildungskraft am öftesten vorschwebte, weil sie am meisten damit zu kämpfen hatten. Es ist auch wahrscheinlich, daß, wenn das Gespenst des Werwolfs sich in Einzelnen als Krankheit erhob, die Gegend von Wölfen besonders beunruhigt worden war, und manche Mordtat, welche die Kranken sich selbst zuschrieben, oder die ihnen von fanatischen Richtern aufgebürdet wurde, nur von Wölfen begangen worden war. Der Wahn, ein Wolf zu sein, ist ferner nur der Ausdruck der Verwilderung des Gemüts, das sich in den entsprechenden Ausdruck eines wilden Tieres hineindichtet, ebenso bei der spontan entstehenden Lykanthropie, wie bei der, die nur ein Zweig der Dämonomanie ist; der vom Teufel Besessene muß sich für das böse, unheimliche Wesen, das über ihn und in ihm Herr geworden ist, einen Ausdruck suchen. Aus dieser Vorstellung geht dann auch die Notwendigkeit hervor, das wilde Tier nachzuahmen,[454] in den Wäldern umherzuschweifen und Tiere und Menschen

---

[454] Aus dem Kreis meiner Beobachtungen gehört folgender Fall hierher: Ein Bauer, ein liederlicher Mensch und Säufer, war von dem Hund seines Nachbarn gebissen worden. Er fängt darauf einen Prozeß mit ihm an, und verlangt Schadenersatz. Der Besitzer des Hundes bietet ihm 8 Taler für Zurücknahme der Klage, jener aber verschmäht sie und verliert dann den Prozeß. Aus Ärger über die erlittene Niederlage und den Verlust jener für seine Verhältnisse nicht unbedeutenden Summe wurde er tobsüchtig. Wenn ihm in der Irrenanstalt die Erinnerung an den Hund aufstieg, so fing er manchmal an zu bellen und schnappte wie ein Hund nach den Speisen mit der Äußerung, er sei selbst zu einem Hund geworden. Die Erscheinung war indes nur vorübergehend. Friedreich (*Zur Bibel.* Bd. I, S. 315) stellt mehrere hierher gehörige Beispiele zusammen Vabanis (*Rapports de physique et du moral de l'homme.* T. I, p. 57) erzählt, daß im Departement La Correze an 60 Personen von einem wütenden Wolf und von den von diesem gebissenen Hunden, Kühen und Schweinen gebissen worden seien, und die meisten von diesen Menschen ahmten in ihren Paroxysmen die Bewegungen und Stimmen des Tieres, von dem sie gebissen worden, nach. Weinreich (*Commentat. de monstris.* Vratisl. 1595 cap. 1515) erzählt von einem Mädchen, das, um die Epilepsie zu vertreiben, Katzenblut getrunken hatte, aus Abscheu dagegen jedoch in Wahnsinn verfiel, in welchem es ich einbildete, selbst eine Katze zu sein, und die Stimmen, die Gebärde und das Mäusefangen als Katze nachahmte. – Ich erinnere ferner an die von Dämonomanie befallenen Nonnen der heiligen Brigitte, welche blökten, (in der Mitte des 16. Jahrhunderts), an die unter den Namen *Mal de laira* aufgeführte Krankheit der

anzufallen und zu zerfleischen und von ihrem Fleisch zu zehren. Zuweilen scheint bloß der Hunger das treibende Moment gewesen zu sein; es existieren Beispiele genug, wo Menschen durch ihn zu dieser grauenhaften Entäußerung ihrer Menschlichkeit gekommen sind, doch erscheint dies Beginnen durchaus auch als die notwendige Konsequenz der sich bis ins Einzelne verwirklichenden Wahnvorstellung. Es zeigt uns die Geschichte der Psychologie eine Reihe von Daten, wo der Trieb nach Blut instinktiv zu sein scheint, eine Verwilderung und Vertierung der Menschen ohne die Wahnvorstellung, ein Tier zu sein. Es ist eine bekannte Tatsache, daß Grausamkeit bei wollüstigen Menschen gewöhnlich ist, und alle die blutgierigen Tyrannen, von Nero und Caligula bis auf Alexander Borgia, die im bloßen Morden und im Anschauen des Mordens ihre Lust fanden, schwelgten zugleich in den raffiniertesten sinnlichen Genüssen.

Unter den seltsamen Gelüsten der Schwangeren wird auch ihrer Gier nach Menschenfleisch Erwähnung getan. So erzählt schon Schenk (*Observ. Medic.* Lib. IV. *De gravidis*) mehrere derartige Fälle. Eine Schwangere sah einen Bäckergesellen, der auf seiner entblößten Schulter Brot forttrug. Sie wurde von solcher Gier nach seiner Schulter ergriffen, daß sie fortan jede Speise verschmähte, bis ihr Mann dem Gesellen Geld gab, sich beißen zu lassen. Aber er hielt nur zwei Bisse aus. Die Frau gebar dreimal Zwillinge, zweimal lebend, das dritte Mal tot. Eine andere aus der Nähe von Andernach am Rhein tötete ihren sonst heißgeliebten Mann, verzehrte die eine Hälfte des Körpers und salzte die andere ein, dann aber kehrte ihr das Bewußtsein ihrer Tat zurück und sie gestand sie selbst ihren Freunden. Um das Jahr 1553 schnitt eine Frau ihrem Mann mit einem Messer den Hals ab und nagte dann mit ihren Zähnen von dem noch warmen Leichnam den rechten Arm ab und verzehrte die Luftröhre; den übrigen Teil des Kadavers salzte sie ein, nachdem sie die Eingeweide und den Kopf losgetrennt und weggeworfen hatte. Kurz darauf gebar sie drei Kinder; aber die Tat gesteht sie erst dann, als man dem Vater die Geburt mitteilen will. Im Sommer 1845 erzählten die Zeitungen aus Griechenland von einer schwangeren Frau, welche ihren sonst geliebten Mann ermordet hatte, um seine gebratene Leber verzehren zu können.

Prochaska (adnotat. *Acad. Fascic.* III) behandelt zuerst die von Schenk erzählten Beispiele, dann berichtet er von einer gewissen Elisabeth aus Mailand, welche kleine Knaben durch Liebkosungen an sich zu locken suchte, sie dann tötete und eingesalzen verzehrte, und von einem anderen Menschenfresser, wie er sagt, aus der neuesten Zeit. Indes gibt er zu dürftige Notizen, als das aus ihnen etwas über die

---

Frauen in Amou, welche in der Kirche bellten (1613), S. *Der Wahnsinn etc.* S. 163., 166 ff., ferner oben, wo von der Anwendung narkotischer Salben die Rede ist.

Natur der Fälle zu entnehmen wäre. Marc (*Die Geisteskrankheiten in Beziehung zur Rechtspflege.* Bearbeitet von Ideler. Berlin 1844. Bd. II. S. 84) berichtet nach Reisseisen von einem Fall im Unterelsaß, wo die eigene Mutter ihr fünfzehn Monate altes Kind, als der Vater, ein armer Tagelöhner, sich entfernt hatte, tötet, ihm einen Schenkel abtrennt und in Weißkohl kocht, selbst einen Teil davon verzehrt und den Rest für ihren Mann zum Essen aufhebt. Die Leute waren zwar sehr arm und in großer Not, hatten aber als die Frau den Mord beging, noch Lebensmittel genug im ihrer Behausung. Die Frau zeigte zwar später im Gefängnis Zeichen einer geistigen Störung, aber selbst Fodéré war anfangs zweifelhaft, wie er den Fall auffassen und unter welche Rubrik von Geisteskrankheit er ihn zu bringen habe.[455] Noch grauenhafter wegen der längeren Dauer der Gier nach Menschenfleisch ist eine Tatsache, die von der *Vossischen Zeitung* aus dem westlichen Galizien vom Mai 1849 mitgeteilt wird. In dem zur Herrschaft Parkost, Tarnower Kreis gehörigen Dörfchen Polomyja, das nur aus acht Hütten und einem jüdischen Wirtshaus bestehend, in einer wilden Waldschlucht verborgen liegt, lebte eine Häusler namens Swiatek nebst seinem Weib und zwei Kinder, einem Knaben von fünf und einem Mädchen von sechzehn Jahren. Arbeitsscheu ließ er das Stück Feld, das er besaß, brach liegen, und lebte größtenteils von milden Spenden der Umgegend, die er als Bettler mit langem ehrwürdigem Bart durchstreifte, stand aber auch allgemein in dem Verdacht, den Kommunismus praktisch zu üben. Dem Gastwirt wurden zwei Enten entwendet; da sein Verdacht sogleich auf Swiatek fiel, so nähert er sich seiner Hütte und schon von Ferne kommt ihm ein starker Bratengeruch entgegen. Als er in die Hütte tritt, sieht er den eben beschäftigten Swiatek sich bei seinem Anblick schnell bücken und etwas zwischen den Füßen verbergen. Dies bestätigt ihn in seinem Verdacht, er wirft ihm offen den Diebstahl vor und will ihm die Enten unter den Füßen hervorziehen. Aber statt dieser rollt ein vom Rumpf getrennter Mädchenkopf auf dem Boden hin. Man besetzt die Hütte und durchsucht sie. Außer dem verstümmelten Rumpf eines Mädchens von zwölf bis sechzehn Jahren fand man noch in einem Faß die Beine und Schenkel, teils frisch oder gebraten oder gekocht, in einem Kasten das Herz, die Leber und Eingeweide. Alles wie von dem geschicktesten Fleischer zugerichtet und zuletzt unter dem Ofen eine Schüssel voll frischen Blutes. — Auf dem Weg zum Richter

---

[455] Marc führt noch weniger bekannte Literatur an: aus Boeth. Scotor. *Hist.* Paris 1575 den Fall eines schottischen Räubers, dessen Tochter bei der Hinrichtung des Vaters erst ein Jahr alt war, und dann in ihrem 12. Jahre dasselbe Verbrechen beging; aus Gruner: *Diss. de anthropophago Bucano.* Jen. 1792 von einem Hirt in Benke an der Ilm im Weimarischen, der zwei Menschen ermordete und dann verzehrte. Aus Hunger ist mehrfach in belagerten Städten der Fall vorgekommen, daß Eltern ihre eigenen Kinder getötet und aufgezehrt haben.

versuchte der Delinquent, indem er sich wiederholt zu Boden warf, sich durch Verschlucken von Erdschollen zu ersticken, aber es gelang ihm nicht. Vor dem Dominikalgericht zu Dabkow gab er zu Protokoll, das vorgefundene Opfer wäre seit 1846 das sechste und er sei auf folgende Art dazu gekommen. Im Jahre 1846 brannte eine jüdische Dorfschenke in der Nähe ab, wobei auch der Wirt in den Flammen umkam, dessen verstümmelter Körper dann aus den Trümmern hervorsah. Er, er sich damals gerade in der bittersten Not befand und vom gräßlichsten Hunger gequält wurde, sah dies im Vorbeigehen, und einem unwiderstehlichen Drang folgend, löste er ein Stück von dem halbverbrannten Körper ab und stillte damit seinen Heißhunger. Der Geschmack, den er daran fand, wäre so groß gewesen, und die Sucht, ihn wieder zu genießen, so unwiderstehlich in ihm geworden, daß er bald darauf ein obdachloses Waisenkind an sich lockte, erstach und die zubereiteten Glieder verschlang. Zu sechs Schlachtopfern bekannte er sich selbst, sein Sohn aber gestand, die Zahl wäre weit bedeutender gewesen, was auch das Vorfinden von vierzehn verschiedenen Mützen, vielen Miedern und sonstigen männlichen und weiblichen Kleidungsstücken in seiner Wohnung zu bestätigen schien. In der ersten Nacht schon erhängte er sich im Gefängnis. Die Volksjustiz machte sich dadurch Luft, daß sie die Hütte verbrannten. – Dies sind einige von den Fällen, wo Menschenfleisch verzehrt wird. Ein anderes, ganz ähnliches Gelüst erzählt Michael Wagener (*Beiträge zur philosophischen Anthropologie*. Wien 1796. Bd. II. S. 268) aus Ungarn.

Elisabeth Bathory putzte sich ihrem Gemahl zu Gefallen in ungemeinem Grad und brachte halbe Tage bei ihrer Toilette zu. Einstmals versah eines ihrer Kammermädchen etwas an dem Kopfputz und bekam für das Versehen eine so derbe Ohrfeige, daß das Blut auf das Gesicht der Gebieterin spritzte. Als diese die Blutstropfen von ihrem Gesicht abwischte, schien ihr die Haut auf dieser Stelle viel schöner, weißer und feiner zu sein. Sie faßte sogleich den Entschluß, ihr Gesicht, ja ihren ganzen Leib in menschlichem Blut zu baden, um dadurch ihre Schönheit zu erhöhen. Zwei alte Weiber und ein gewisser Fitzko unterstützten sie bei diesem Vorhaben. Dieser Wüterich tötete gewöhnlich die unglücklichen Schlachtopfer und die alten Weiber faßten dann das Blut auf, in welchem sich dann Elisabeth in einem Trog um vier Uhr morgens zu baden pflegte. Nach dem Bad kam sie sich immer schöner vor. Sie setzte daher dieses Handwerk auch nach dem Tode ihres Gemahls (1604) fort, um neue Anbeter und Liebhaber zu gewinnen. Die unglücklichen Mädchen, welche unter dem Vorwand des Dienstes in das Haus Elisabeths gebracht wurden, lockte man in den Keller. Hier wurden sie so lange geschlagen, bis ihr Körper anschwoll. Elisabeth peinigte die Unglücklichen nicht selten selbst, sehr oft wechselte sie ihre von Blut triefenden Kleider um und fing dann ihre Grausamkeit aufs Neue an. Der aufgeschwollene Körper wurde dann mit Schermessern aufgeschnitten. Nicht selten ließ sie die Mädchen brennen und dann schinden, die meisten jedoch wurden bis zum Tode geschlagen. Gegen Ende ging ihre Grausamkeit so weit, daß sie ihre Leute, die mit ihr im Wagen fuhren, zumal Mädchen, zwickte und mit Nadeln stach. Eines ihrer Dienstmädchen ließ sie nackt ausziehen und mit Honig beschmieren. Als sie krank wurde und ihre gewöhnlichen Grausamkeiten nicht ausüben konnte, ließ sie eine Person zu ihrem Krankenbett kommen und biß dieselbe wie ein wildes Tier. Sie brachte nach und nach gegen 650 Mädchen ums Leben, teils in Tscheita (in der Neutraer Gespannschaft), wo sie einen eigens dazu eingerichteten Keller hatte, teils an anderen Orten, denn das Morden und Blutvergießen war ihr zum Bedürfnis geworden. – Als endlich die Eltern der verschwundenen Mädchen sich nicht länger belügen ließen, überfiel man das Schloss und fand die Spuren. Ihre Mitschuldigen wurden hingerichtet, sie selbst lebenslänglich eingesperrt.

Ich selbst habe einen Blödsinnigen gesehen, der schon als Kind seine größte Freude daran fand, kleine Tiere zu töten und in ihrem Leib herumzuwühlen; auch liebte er es, sich von den Därmen der Tiere Peitschen zu machen, Als er größer wurde, überfiel er Mädchen, um sie zu notzüchtigen, und verschiedene andere Gewalttätigkeiten wurden der Grund, ihn in eine Irrenanstalt zu bringen. In späteren Jahren trat dieser blutdürstige Trieb allerdings zurück.

Kombiniert mit Wollust erscheint die Blutgier in dem Fall von Andreas Bichel (1809), dem Mädchenschlächter, den Haering im 4. Band des *Neuen Pitaval* nach Feuerbach mitteilt. Dieser Mensch lockte Mädchen, unter dem Vorwand, ihnen in einem zauberischen Spiegel allerhand Geheimnisse zu zeigen, in sein Haus, ermordete sie dort, angeblich bloß aus Verlangen, ihre Kleider zu besitzen. Dann zerhackte er die Leichname und schnitt sie auf, um zu erfahren, wie es inwendig aussähe; die eine, ehe sie noch vollständig tot war. „Ich kann sagen," gab er im Verhör an, „daß ich während des Öffnens so begierig war, daß ich zitterte und nur wollte ein Stück herausgenommen und gegessen haben."

Am 10. Juli 1849 kam vor einem Kriegsgericht in Paris der Fall von Bertrand, Unteroffizier im 1. Infanterieregiment zur Verhandlung (S. Michéa: *Union medicale* No. 85. Lunier: *Examen medico legal d'un cas de monomanie instinctive* in den *Annales medico-psychologiques*. Juli 1849). Bertrand gräbt am 23. Februar 1847 die Leiche einer Frau aus und schlägt sie; am 26. August 1848 gräbt er ein Mädchen von sieben Jahren aus und schneidet ihr den Unterleib auf; einige Tage nachher die Leiche einer Frau, die im Wochenbett gestorben und 13 Tage vorher beerdigt worden war; am 16. November die Leiche einer Frau von 50 Jahren und zerfleischt sie und am 12. Dezember verstümmelt er ebenfalls die Leiche einer Frau.

Erst mit Hilfe einer Art Höllenmaschine gelang es, B. zu fangen, als er in der Nacht vom 15. auf den 16. März über die Mauer des Kirchhofes St. Parnasse kletterte. – Er ist im theologischen Seminar zu Langres erzogen worden und in seinem 20. Lebensjahr freiwillig beim Militär eingetreten, Ein Oheim mütterlicherseits soll wahnsinnig gestorben sein; er selbst hat schon in seinem siebten Lebensjahre Anfälle von Melancholie überstanden; er trennte sich dann von seinen Kameraden und streifte tagelang einsam in der Gegend umher. Marchal de Calvi gibt nach der eigenen Schilderung Bertrands über die Entwicklung der Krankheit folgenden Bericht: Auf einem Spaziergang mit einem Kameraden im Februar 1847 kam er bei einem Kirchhof vorbei. Die Tür stand offen; es war den Tag zuvor eine Person begraben worden, aber die Gräber hatten, von einem Regen überrascht, das Grab nicht vollkommen aufgefüllt und ihre Werkzeuge daneben liegen lassen.

Unter einem Vorwand trennt er sich von seinem Gefährten, kehrt zum Kirchhof zurück und öffnet mit einem Grabscheit das Grab. „Bald hatte ich die Leiche herausgezogen und begann sie mit dem Grabscheit zu schlagen, ohne zu wissen, was ich tat. Ein Arbeiter sah mich, ich legte mich platt auf die Erde, bis er fort war und warf dann den Leichnam wieder in die Grube. Ich ging dann, in kalten Schweiß gebadet, in ein kleines Gehölz, wo ich trotz eines kalten Regenschauers in einem Zustand vollkommener Unempfindlichkeit mehrere Stunden verweilte. Als ich mich erhob, waren meine Glieder wie zerschlagen und mein Kopf schwach geworden. Ähnlich erging es mir bei jedem neuen Anfall. Zwei Tage später kehrte ich schon wieder zum Kirchhof zurück und öffnete das Grab mit meinen Händen. Meine Hände bluteten, aber ich empfand es nicht, ich riß den Leichnam in Stücke und warf ihn wieder in die Grube" Vier Monate lang trat kein neuer Anfall ein, bis das Regiment aus seiner Garnison wieder nach Paris zurückkehrt. Wieder auf einem Spaziergang erwecken die dunklen, schattigen Alleen des Kirchhofs Pére Lachaise die Sehnsucht nach der alten Lust. Er klettert in der Nacht über die Mauer. Die Gefahr der Entdeckung, die ihm das eine Mal besonders nahe tritt, vermag ihn Monate lang fern zu halten, und schon im Februar 1849 will er sogar eine Zeit lang Widerwillen gegen seine Gier empfunden haben, bis er im März bei einem neuen Versuche von einer Kugel getroffen wurde. Seitdem er im Hospital war, hat er das Bedürfnis nicht wieder empfunden und sagt im Verhör selbst, er sei geheilt, denn jetzt, seitdem er Sterben gesehen, habe er Furcht vor dem Anblick einer Leiche.

Im Anfang gab er sich den Exzessen nur hin, wenn er etwas Wein getrunken hatte, später bedurfte er eines solchen Reizes nicht mehr. Die Art der Verstümmelung war verschieden, er riß den Mund bis zu den Ohren auf, wühlte im Leib und trennte die einzelnen Gliedmaßen ab. Obwohl er Männer öfter ausgegraben, so will er doch niemals vermocht haben, einen Mann zu verstümmeln, während er Frauen mit dem größten Vergnügen in Stücke zerriß. Dreimal hat er bei weiblichen Leichen seine geschlechtliche Lust gestillt; der erste Gedanke dazu kam ihm im Juli 1848 beim Ausgraben der Leiche einer jungen Frau welche noch erhalten war. Gegen Lebende war er weich und sanftmütig und wegen seiner Fröhlichkeit und Offenheit überall beliebt. – Trotz der entgegenstehenden Aussage der Ärzte, welche ihn als Kranken betrachtet wissen wollten, wird er zu einem Jahr Gefängnis verurteilt.

Dies sind die exquisitesten Fälle von Mordmonomanie, die mir aufzufinden geglückt sind; es kann kein Zweifel sein, daß auch das wilde Beginnen Betrand's mit hierher gehört. Ich habe absichtlich nur solche ausgewählt, wo die Mordsucht nicht von einer anderen Leidenschaft abhängt, sondern mehr instinktartig sowohl in ihrem Auftreten, wie in der raffinierten Art der Grausamkeit und nur mit Wollust kombiniert erscheint. Diese Zusammenstellung wird wenigstens die Möglichkeit der von den Lykanthropen begangenen Mordtaten außer Zweifel stellen, wenn ich auch gern zugestehe, daß bei ihnen mancherlei hineingeschoben und dazugedichtet worden sein mag. Indes weiß ich kein anderes Mittel, die Zweifel wenigstens teilweise zu entkräften, als eben durch Aufzählung analoger Tatsachen die Möglichkeit zu demonstrieren.

Die häufige Kombination der Mordsucht mit wollüstiger Gier läßt uns eine mehrfach bei Lykanthropen vorkommende Äußerung schärfer ins Auge fassen, nämlich die Aussage, daß sie mit Wölfinnen den Koitus vollzogen und dasselbe Vergnügen wie bei menschlichen Weibern empfunden haben. – Das Verbrechen der Sodomie war im Mittelalter nichts Seltenes, und es ist vielfach die Vermutung ausgesprochen worden, daß bei der Vorstellung der Inkuben und Sukkuben, die unter der Form von Tiergestalten den Beischlaf vollziehen und selbst in die Klöster dringen, Tiere gebraucht worden seien. Daß die Sinnlichkeit einen großen Teil zu den Bildern der Hexensabbate beigetragen habe, geht aus den mit der glühendsten Sinnlichkeit vorgebrachten Bekenntnissen junger Mädchen hervor, wenn sie mit dem schmutzigsten Detail von den Umarmungen der Teufel sprechen. So erregen auch jene Äußerungen bei der Lykanthropie den Verdacht der Sodomie, wenn es auch nicht gerade Wölfinnen gewesen sein mögen. Auch bei Jenen, wo sich die direkte Äußerung nicht findet, sind geschlechtliche Beziehungen leicht zu erkennen, so bei Thievenne Paget, Antoinette Gandillon und Grenier(S. oben).

Ausgehend also von dem sinnlichen Naturgefühl der Völker, als dessen Zweig sich ein inniges Verhältnis zwischen Menschen und Tieren herausbildete, haben wir den Gedanken der Tierverwandlung in den frühesten mythologischen Anschauungen auftreten und Teil der religiösen Vorstellungen werden sehn. Wir haben ferner den pathologischen Entwicklungsgang eines solchen Wahns verfolgt, von der lokalen Umstimmung der sensiblen Nerven in einzelnen Körperteilen bis zur Objektivierung des ganzen Menschen. Der Wahn der Lykanthropie stellt sich dar teils als Zweig der Dämonomanie und teils als der Ausdruck eines mordsüchtige Triebes.

Ende.

Zur Bearbeitung:

Die Originalpublikationen sind in verschiedenen Abschnitten mit altem, in der Herkunftssprache belassenem Quellenmaterial durchzogen. Diesbezüglich wurden die beiden vorliegenden Schriften schonend bearbeitet:

Die fremdsprachigen Textstellen wurden übersetzt, die Orthographie der modernen angepaßt, und einige Unklarheiten beseitigt, die dem heutigen Leser Schwierigkeiten beim Studium der beiden Werke bereitet hätten.

Desweiteren wurde „Der Werwolf" von W. Hertz in überschaubare Kapitel eingeteilt, die in dieser Form im Originaltext nicht vorhanden sind, das Buch jedoch nun wesentlich überschaubarer gestalten.